国际贸易理论与实务

蒋 诚 李月娥 主编

同濟大學出版社
TONGJI UNIVERSITY PRESS
·上海·

内容提要

本书涵盖了从事国际贸易活动所必备的基础知识、基本技巧和基础背景，紧密结合我国对外贸易发展的新变化，系统阐述了国际贸易理论与商品进出口业务知识。本书共12章，国际贸易理论部分共8章，主要介绍国际贸易基本理论与政策措施；国际贸易实务部分共4章，以合同内容为主线，介绍商品进出口业务知识。本书文字简明扼要，注重应用性和知识拓展，深度适当。可作为高等院校经济管理、国际贸易、电子商务等专业学生的通用教材，也可作为对外经济贸易工作者的知识读本。

图书在版编目(CIP)数据

国际贸易理论与实务 / 蒋诚，李月娥主编. -- 上海：同济大学出版社，2022.12

ISBN 978-7-5765-0600-6

Ⅰ. ①国… Ⅱ. ①蒋…②李… Ⅲ. ①国际贸易理论－高等学校－教材②国际贸易－贸易实务－高等学校－教材 Ⅳ. ①F740

中国版本图书馆 CIP 数据核字(2022)第 258578 号

国际贸易理论与实务

蒋　诚　李月娥　**主编**

责任编辑　荆　华　　**责任校对**　徐春莲　　**封面设计**　张　微

出版发行　同济大学出版社　　www.tongjipress.com.cn
（地址：上海市四平路 1239 号　邮编：200092　电话：021-65985622）
经　　销　全国各地新华书店
制　　作　南京月叶图文制作有限公司
印　　刷　江苏句容排印厂
开　　本　710 mm×1000 mm　1/16
印　　张　13.25
字　　数　265 000
版　　次　2022 年 12 月第 1 版
印　　次　2022 年 12 月第 1 次印刷
书　　号　ISBN 978-7-5765-0600-6

定　　价　58.00 元

《国际贸易理论与实务》

教材编委会

主　编　蒋　诚　李月娥

副主编　顾雅君　宋　慧　任一蕾

编　委　（以姓氏笔画为序）

叶耀明　同济大学教授

李　永　同济大学副教授

李永宪　嘉兴市河南商会会长

孔春生　广州中博教育股份有限公司华东大区项目经理

沈　琦　嘉兴市良友进出口公司总经理

张廼英　同济大学浙江学院教授

张企申　台湾贸易中心上海代表处首席代表

张柏芸　嘉兴市汇信进出口有限公司人事总经理

徐莉芳　同济大学浙江学院副教授

唐　丹　同济大学浙江学院讲师

蔡茂森　同济大学教授

前　言

“十三五”时期，面对保护主义和单边主义蔓延、新冠肺炎疫情严重冲击等重大风险挑战，各地区、各有关部门认真贯彻落实党中央、国务院一系列决策部署，我国外贸展现出极强的韧性和蓬勃的活力。2020年，我国货物与服务贸易总额跃升至全球首位，成为对外贸易第一大国。贸易伙伴扩展至230多个国家和地区。党中央、国务院出台贸易高质量发展、对外贸易创新发展等重要文件，明确新形势下外贸发展方向和任务。多轮稳外贸政策措施及时出台，为做好“六稳”工作、落实“六保”任务提供有力支撑。外贸“放管服”改革持续推进，原油等重要商品进出口管理体制更加完善，“十三五”末进口关税总水平降至7.5%，出口退税进度不断加快，贸易便利化协定全面落实，跨境贸易便利化水平不断提升。外贸有力促进了国内产业转型、消费升级和国际收支平衡，直接和间接带动就业人数达1.8亿。边境贸易有效助力了脱贫攻坚、兴边富民。“十三五”时期，我国进口对全球进口增长贡献率达34.9%。中国国际进口博览会等重要展会成为广受欢迎的国际公共产品。新签和升级8个自贸协定，区域全面经济伙伴关系协定成功签署。在二十国集团、亚太经合组织、金砖国家、上合组织等提出一批中国方案，积极参与世贸组织改革，推动南南合作和促贸援助，为全球经济治理作出积极贡献。2020年向200多个国家和地区出口防疫物资，有力推进了国际抗疫合作。

“十四五”时期，我国进入全面建设社会主义现代化国家的新发展阶段，世界百年未有之大变局加速演进，外贸发展面临的机遇和挑战都有新变化。一是制度优势更加显著。二是构建新发展格局带来重大机遇。三是国际合作空间依然广阔。共建“一带一路”迈进高质量发展阶段，人类命运共同体理念深入人心。四是新一轮科技革命和产业变革深入发展。以信息技术、人工智能为代表的新兴科技快速发展，与国内经济社会发展加速渗透融合，数字化和绿色转型步伐加快，外贸创新发展潜力巨大。同时，风险挑战前所未有。一是新冠肺炎疫情影响广泛深远。二是经济全球化遭遇逆流。世界进入动荡变革期，单边主义、保护主义、霸权主义愈演愈烈，多边贸易体制面临严峻挑战，贸易壁垒增多，贸易摩擦加剧，贸易规则更趋碎片化。三是产业链供应链畅通稳定难度加大。全球产业链供应链面临重塑，区域化、本土化趋势更加明显。四是贸易安全发展面临新挑战。粮食、能源资源、关键技术和零部件等贸易安全水平有待提升,应对贸易新议题挑战的能力需加快培育,外贸高质量发展风险防控体系需不断完善。总体来看,外贸发展机遇与挑战并存,要增强机遇意识和风险意识,准确识变、科学应变、主动求变,抓住机遇,应对挑战,推动外贸高质量发展迈出新步伐。

本书顺应时代的要求而不断总结、完善、发展。在传播基础知识、培养基础技能的同时,将国际贸易发展新元素、新方式融入教材编写,为新时期的经贸人才培养提供参考。感谢编委们的宝贵贡献。全书由蒋诚、李月娥设计大纲和统稿。第一章、第二章、第四章、第五章和第十章由李月娥编写,第三章由李月娥和唐丹编写,第六章、第九章、第十一章由蒋诚编写,第七章由顾雅君编写,第八章由任一蕾编写,第十二章由宋慧编写,蒋诚老师收集整理相关延伸阅读资料和案例材料。

本书是同济大学浙江学院一流本科专业建设的重点建设教材之一,获得学校教改立项和支助,并得到同济大学浙江学院张徆英教授、同济大学出版社荆华老师等的大力支持。在编写过程中,参阅的文献除了在参考书目中列出的一部分外,还有国际商会的出版物和大量的相关书籍和报刊文章以及网络资料。在此一并表示感谢。

由于国际贸易处于不断的发展与变化之中,以及编者水平所限,本书难免存在缺点与不足,恳请专家与读者不吝指正。

编　者

2022 年 10 月

目录

第一章 国际贸易概述

本章导读 国际贸易是社会历史发展到一定阶段后才出现的一种经济活动。国际贸易理论的演变经历古典贸易理论、新古典贸易理论与产业内贸易理论三个阶段，国际贸易政策也随着时代的变迁而不断完善。通过本章的学习，可以了解：国际贸易的分类、国际贸易中的相关概念、国际贸易的产生与发展。

本章学习重点与教学要求

第一节 国际贸易的分类

一、国际贸易与对外贸易

国际贸易(International Trade)是指世界各国(地区)之间在商品和服务方面的交换活动，是各国之间分工的表现形式，反映了世界各国在经济上的相互依靠。如果单从国家(地区)的角度出发，这种交换活动被称为对外贸易(Foreign Trade)。一些海岛国家(地区)以及某些对外贸易活动主要依靠海运的国家(地区)，如英国、日本、中国台湾地区等，也把这种交换称为海外贸易。可见，国际贸易与对外贸易的最大区别在于所处的角度不同。

另外，随着国际贸易在规模上不断扩大，其本身的内涵也在不断变化。我们把包括货物与服务在内的对外贸易称为广义的对外贸易或国际贸易；把不包括服务在内的对外贸易称为狭义的对外贸易或国际贸易。概念本身的发展也在一定程度上反映了国际贸易的发展。

二、出口贸易、进口贸易和过境贸易

根据货物的移动方向不同，国际贸易可以分为出口贸易、进口贸易和过境贸易。出口贸易(Export Tade)又称输出贸易，是将本国生产和加工的商品输往国外市场进

行销售;进口贸易(Import Trade)又称输入贸易,是指将外国生产和加工的商品输入本国市场销售。出口贸易与进口贸易是每一笔贸易的两个方面,对卖方是出口贸易,对买方是进口贸易。此外,在国际贸易中,一国对从外国进口的商品不经任何实质性加工,再行向外出口时,称为复出口(Re-export);反之,一国的产品销往别国后未经加工又被该国重新购回时,称为复进口(Re-import)。一国往往在同一类商品上既有出口也有进口,如果一国或地区在某种商品大类的对外贸易中,出口量大于进口量,其超出部分被称为净出口(Net Export);反之,如果进口量大于出口量,其超出部分便称为净进口(Net Import)。净出口和净进口一般以实物数量来表示,它反映的是一国(地区)在某些商品贸易上是处于出口国(地区)的地位,还是处于进口国(地区)的地位。

过境贸易(Transit Trade)又称为通过贸易,是指贸易货物通过一国国境,不经加工地运往另一国的贸易活动。例如,甲国经过乙国国境向丙国运送贸易商品,对乙国而言,便是过境贸易。过境贸易属于直接贸易。另外,过境贸易货物不经过境国海关保护仓库存放,完全为了运转的过境,属于直接过境贸易;而由于种种原因,如商品需要分类包装、暂时的转运困难、购销当事人的意愿中途变更等,把货物先存放在过境国的海关仓库,而后再进行分工、分类、包装转运出境的过境,属于间接过境贸易。

三、直接贸易、间接贸易和转口贸易

根据商品的生产国和消费国之间有无第三方参与,可以分为直接贸易、间接贸易和转口贸易。

(1) 直接贸易(Direct Trade)是指贸易商品由生产国与商品消费国之间不通过第三方直接进行的贸易活动。贸易双方交易的货物既可以直接从生产国运到消费国,也可以通过第三国的国境转运到消费国,只要两者之间直接发生关系,即不通过第三国的商人作为中介人来进行贸易则就是直接贸易。例如,过境贸易就是直接贸易,而不是间接贸易。生产国商品出口到消费国,从生产国来说,是直接出口;从消费国来说,是直接进口。

(2) 间接贸易(Indirect Trade)是指通过第三方或其他中间环节,把商品从生产国运销到消费国的贸易活动。它是直接贸易的对称。与直接贸易同样,贸易双方交易的货物既可以直接从生产国运到消费国,也可以通过第三国的国境转运到消费国,只要两者之间没有直接关系,而是通过第三国的商人作为中介人来进行贸易则是间接贸易。

(3) 转口贸易(Entrepot Trade)也称中转贸易,是指一国(或地区)进口某种商品不是以消费为目的,而是将它作为商品再向别国出口的贸易活动。即使商品直接从生产国运到消费国去,只要二者之间并没有直接发生交易关系,而是通过第三国(地区)转口商分别同生产国与消费国签订进口合同与出口合同所进行的贸易,仍属于转口贸易。转口贸易与间接贸易的区别在于看问题的角度不同。商品生产国与消费国

通过第三国进行的贸易对生产国和消费国而言是间接贸易，对第三国(地区)而言，则是转口贸易。转口贸易属于复出口，是过境贸易的一部分。

四、货物贸易与服务贸易

国际贸易按照商品形态不同，可以分为货物贸易(Commodity Trade)和服务贸易(Service Trade)。货物贸易是指物质商品的进出口。因为物质商品是看得见、摸得着的，因此货物贸易又常常被称为有形贸易(Visible Trade)。按照联合国《国际贸易商品标准分类》(SITC)，国际贸易中的商品共分为10大类，分别是：(1)食品及主要供食用的活动物；(2)饮料及烟类；(3)燃料以外的非食用粗原料；(4)矿物燃料、润滑油及有关原料；(5)动植物油脂及油脂；(6)化学品及有关产品；(7)主要按原料分类的制成品；(8)机械及运输设备；(9)杂项制品；(10)没有分类的其他商品。

服务贸易是指在国际贸易活动中所进行的没有物质形态的商品贸易，主要有旅游、运输、技术、劳务、金融、保险等。服务贸易也常常被称作无形贸易(Invisible Trade)。

货物贸易和服务贸易是紧密联系在一起的，货物贸易带动服务贸易，服务贸易又促进货物贸易的发展。但是货物进出口必须通过海关手续，反映在海关统计上，而服务贸易不经过海关手续，两者都是国际收支的重要构成部分。

五、总贸易与专门贸易

按照国境与关境的不同，国际贸易可以分为总贸易(General Trade)与专门贸易(Special Trade)。

(1) 总贸易是指以国境为标准来划分的进出口贸易，凡进入国境的商品一律列为进口，称为总进口，凡离开国境的商品一律列为出口，称为总出口。

(2) 专门贸易是指以关境为标准来划分的进出口贸易。当外国商品进入国境后，暂存保税仓库，不进入关境，不列入进口。只有从外国进入关境的商品以及从保税仓库提出进入关境的商品，才列为进口，称为专门进口。从国内运出关境的本国产品以及进口后未经加工又运出关境的商品，列为出口，称为专门出口。

六、现汇贸易、协定贸易与易货贸易

按照清偿方式的不同，国际贸易可以分为现汇贸易(Spot Exchange Trade)、协定贸易(Agreement Trade)与易货贸易(Barter Trade)。

(1) 现货贸易是指在国际贸易中以货币作为清偿工具的贸易。其特点是通过银行逐笔支付货款以结清债券债务。

(2) 协定贸易是指两个或两个以上国家或地区签订贸易协定，通过记账方式的交易，在一定时期内(通常为一年)进行结算，在协定有效期内贸易差额结转到下一年度。

(3) 易货贸易是指以计价货物作为清偿工具的贸易。以货换货可以使贸易双方在外汇不足的情况下达到交易的目的。

七、双边贸易与多边贸易

按照参与贸易的国家多少，国际贸易可以分为双边贸易(Bilateral Trade)与多边贸易(Multilateral Trade)。

(1) 双边贸易是指发生在两国之间直接的进出口贸易，一国的进口即为对方的出口。

(2) 多边贸易是指三个或三个以上国家(或地区)作为一个整体，相互之间开展贸易的方式。

第二节　国际贸易的相关概念

一、国际(对外)贸易额和国际(对外)贸易量

对于一国的对外贸易规模的衡量，既可以用具体的计量单位，也可以用货币单位表示。但是计量单位不能很好地表现出贸易对象的质量，因此各国普遍使用货币单位来反映本国的对外贸易的规模大小。

对外贸易额(Value of Foreign Trade)是用货币来表示的一定时期内一国的对外贸易总值。一般都用本国货币表示，也有用国际上通用的货币表示的。例如，联合国编制和发表的世界各国对外贸易额的资料，是以美元表示的。

对一国而言，出口额加上进口额就是该国的对外贸易总额。但计算国际贸易总额时，因为一国的出口就是另一国的进口，二者相加无疑是重复计算。因此，一般把各国出口额的总和作为国际贸易额。

对外贸易量(Quantity of Foreign Trade)是指以数量、重量、面积、体积等计量单位表示的反映贸易规模的指标，剔除了价格变动的影响，能准确反映一国或地区对外贸易的实际数量变化。

二、贸易差额

贸易差额(Balance of Trade)是指一国在一定时期内(通常为1年)的出口总额与进口总额之间的差额。如果出口总额大于进口总额，就称为贸易顺差(Favorable Balance of Trade, Trade Surplus)，或者出超(Excess of Export over Import)；反之，若是进口总额大于出口总额，则称为贸易逆差(Unfavorable Balance of Trade, Trade Deficit)，或者入超(Excess of Import over Export)。通常贸易顺差以正数表示，贸易逆差以负数表示。如出口总额与进口总额相等，则称为贸易平衡。

贸易差额是衡量一国对外贸易状况的重要指标，也是反映一国国际收支状况和

宏观经济状况好坏的重要标志。从理论和实践上来讲，贸易平衡总是各国乐于看到的。但是一国很难达到绝对的贸易平衡，这就是要求一国在贸易顺差和贸易逆差中选择一个。通常各国都追求贸易顺差，这是因为，一般来说，贸易顺差表明一国在对外贸易收支上处于有利地位，贸易逆差则表明一国在对外贸易收支上处于不利境地。各国追求贸易顺差以增强本国的对外支付能力，稳定本国货币对外币的比值，并将其视为经济成功的标志之一。单纯从国际收支的角度看，当然顺差比逆差好。但是，长期保持顺差也不一定是件好事。第一，长时间存在顺差，意味着大量的资源通过出口输出到了外国，得到的只是退出正常经济循环的积压资金。第二，巨额顺差往往会使本国货币升值，不利于扩大出口，并且会造成同贸易伙伴的贸易关系紧张。

三、贸易的商品结构

贸易的商品结构(Trade by Commodities)是指一定时期内各类商品在进出口总额中所占的比重。贸易的商品结构可以从全世界范围和一国范围两个角度进行考察。

世界范围内贸易的商品结构情况反映了世界各国经济结构的变化。国际贸易商品一般分为初级产品和工业制成品两大类。随着世界生产力的发展和科学技术的进步，其基本趋势是初级产品的比重大大下降，工业制成品的比重不断上升，特别是工程产品、化学产品等资本货物以及技术密集型产品的比重显著增加。

对某一个国家来说，对外贸易商品结构是指一定时期内进出口贸易中各类商品的构成情况，通常以各类商品在进口总额或出口总额中所占的比重来表示。对外贸易商品结构可以反映出一国的经济发展水平、产业结构状况和自然资源的禀赋等。

四、对外贸易依存度

对外贸易依存度(Dependence on Foreign Trade)也叫对外贸易系数，是一国在一定时期内对外贸易总额(出口额和进口额之和)在该国国内生产总值中所占的比重。对外贸易依存度可以分为出口贸易依存度和进口贸易依存度。

对外贸易依存度是衡量一国经济对进出口贸易的依赖程度和衡量一国对外开放程度的一个重要指标。对外贸易依存度应保持适宜的水平，如果过高，国内经济发展就易受到国外经济的影响或冲击，特别是当世界经济不景气时冲击较大；如果指标较低，就说明没有很好地利用国际分工的优势。各国应根据本国实际情况，探讨不同阶段较佳的对外贸易依存度。

五、贸易的地理方向

贸易的地理方向(Direction of Foreign Trade)可以从对外贸易的地理方向和国际贸易的地理方向两个层面理解。

(1) 对外贸易地理方向又称对外贸易地区分布或国别构成，指一定时期内一些国家或地区在一国对外贸易中所占的地位，通常以该国进出口总额在国际贸易总额中的比重来表示。对外贸易地理方向指明一国出口货物和服务的取向和进口货物和服务的来源，从而反映一国与其他国家或国家集团之间经济贸易联系的程度。一国的对外贸易地理方向通常受经济互补性、国际分工的形式与贸易政策的影响。

(2) 国际贸易地理方向亦称国际贸易地区分布(International Trade by Region)，用以表明世界各洲、各国或各个国家集团在国际贸易中所占的地位。计算各国在国际贸易中的比重，既可以计算各国的进、出口额在世界进、出口总额中的比重，也可以计算各国的进、出口总额在国际贸易总额(世界进出口总额)中的比重。

六、贸易条件

贸易条件(Terms of Trade, TOT)，是指一国在一定时期内的出口商品价格与进口商品价格之比，又称为"进出口交换比价"。由于一国的进出口商品种类繁多，难以直接用进出口商品的价格进行比较，因此通常用一国在一定时期内的出口商品价格指数与进口商品价格指数之比进行计算。作为一个"交换效率"指标，它是衡量一国获取贸易利益空间大小的重要指标。贸易条件的变化不仅可以反映一国贸易获利程度的高低，而且可以反映一国出口竞争力的优劣。在国际贸易中有净贸易条件、收入贸易条件、单项因素贸易条件和双项因素贸易条件。

(1) 净贸易条件(商品贸易条件)：出口价格指数与进口价格指数之比。经济含义：一国与其他国家进行商品交换的比率，即一国一定数量的出口商品能换回多少数量的进口商品。表达式为：$N=(P_X/P_M)\times 100$，其中，N：净贸易条件；P_X：出口价格指数；P_M：进口价格指数。

(2) 收入贸易条件是在净贸易条件的基础上，把贸易量加进来。反映了一国进口能力的变化与出口变化之间的关系。计算方法为：$I=(P_X/P_M)\times Q_X$，其中，I：收入贸易条件；Q_X：出口数量指数。

(3) 单项因素贸易条件是在净贸易条件的基础上，考虑劳动生产率提高或降低后贸易条件的变化。计算公式为：$S=(P_X/P_M)\times Z_X$，其中，S：单项因素贸易条件；Z_X：出口商品劳动生产率指数。

(4) 双项因素贸易条件不仅考虑到出口商品劳动生产率的变化，而且考虑到了进口商品的劳动生产率的变化。其计算公式为：$D=(P_X/P_M)\times(Z_X/Z_M)\times 100$，其中，$D$：双项因素贸易条件；$Z_M$：进口商品劳动生产率指数。

七、进口替代和出口导向

进口替代的发展战略把实行进口替代作为发展经济的主要措施。所谓进口替代(Import Substitution)就是以本国自己生产的产品在国内市场上取代原来需要进口的产品。按照国际贸易理论的标准说法，这样实现的经济增长是一种"进口偏向型增长"。由于国际经济运行中的各种因素作用，特别是长期将资源用于生产进口替代产品最终将减少用于生产出口产品的投入，进口的减少在长期中通常都会使出口随之减少。进口替代的经济增长因此将降低整个对外贸易占一国GDP的比例，从而是一种比较内向型的经济发展。

与进口替代相对立的是出口导向(Export Orientation)型的经济发展，主要以出口的增长来带动整个经济的发展。国际贸易理论把这样实现的经济增长说成是"出口偏向型增长"。在长期中，一国出口的大幅度增加不能不导致进口最终增加，光是为了避免资源的浪费也不得不如此。这样一来，出口带动的经济增长不能不提高整个对外贸易占一国GDP的比例，从而造成一种名副其实的外向型经济增长。

第三节　国际贸易与经济发展

一、国际贸易对经济发展的促进作用

国际贸易的产生与发展是建立在经济发展的基础上的。反过来，国际贸易对经济的发展产生了十分积极的促进作用。

(一) 利用社会分工，节约社会劳动，生产更多的使用价值

一个国家即使在各种产品的生产上都不占绝对优势，也同样应该积极参加国际分工和国际贸易，去生产和出口那些具有相对优势的产品，而进口那些不具相对优势的产品。同理，一个国家即使在所有的产品生产上都具绝对优势，也决不应所有的产品都自己生产，而应去生产和出口那些优势更大的产品(即具有相对优势的产品)，并进口那些优势较小的产品(即不具相对优势的产品)。这样做的结果是可以生产出更多的使用价值，通过对外贸易，既使本国受益，也使别国受益，并对全世界劳动生产率的提高产生积极的促进作用。

(二) 利用国际市场，使一部分商品的价值得以实现

随着现代社会化大生产的发展，人类的劳动生产率在飞速提高。各种各样的产品，特别是工业制成品，被源源不断地从工厂中制造出来。这些产品要在市场中寻找消费者以实现其价值。作为产品生产者的企业，也在等待着其产品价值的实现，以便按时收回资金，使企业资金的循环与周转得以循序完成，从而使企业的再生产和扩大再生产得到保障。然而，资本主义大生产的发展，使生产和消费的矛盾日益尖锐化，产品产量已远远超出了国内市场的容量，出现了大批过剩产品，不得不依靠国外市场来保障国内再生产的顺利进行。

(三) 有利于生产要素的充分利用

进行生产离不开生产要素。生产要素主要包括劳动、土地、矿产资源、资本技术等。不同的生产要素在各个国家的供给比例是很不相同的，现实生活中普遍存在着

某类生产要素在A国过剩却得不到充分利用，在B国则十分稀缺以致抑制了经济发展的现象。通过开展国际贸易，可以在较大程度上解决这一问题。一般地说，生产要素的国际流动会遇到很多障碍，而商品的国际流动则要容易得多。于是，人们便通过生产过程，将各种不同的生产要素转化为商品，然后在国与国之间进行商品交换，出口生产要素充裕的商品，进口生产要素稀缺的商品。这样做的结果，是使各国的各不相同的生产要素都得到充分开发和利用。

(四) 有利于获取规模效益

现代化生产企业越来越讲究生产的规模效益，努力使生产产量达到规模效益的最佳点。因为只有如此，才能使产品的生产投入最小，产出最大，成本最低，竞争力最强。这种结果的取得，主要依靠规模经济本身使机器设备得到充分利用，使劳动力得到合理分工，使生产组织得到合理配置与协作。据统计，生产小汽车的企业，最佳规模效益是年产小汽车30万辆，而且一个汽车集团往往有很多家如此规模的汽车生产企业，只有如此，才能在竞争激烈的市场中站稳脚跟。这就产生了一个问题：如此大规模的生产量，一个国家的国内市场怎么能容纳得下？因此，就要借助于国际市场。把世界各国连为一体的国际市场，使生产摆脱国内市场的局限，极大地刺激各国出口产业的发展，使生产能够获得规模效益，有力地促进了生产率的提高。

(五) 有利于解决劳动力就业

随着人口的增加和劳动生产率的提高，解决过剩人口的就业问题已经成为世界各国政府必须优先考虑和解决的重要问题之一。各国政府所制定的种种鼓励出口和限制进口的政策与措施，在很大程度上是为了解决本国劳动力的就业问题。对外贸易的发展，为产品寻到了新的市场与销路，因而能为各行各业带来大量新的劳动就业机会。特别是那些人口较多、劳动力严重过剩的国家和地区，更应该大力发展出口产业，尤其是发展那些劳动密集型的出口产业。从我国的统计数字看，每出口1亿元人民币的工业品，就可直接为1.2万劳动力创造就业机会，如果再加上间接创造的就业机会，这一数字还会增加若干倍。可以看出，积极参与国际贸易，大力发展出口产业，对于解决劳动力就业问题有着特别重要的意义。

(六) 有利于提高国民的多样化消费水平

国民生产的目的是国民的消费。一国受国内自然资源和生产技术水平的限制，难以生产出多样化的产品来满足本国国民多样化的需求。而且，一个较少参加国际贸易的封闭型的国家，其国民的消费也必然会是单调的和低水平的。只有积极参与国际贸易，才能带来国内所没有的新商品，使消费者的偏好向这些新商品转移，既扩大了消费的范围，提高了消费水平，又在国内引发出了新的社会需求。这种新需求便成为国内新工业建立和发展的刺激因素。一系列新工业的发展和新产品的大量供应，又在更大的范围中满足了社会的需求，从而进一步提高了全社会的国民消费水平。

(七) 国际贸易是世界经济兴衰的重要传递渠道

国际贸易把世界各国的经济紧紧地联为了一体。于是,世界性的经济繁荣或经济衰退便沿着进出口贸易的渠道传向了各个国家。当然,其影响程度会由于各国对外开放程度的不同而有所不同。

这种传递渠道的运行过程是:当世界经济呈现着普遍的繁荣时,国际市场上各类商品普遍好销,且价格看涨,盈利率上扬。这种状况首先对一国的出口产业部门产生刺激和带动作用,使这些部门增加投资,扩大招工,提高生产量。出口产业部门的繁荣能够将与其密切相关的部门的生产带动起来,进而又会把全社会各行各业的部门相继带动起来,使它们走向繁荣。这样,该国经济的发展,在传递渠道的作用下,便与世界经济发展的总步伐协调了起来。同理,世界性的经济衰退也会沿着这一传递渠道传向参与国际贸易的各个国家。衰退引起的世界市场物价下跌和产品滞销,会对一国的出口产业部门的生产产生抑制作用,其产品不得不“出口转内销”,这又会引起国内同行业产品的滞销与积压,进而会到起全社会性的产品过剩和经济恐慌。

当然,这种经济传导机制的作用和影响程度在各国是很不相同的。影响程度大小的主要制约因素是一个国家或地区的对外开放程度和进出口商品总值在国内生产总值中所占比重的大小。

二、经济发展对国际贸易的影响

从前面的分析中可以看出,参与国际贸易会对本国的经济发展产生较为积极的推动作用,那么,一国的经济发展又会对国际贸易产生什么影响呢?这主要可以从以下几个方面进行分析。

(一) 经济发展水平影响着一国在国际贸易中的地位

经济发展水平较高的发达国家在国际贸易格局中处于较有利的地位,而经济落后的发展中国家则处于较不利的地位。尽管参与国际贸易会使参加国都能从中受益,都可获得比较利益,但所获利益的多少是很不均衡的。发展中国家处于经济发展水平较低,尤其是工业发展水平远远落后于发达国家,在国际贸易中或是以农矿产品与发达国家的工业制成品相交换。在国际市场上,工业制成品价格较高,而农矿产品价格相对较低,使国际贸易的利益分配更多地偏向于发达国家。

(二) 经济发展水平影响着一国进出口贸易的商品结构

一国的经济发展水平制约着国民的消费结构,而消费结构又对进出口贸易的商品结构起着重要的影响作用。发达国家的工业加工水平较高,国民的消费水平也较高,因此,其进口商品是以初级产品和生活消费品为主,而且进口的消费品中还包括相当数量的高档消费品;其出口产品则是以工业制成品为主。发展中国家的工业水平落后,国民的消费水平也较低,因此,其进口商品是以生产资料和普通生活消费品为主,其出口产品则是以初级产品及轻纺产品为主。

(三) 经济发展水平影响着一国对外贸易政策的制定

国际贸易利益的分配是不均等的,发达国家依靠其劳动生产率优势往往会获得比发展中国家更多的利益。再加上保护国内幼稚工业的因素和保护劳动就业的因素等,就使得经济发展水平不同的国家在对外贸易政策的制定上存在着很大的差异。一般地说,经济发展水平较高的国家往往推行自由贸易政策,而经济发展水平较低的国家则往往推行保护贸易政策。但这也不是一成不变的,一个国家的政府常常会调整自己的外贸政策。例如,经济大国美国,依靠自己的经济实力,长期推行自由贸易政策,力主各国拆除各种贸易壁垒。但近些年,由于美国经济实力相对下降,对外贸易存在巨额逆差,政府的贸易政策开始出现了变化。比如美国政府就改变了多年来倡导的自由贸易政策,提出了保护主义色彩甚浓的"公平贸易"的口号,以期改变美国在国际贸易领域中的不利地位。

(四) 经济发展水平影响着一国国际贸易发展的深度和广度

从开展国际贸易的基础条件,如运输、通信等条件角度来看,在一个经济发展水平落后的国家,没有高等级公路,没有深水码头,没有现代化通信设施,大量的商品运不进来也输不出去,市场信息的取得既不方便又不及时,在这种环境下,进出口贸易的开展是很困难的。此外,一个国家的各种与进出口贸易相关的机构(如保险、商检、仲裁等)是否健全,也直接影响到这个国家国际贸易业务发展的深度与广度。

本章小结

国际贸易是指世界各国(地区)之间在商品和服务方面的交换活动,是各国之间分工的表现形式,反映了世界各国在经济上相互依靠的关系。

国际贸易是一个历史范畴,它是社会历史发展到一定阶段后才出现的一种经济活动,即分工的发展、国家形成、货币与商人的出现促使了国际贸易的产生。

重要概念

国际贸易　对外贸易　国际(对外)贸易额　国际(对外)贸易量　出口贸易　进口贸易　过境贸易　贸易差额　国际贸易(对外贸易)商品结构　对外贸易依存度　国际贸易地理方向　直接贸易　间接贸易　转口贸易　货物贸易　服务贸易　贸易条件

重要概念解释

复习思考题

1. 什么是国际贸易？
2. 贸易差额对经济有什么影响？
3. 如何理解进口替代和出口导向两种发展战略的含义？
4. 贸易条件的表达方式有哪些？
5. 如何理解国际贸易与经济发展之间的关系？

案例分析　　延伸阅读 1　　延伸阅读 2　　延伸阅读 3

第二章　国际贸易理论

本章导读　古典贸易理论认为，贸易产生的原因在于劳动生产率不同而引起的技术差异。亚当·斯密是古典经济学的奠基者，也是古典贸易理论的创始者。他在批判之前重商主义时期保护贸易主义思想的基础上，主张各国应该基于劳动生产率"绝对优势"原则开展国际分工，实施自由贸易。李嘉图在继承斯密自由经济思想的基础上，弥补了斯密理论的一些缺憾，提出了"比较优势"的国际分工原则。瑞典经济学家赫克歇尔-俄林提出的要素禀赋理论，其核心思想在于用各国生产要素丰裕程度的差异来解释比较优势的形成和国家贸易的原因，是对古典贸易理论的补充和发展。20 世纪 50 年代初，美国经济学家里昂惕夫通过实证研究，对要素禀赋的理论提出了质疑，被后人称为"里昂惕夫之谜"，并引发了人们对传统国际贸易理论的长期争论，同时促进了国际贸易理论在第二次世界大战之后的发展。新贸易理论解释了市场上传统贸易理论无法解释的新的贸易现象。各个时期的保护贸易理论解释了各国开展保护贸易政策的理论依据。通过本章的学习，读者可以了解：早期的分工交换思想、绝对优势(成本)、比较优势(成本)理论、要素禀赋理论的相关内容、"里昂惕夫之谜"及随之涌现出了各种贸易理论与观点，以及保护贸易理论的相关内容。

本章学习重点与教学要求

第一节　古典国际贸易理论

一、绝对优势(成本)论

亚当·斯密的经济学说形成于 18 世纪下半期英国工业革命即将开始的时期。斯密是西方古典政治经济学理论的建立者，1776 年他发表了《国民财富的性质和原因的研究》(简称《国富论》)一书，系统地阐述了古典政治经济学的基本观点，第一次把经济科学所有的主要领域的知识归结为一个统一和完整的体系。绝对优势理论的主要内容有以下两方面。

第一方面：国际分工是建立在一国所拥有的自然优势或获得某种优势的基础上的。

优势即指绝对优势或绝对利益。斯密认为，各国因地域和自然条件不同而形成的商品成本的绝对差异是国际贸易发生的原因。一国出口那些在本国生产有效率的商品，进口那些在国外生产有效率的商品，该国就会获得贸易利益。

第二方面：主张自由贸易。

斯密认为，既然贸易双方都具有绝对优势，那么通过自由贸易，双方都能获得贸易利益。因为自由贸易会使贸易双方的资本和劳动力从生产能力低的行业转移到生产能力高的出口行业中，实现资源的有效配置，提高劳动生产效率。生产商品的数量增加了，通过贸易，双方的消费量也增加了，对双方都有好处。

斯密对绝对优势论的论证是依照以下几个步骤来进行的。

交换是斯密理论的逻辑起点。在斯密看来，交换是出于利己之心并为达到利己的目的而进行的活动，是人类天然的倾向。交换产生分工。分工的产生也正是人类要求互相交换。要进行交换，就要生产能交换的物品，其结果是使人们在各自的业务上，磨炼和发挥各自的天赋资质或才能。在某些特定商品的生产上，某一国占有大的自然优势，而另一国无比优势，后者向前者购买，总是比自己制造有利。分工的原则是各自集中生产具有优势的产品。互相交换，各自获益。国际分工的基础是有利的自然禀赋或后天的有利的生产条件。国际分工的原则也应该是充分发挥各国的优势，可以使一个国家生产某种产品的成本绝对低，在对外贸易中相对于其他国家来说就会处于绝对优势的地位。

斯密的绝对优势理论是建立在以下的假设前提下的：两个国家和两种商品；全社会只有一种要素投入：劳动；同种产品在两国生产存在着劳动生产率的差异；完全竞争的市场结构；完全自由贸易，且贸易平衡；规模报酬不变。为了说明这一理论，斯密举下面例子说明。

假定英国、葡萄牙两国都生产葡萄酒和毛呢两种产品，生产情况如表 2-1(a)所示。斯密认为在这种情况下进行国际分工、国际交换，对两国都有利，并以表 2-1(b)加以说明。

假定分工后，贸易条件为 1 单位毛呢交换 1 单位酒，则两国拥有产品的状况如表 2-1(c)所示。

表 2-1(a)　　绝对优势理论举例(分工前)

国家	酒产量(单位)	所需劳动人数(人/年)	毛呢产量(单位)	所需劳动人数(人/年)
英国	1	120	1	70
葡萄牙	1	80	1	110

由表 2-1(a)可知，英国在生产毛呢上具有绝对优势，因为单位产品的劳动投入量为 70 人，小于葡萄牙的 110 人。葡萄牙在葡萄酒的生产上具有绝对优势，因为其单位产品的劳动投入量为 80 人，小于英国的 120 人。所以，英国应该专业化生产毛呢，葡萄牙应该专业化生产葡萄酒。

表 2-1(b) **绝对优势理论举例(分工后)**

国家	酒产量(单位)	所需劳动人数(人/年)	毛呢产量(单位)	所需劳动人数(人/年)
英国	—	—	(120+70)/70=2.7	70+120=190
葡萄牙	(110+80)/80=2.375	80+110=190	—	—

英国用所有的劳动来生产毛呢，共生产出 2.7 个单位；同样，葡萄牙也用所有的劳动来生产葡萄酒，共产出 2.375 个单位。可见，尽管两国投入的总劳动量没有变，但由于实行国际分工，世界总产出增加了。

表 2-1(c) **按照 1∶1 交换后的结果**

国家	酒产量(单位)	毛呢产量(单位)
英国	1	1.7
葡萄牙	1.375	1

假设英国用毛呢来换取葡萄牙的葡萄酒，交换比例为 1∶1，显然，1∶1 的交换比例对双方都有利，因为在分工前，英国 1 个单位的毛呢在国内只能交换(70∶120)=0.58 单位的葡萄酒；对于葡萄牙来说，分工前，1 单位的葡萄酒在国内只能交换(80∶110)=0.72 单位的毛呢。

由表 2-1(c)可以看出，贸易后，英国得到 1 单位葡萄酒和 1.7 单位毛呢，与自给自足时相比多得了 0.7 单位毛呢；而葡萄牙得到 1.375 单位葡萄酒和 1 单位毛呢，与自给自足时相比多得了 0.375 单位葡萄酒。

综上所述，斯密绝对成本理论的基本含义是各国生产上的绝对优势源于该国的自然优势和获得性优势。如果一国在某种产品的生产成本方面相对于对方国家的同样产品来说处于绝对优势，就应该分工生产并出口这种产品；如果一国在另一种产品的生产成本方面相对于对方国家的同样产品来说处于绝对劣势，就不应该生产该种产品，本国所需应从对方国家进口。其结果是参加贸易的双方都能从中获得利益。国际贸易是双赢，而不是零和博弈。

绝对优势理论的局限性在于其只能解释现在世界贸易中的一小部分交易，未能说明一国在各部门均无绝对优势的情况下如何开展贸易，因而不具有一般性。另外，该学说仅从供给方面研究了国际分工和国际商品流向，忽略了需求对分工和贸易格局的影响。在资源向绝对优势部门转移的过程中，成本是否会发生变化，如果有变化，国际分工应进行到何种程度，这些问题未得到解释。

二、比较优势（成本）论

大卫·李嘉图是著名的英国经济学家，是古典经济学的完成者。其主要代表作是1817年发表的《政治经济学及赋税原理》（*Principles of Political Economy and Taxation*）。李嘉图与斯密一样，主张自由贸易。他认为，自由贸易有利于生产力的发展，表现在三个方面：

（1）自由贸易会使各国把它们的资本和劳动用于最有利于本国的用途上，可以激发人们的勤奋和智慧，最有效地利用本国的自然禀赋（各国自然具有的优越条件，如资源、地理位置、气候、特殊技能等），最有效、最经济地分配本国劳动。

（2）自由贸易有利于提高利润率，有利于积累资本。他认为自由贸易同改进技术，提高劳动生产率一样，可以使谷物价格降低，使工人生活必需品价格降低，从而降低货币工资，提高利润。

（3）自由贸易可以增加用收入所购买的物品的数量和种类，商品丰富和价格低廉而为储蓄和资本积累提供了刺激力，这对于国家经济发展很有益处。

李嘉图敏锐地发现，斯密的绝对成本论在解决下列问题时将面临两难困境：如果一个国家在两种商品或者所有商品的生产成本上都处于绝对劣势地位，那么国际贸易还能否发生呢？如果能，那么国际贸易是否对双方都有利呢？这些问题显然已经超出了斯密理论的范畴。在斯密的理论中，鞋匠有制鞋的绝对优势，裁缝有做衣服的绝对优势，二者的分工比较明确。但假如两个人都能制鞋和做衣服，而其中一个在两种职业上都比另一个人强，那么应该怎样分工呢？根据李嘉图的理论，这要看两人在两种职业上的劳动生产率相差多少。如果一个人比另一个人在制鞋上强1/3，而在做衣服上强1/5，那么这个较强的人应该制鞋而那个较差的人应该去做衣服。李嘉图说："如果两人都能制鞋和帽，其中一个人在两种职业上都比另一个人强一些，不过制帽时只强1/5或20%，而制鞋时则强1/3或33%，那么这个较强的人专门制鞋，而那个较差的人专门制帽，岂不是对双方都有利么？"

上述思想可以沿用上一节的例子进行说明。假设两个国家是英国和葡萄牙，它们都生产葡萄酒和毛呢两种产品，设单位产品两国所需投入的劳动量如表2-2(a)所示。

表 2-2(a)　比较优势理论示例(分工前)

国家	生产葡萄酒投入劳动量(人)	生产毛呢投入劳动量(人)
英国	120	100
葡萄牙	80	90

由表2-2(a)可知，葡萄牙在生产葡萄酒和毛呢上均具有绝对优势，因为单位产

品的劳动投入量均小于相对应的英国劳动投入量。按照斯密的理论，此时不会发生贸易。但是，李嘉图认为在上述情况下仍然可以发生贸易，而且对双方国家均有利。这是因为，对于葡萄牙来说，毛呢的生产成本为英国的0.9，而酒的生产成本为英国的0.67，两相比较，酒的成本相对于英国更低，因而优势更大。就英国来说，酒的生产成本相当于葡萄牙的1.5倍，毛呢的生产成本相当于葡萄牙的(100/90)＝1.1倍，两相比较，毛呢的生产成本相对低一些，因而具有相对优势。这就是比较成本的意义之所在。接着，李嘉图根据“两优取其重，两劣取其轻”的分工原则指出，葡萄牙应分工生产酒，英国应分工生产毛呢。这样，两国都能从国际分工中获得好处。

表 2-2(b)　　比较优势理论示例(分工后)

国家	生产葡萄酒投入劳动量(人)	生产毛呢投入劳动量(人)
英　国	—	$\frac{120+100}{100}=2.2$
葡萄牙	$\frac{80+90}{80}=2.125$	—

由表 2-2(b)可知，英国用所有的劳动来生产毛呢，共生产出 2.2 个单位；同样，葡萄牙也用所有的劳动来生产葡萄酒，共产出 2.125 个单位。可见，尽管两国投入的总劳动量没有变，但由于实行国际分工，世界总产出增加了。这是比较优势带来的利益。

假设英国用毛呢来换取葡萄牙的葡萄酒，交换比例为 1∶1，则交换后的情况为表 2-2(c)。

表 2-2(c)　　比较优势理论示例(交换后)

国家	生产葡萄酒投入劳动量(人)	生产毛呢投入劳动量(人)
英　国	1	2.2－1＝1.2
葡萄牙	2.125－1＝1.125	1

综上所述，按照李嘉图的比较优势理论，当两国的比较成本存在差异，且贸易条件介于二者之间时，两国将各自完全专业化生产所占比较优势的产品，通过自由贸易，相互交换各自的所需产品均可获得贸易利益。同时，按照这种分工方式不仅能够使各自收入达到最大化，而且还能够实现世界收入的最大化。

但是，比较优势理论仍然存在着许多缺陷和亟待完善的地方，主要表现在：①静态理论，只能说明短期内贸易利益的问题，但是无法将开展国际贸易同各个国家的经济增长和发展联系起来；②假定前提来分析与现实相去太远；③李嘉图未能解决商品的国际交换比例问题；④预测了极端的专业化分工，不符合实际情况；⑤忽略国际贸易对收入分配的影响；等等。问题的存在也为后来的理论的发展提出了新的研究方向。

第二节　新古典贸易理论

一、要素禀赋理论

要素禀赋理论，又被称为 H-O 理论，是由瑞典经济学家赫克歇尔和俄林提出的，其核心思想在于用各国生产要素丰裕程度的差异来解释贸易国之间比较优势的形成和国家贸易的原因，是对古典贸易理论的补充和发展。此后，萨缪尔森等学者提出了生产要素价格均等化的观点，进一步发展并完善了要素禀赋理论。

(一) 要素禀赋理论的创立

李嘉图的比较优势理论创立 100 年之后，瑞典经济学家赫克歇尔和俄林提出了要素禀赋理论。这个理论认为，各国资源条件不同，也就是市场要素供给情况的不同，是产生国际贸易的基本原因。

要素禀赋理论的基本论点是赫克歇尔首先提出来的，俄林师承赫克歇尔，创立了要素禀赋理论。1919 年，赫克歇尔在纪念经济学家戴维的文集中发表了题为"对外贸易对收入分配的影响"的著名论文，提出了要素禀赋论的基本论点。他在该论文中以比较优势理论各项假设为依据，提出了一个问题，即如何解释李嘉图理论中两国比较成本之间的差异。他认为，如果这两个国家之间不存在要素禀赋的差异，在各个生产部门中的技术水平也都一样，再假定不存在任何运输成本，则两国间进行贸易的结果对它们中的任何一国既不会带来利益，也不会带来损失。故而两国间存在比较成本的差异必须有两个前提条件：一个是两国的要素禀赋不同，另一个是两国生产不同商品时使用的要素比例不同。

1929—1933 年，由于西方世界经历了历史上最为严重的经济危机，贸易保护主义抬头，各国都力图加强对外倾销商品，同时提高进口关税，限制商品进口。在此背景下，1933 年，俄林在哈佛大学出版由博士论文修改而成的《区际贸易与国际贸易》一书中，更加深入而广泛地探讨了赫克歇尔的思想，使要素禀赋理论得以成型。在该书中俄林用两个国家、各生产两种产品、使用两种生产要素(劳动和资本)的 2×2×2 模型系统阐述了要素禀赋理论，从而成为国际贸易理论最重要的著作之一，俄林本人也因在这部著作中所做出的开创性研究成果而于 1977 年荣获诺贝尔经济学奖。要素禀赋理论又成为赫克歇尔-俄林定理或模型。

1941 年萨缪尔森和斯托尔帕(W. F. Stolper)合著了《实际工资和保护主义》一文，提出了生产要素价格日趋均等化的观点。萨缪尔森还在 1948 年前后发表的《国际贸易和要素价格均衡》《国际要素价格均衡》及《论国际要素价格的均衡》等文中对上述观点作了进一步的论证，建立了要素价格均等化学说，发展了要素禀赋理论。

要素禀赋理论的核心思想是：国与国之间互利贸易的基础在于要素禀赋差异；

由于各种各样的原因，一国要素禀赋中某些要素相对丰裕，另一些要素相对稀缺；国际贸易中一国出口的应当是那些较多使用本国丰裕要素生产出来的商品，进口的则是那些较多使用本国稀缺要素生产出来的商品。因此可以说，一国出口的是本国供给丰裕的要素，进口的是本国供给不足的要素。

（二）与要素禀赋有关的几个概念

1. 要素禀赋（Factor Endowment）

这是指一国或地区所拥有的各种生产要素的总量。要素禀赋理论的提出者认为，由于自然条件、地理位置以及历史原因和经济发展水平的差异，国与国之间所拥有的各种生产要素的数量不同，这些要素之间的比例也不同，因此禀赋不同。国与国之间在生产要素禀赋上的差异，决定了它们产出上的差异。比如，一个拥有丰富铁矿资源与煤炭资源的国家，可能只有少量的耕地用以种植小麦；与此相反，另一国家拥有的要素禀赋较适宜生产钢铁，不太适宜种植小麦；后者则恰恰相反，适宜生产小麦而不适宜生产钢铁。显而易见，正是要素禀赋的差异，决定了两国生产成本和特定产品生产的差异。

2. 要素丰裕（Factor Abundance）与要素稀缺（Factor Scarce）

它是指一国或一个地区的生产要素禀赋中，某种要素相对于其他要素的供给量较大的情形。可以用一个简单的方法来测算一国某种要素的丰裕程度：将本国该要素总供给量与其他要素总供给量的比率与别国相同两种要素总供给量比率进行比较。另一种方法是以要素相对价格衡量，若一国某要素的相对价格低于别国同种要素的相对价格，则该国该要素相对于别国丰裕。要素稀缺是与要素丰裕相反的概念，是指一国或地区某种生产要素的供给量相对于另一国或另一地区较少。

3. 要素比例（Factor Proportion）

这是指生产某种商品所需要的各种要素之间的比例。要素禀赋理论认为，各种商品因其属性特点，生产中所要求的要素比例不同，比如农产品生产要求较多的土地，工业品生产要求较多的能源，纺织品生产要求较多的劳动。

4. 要素密集度（Factor Intensity）

这是要素比例概念的延伸。根据产品生产所要求的不同要素间的比例，可以把产品划分不同的种类的要素密集型产品，将特定产品生产中耗费最多的要素成为该要素密集型产品。

（三）H-O 理论的基本假设

（1）假设世界上只有两个国家（资本相对丰裕的国家和劳动相对丰裕的国家），使用两种生产要素（资本和劳动），生产两种产品（资本密集型产品和劳动密集型产品）。做出这个假设主要是为了理论分析的便利，当这一假定被放松后，理论模型的基本结论不会发生根本性改变。

（2）每个国家的生产要素都是给定的，并且资源充分利用。意味着两个国家都不存在闲置的生产要素，任何一个国家如果要扩大一种产品的生产，就必须从另外一个产业部门中吸收资源。

（3）要素可以在国内各部门间自由流动，但是不能跨国流动。生产要素在国内自由流动的假定意味着劳动和资本能够自由地从收益较低的部门流向收益较高的部门，因此，国内各部门同种生产要素的价格在均衡时必定相等；生产要素不能跨国流动意味着，两国间生产要素的价格差异在没有国际贸易的情况下可以持续下去。

（4）两国同种产品的生产技术相同，但不同产品的生产技术不同。为了集中分析要素禀赋差别的作用，各国的生产技术假定是相同的。另外，不同产品的生产技术不同便于区分不同的产品。

（5）生产规模收益不变，是一次齐次的。这意味着如果在任何一种商品生产中的劳动量和资本量同比例增加，则该商品的产出也以相同比例增加。如果劳动和资本量同时翻倍，则产出也翻倍。

（6）两国的消费偏好相同。这意味着表现两国需求偏好的无差异曲线的形状和位置是完全相同的，使我们省却了对复杂需求因素的考虑。

（7）完全竞争的商品市场和要素市场。意味着没有任何单个的生产者和消费者能够左右商品的价格，也没有任何单个的厂商或要素的拥有者能够决定要素市场的价格。完全竞争也意味着商品价格等于其生产成本，没有经济利润；要素的价格决定于其边际生产力。

（8）无运输成本，无关税，或其他阻碍国际贸易自由的障碍。这一假设也是为了简化分析，以便于集中讨论贸易的原因及结果。运输成本和关税的多少只是在最终产品价格上的单调增减。

（9）非完全专业化生产。对发生贸易后要素价格均等化和要素价格均等化的形成起到保障作用。

（10）两国之间的贸易是平衡的。要求贸易参加国的进口价值与出口价值相等，实际上是一国在国际贸易条件下的一种预算约束。

（11）不存在要素密集度逆转。意味着在任意给定的要素相对价格下，两种商品的要素密集度属性不会发生改变，为的是无歧义地定义两种商品的相对要素密集度。

（四）H-O理论的拓展

1. 斯托尔帕-萨缪尔森定理

斯托尔帕-萨缪尔森（Stolper-Samuelson）定理最早出现于他们在1941年发表的《贸易保护与实际工资》一文中。通过对H-O理论的分析的结果：两国同一商品的价格将实现均等化。现在我们以商品X（劳动密集型产品）相对价格上升为例，考察商品相对价格变动是如何影响要素价格的。在完全竞争条件下，生产要素在每一部门的报酬等于其边际产品价值，即等于其边际产出与商品价格的乘积。在均衡条件下，生产要素在所有部门的报酬应当是相同的。此时，如果商品X的相对价格上升，那么X部门的劳动和资本的报酬与Y部门就不再保持一致，X部门的劳动和资本可以获得比 Y 部门更多的报酬，于是资本和劳动就会从报酬低的 Y 部门流向报酬高的 X 部门。由于 X 部门是劳动密集型的，所有 X 部门生产扩张需要相对较多的劳动和较少的资本相匹配。但由于 Y 部门是资本密集型的，Y 部门只能释放出相对较少的劳动和较多的资本。于是在生产要素重新配置过程中，对劳动新增的需求超过了劳动新出现的供给，而资本新出现的供给则超过了对资本新增加的需求，从而在要素市场上，劳动的价格将会上升，而资本的价格将下降。随着生产要素价格的重新调整，每个部门的厂商在生产中所使用的资本/劳动比率也将随之变化。由于劳动变得相对更加昂贵，资本变得相对更加便宜，所以每个部门的厂商都会调整其要素使用比例，尽量多使用变得便宜了的资本，来替代一部分变得昂贵了的劳动。最后，每个部门所使用的资本/劳动的比率都要高于 X 商品变化前的所要素使用比例。

由上面的分析我们可以得出以下重要结论：国际贸易将导致在出口产品生产中密集使用的生产要素（本国的相对充裕要素）的报酬提高；在进口产品生产中密集使用的生产要素（本国的相对稀缺要素）的报酬降低，而不论这些要素在哪些行业中使用。这就是著名的斯托尔帕-萨缪尔森定理。

2. 要素价格均等化

要素价格均等化定理，实际上是一个推论，因为它直接从 H-O 定理得来，并且只有当 H-O 定理成立时它才成立。萨缪尔森曾经严格地证明了要素价格均等化定理。由于这个原因，该定理又被称为赫克歇尔-俄林-萨缪尔森定理（简称 H-O-S 定理）。该定理指出，即使生产要素不具备国际流动的条件，只要商品的自由贸易得到充分发展，如果各国都以各自的要素禀赋比率差距为基础进行贸易，那么其结果将是贸易前相对丰裕的要素价格上涨，相对稀少的要素价格下降，从而逐渐达到要素价格比率的国际均等化。这就是所谓要素价格均衡化定理。

3. 专用要素命题（或模型）

生产要素分可流动生产要素和不可流动生产要素（也称特定或专用要素）。萨缪尔森与琼斯将两类生产要素结合分析，指出：如果某一要素被较为固定地使用在出口部门的产品生产中，那么，该要素的报酬会随着出口贸易的发展而增加。相反，如果某一要素被固定地（或较专业地）使用在进口竞争部门的产品生产中，那么，该要素的报酬会随着进口贸易的发展而下降。

4. 雷布任斯基定理

英籍波兰经济学家雷布任斯基在 1955 年发表的论文《要素禀赋与相对要素价格》中，对生产要素的增长与国际贸易的关系进行了创建性的分析，并建立此理论。指出：在商品价格与要素价格均不变的条件下，一种要素数量增加（而其他要素数量均不变的条件下），会导致密集使用该要素所生产的产品的产出增加。同时，又使其他产品的产出下降。

因此，生产可进口商品生产要素的增加，将会减少对进口商品的需求，从而使其贸易条件得到改善；而生产出口商品所需的生产要素的增加，将会增加出口商品的供给，从而导致其贸易条件恶化。

二、里昂惕夫之谜（Leontief Paradox）

自从要素禀赋理论提出以后，在很长一段时间，H-O 理论成为解释工业革命后贸易产生原因的主要理论。人们普遍认为，各国资源禀赋和生产中的要素使用的比例的不同是产生国际贸易的主要原因。但是，二战以后，国际贸易商品结构和地区分布发生了很大的变化，传统的国际贸易理论显得越来越脱离实际，于是引起了经济学家们对包括要素禀赋论在内的已有的学说的怀疑，并促使他们对这些理论进行检验。

对 H-O 理论的第一次实证检验是在 20 世纪 50 年代初。经济学家里昂惕夫在 1953 年发表的一篇论文中，对要素禀赋理论提出了质疑，引发了人们对传统国际贸易理论的长期争论。

（一）里昂惕夫的实证检验

里昂惕夫（Wassily Leontief）于 1953 年利用美国投入产出模型计算了 1947 年美国的贸易结构，对赫克歇尔-俄林的理论进行了实证分析。其中他将生产要素分为两类，资本和劳动，对 200 多个子部门进行了分析，再整合为 50 多个产业部门，其中有 38 个部门和国际贸易有关。计算出每百万元的进口商品和出口商品的资本和劳动投入，其中美国的进口是利用美国的进口替代产业的资料计算得来的，如表 2-3 所示。

表 2-3　美国 1947 年、1956 年和 1971 年的贸易结构

项目	生产要素的种类和单位	出口产品	进口产品	进口产品/出口产品
1947 年投入产出和贸易结构	资本（美元）	2 550 789	3 091 339	1.30
	劳动（人/年）	182	170	
	资本/劳动	14 015	18 184	
1956 年投入产出和贸易结构	资本（美元）	2 256 800	2 303 400	1.06
	劳动（人/年）	174	168	
	资本/劳动	12 970	13 711	
1971 年投入产出和贸易结构（Baldwin 计算）	资本（美元）	1 876 000	2 132 000	1.25
	劳动（人/年）	131	119	
	资本/劳动	14 320	17 916	

根据 1947 年的统计资料，美国生产进口替代产品时，每单位劳动力所使用的资本数量是生产出口商品的 1.3 倍，即美国进口产品的资本/劳动比率要大于出口产品的资本/劳动比率。里昂惕夫因而得出与要素禀赋论相反的结论："美国之参加国际分工是建立在增减劳动密集型生产专业化的基础上，而不是建立在资本密集型生产专业化基础上。换言之，这个国家是利用对外贸易来节约资本和安排剩余劳动力，而不是相反。"1956 年，里昂惕夫在《要素比例和美国结构：理论经验再分析》一文中，

运用 1951 年的统计数据，对美国贸易结构进行了第二次调查，其结果肯定了第一次调查的结论，美国生产进口替代商品时，每个劳动力所使用的资本数量是生产出口商品的 1.06 倍。然而，按照第二次世界大战后初期美国要素禀赋状况，美国明显属于资本相对充裕、劳动相对稀缺的国家。按照要素禀赋理论，它的出口应以资本密集型产品为主，进口以劳动密集型产品为主。何以出现如此大的反差？里昂惕夫的惊人发现，引起了经济学界的极大关注，他的这项研究又被称为“里昂惕夫之谜”或“里昂惕夫悖论”。

里昂惕夫的结论引起了国际经济学界的大争论，一些人试图对赫克歇尔-俄林的理论进行重新评价，另一些人则怀疑里昂惕夫方法和数据上的错误，他的方法被复查了好几次，证明确实无误，而且其他国家也存在类似情况。于是西方经济学界对里昂惕夫之谜提出了各种各样的解释。

(二) 对“谜”的各种解释

对里昂惕夫之谜的解释成为国际贸易理论发展的契机，对里昂惕夫之谜的解释主要有以下几种。

1. 劳动效率论

里昂惕夫认为美国有比较高的劳动效率。美国有比较好的企业家能力、企业组织、工作环境，因此在相同的资本劳动比率的条件下，美国的劳动生产率是外国劳动生产率的 3 倍。如果将美国的劳动供给按照劳动效率的高低加以调整乘以 3 倍，那么美国将是劳动资源丰裕而资本相对稀缺的国家。所以，里昂惕夫之谜的出现也就不奇怪了。

2. 贸易壁垒论

还有一种解释认为，里昂惕夫之谜是由美国的对外贸易政策造成的。美国为了保护国内劳动密集型产业，对劳动密集度较高的商品的进口实行了更多的限制，从而使美国实际进口的劳动密集型商品减少了。H-O 模型以自由贸易为前提条件，里昂惕夫则根据美国实际的进出口情况进行计算，这样里昂惕夫的结论势必与赫克歇尔-俄林模型相矛盾。因为假如实行自由贸易，美国进口劳动密集型产品的数量将会增加，里昂惕夫之谜不一定产生。

3. 需求偏好论

这种论点认为，一国的资源禀赋状况决定着一国的生产和出口产品结构，但需求偏好可能会抵消这种趋势。如果一国的丰裕要素所生产的产品吸引着国内的需求极大地向这类产品上倾斜，就会使这类原本数量很丰富的产品显得稀缺起来，进而导致这类产品由出口变为进口。比如美国的资本要素虽然很丰裕，但其国内对资本密集型产品有很高的需求，那它可能就会进口这类产品。

4. 要素密集转化论

这种观点认为，把某种商品定为资本密集型，把另一种商品定为劳动密集型的固定的划分方法是不妥当的。实际上，某种商品在甲国属于劳动密集型，而在乙国可能就属于资本密集型的产品。例如，农产品在绝大多数发展中国家属于劳动密集型产品，在美国则应属于资本密集型产品。因为在美国的农业生产中，农业机械、化肥、农药和社会服务等方面的投资相当大，而对人力的花费并不多。因此，美国农产品的出口就不能简单地说是劳动密集型产品的出口。

5. 人力资本理论

一些学者认为，里昂惕夫的研究的一个重大缺陷是只考虑了实物资本，生产要素只是被简单地分为劳动、资本或土地，而完全忽略了人力资本，而且熟练劳动和简单劳动之间存在着很大差别。一般来说，熟练工人需要更多的教育和培训，大量科技人员的产生也需要大量的科研和开发经费的投入，在这些劳动力背后，实际上是大量的资本投入。一些经济学家在调查了美国劳工的平均工资、高技能职员在整个雇员中的比率，以及研究开发支出在产品增加值中的比重情况发现，美国人力资本投入在全世界占有领先地位，美国拥有的科技人员和工人数量也是全世界最多的。美国出口行业的劳动生产率和包含的人力资本要高于进口竞争行业。只是简单地用劳动人数和劳动时间来计算美国进口产品的资本/劳动比率可能没有反映出熟练工人和非熟练工人之间的区别。实际上这种进一步的划分在一定意义上是对赫克歇尔-俄林模型的进一步补充和完善。建立在详细划分基础上的生产要素禀赋理论是基本符合实际的。

6. 自然资源理论

还有些学者认为，里昂惕夫之谜是自然资源差别造成的。里昂惕夫在计算过程中只考虑了劳动和资本这两种生产要素，而没有考虑自然资源这种生产要素。但是自然资源这种生产要素是不可忽视的。在各个国家里，自然资源的种类和数量有很大的差异。自然资源的差别对各个国家进出口商品的种类和数量有很大的影响。进口方面，美国是矿产和木材的主要进口国。这些产品不仅需要耗费大量的自然资源，而且也需要使用大量的物质资本，这就是为什么美国进口竞争行业资本密集度较高的原因之一。出口方面，美国的土地资源丰富，农产品的出口数量很大，而农产品相对来说需要土地和劳动较多，这也是为什么美国出口业相对来说劳动密集度较高的一个原因。里昂惕夫本人也承认如果在计算中剔除自然资源行业，则美国进口资本密集型产品、出口劳动密集型产品的现象就会消失。这说明美国某些自然资源产品和资本之间存在着相互替代的关系。美国自然资源产品的进口具有资本密集型的特点，这样在美国的进口贸易中就加重了资本密集型产品的份额。

7. 技术差距学说(Theory of Technological Gap)

技术差距学说，又被称为技术间隔说，认为技术领先国家具有较强开发新产品和新工艺的能力，形成和扩大了国际的技术差距，而有可能暂时享有生产和出口某类高技术产品的比较优势。这种情况下，各国对技术的投资和技术革新的进展不一致，存在着一定的技术差距，使得技术资源相对丰裕或者在技术发展中处于领先的国家，有可能享有生产和出口技术密集型产品的比较优势。当然，这类技术密集型产品的出口国家也就是资本要素相对丰裕的国家。从这个意义上说,技术差距学说是完全可以和要素禀赋理论相衔接的。

第三节 新国际贸易理论

一、需求偏好相似学说

1961年,瑞典经济学家林德尔(S. B. Linder)在他的《论贸易和转变》一书中,提出了需求偏好相似理论(Demand Preference Similarity Theory),来解释H-O理论所不能解释的一些情况。林德尔认为俄林的资源禀赋理论只适用于初级产品贸易,而不适用于工业品的贸易。

他的基本观点是,一种工业品要成为潜在的出口产品,首先必须是一种在本国消费或投资生产的产品,即产品出口的可能性决定于它的国内需求。因为,第一,企业家对国外市场不可能像对国内市场那么熟悉。他们只是在知道能赚钱的地方捞取利润的机会主要源于国内需求。企业家不可能想到满足一个国内不存在需求。一个企业的规模日益扩大后,感到本国市场狭小,开始扩大销售范围,但也只有在相当长时期地为国内市场进行生产以后,才会想到出口产品赚取国外利润。第二,就发明新产品的生产来说,林德尔认为,国内市场需求是更加必需的。一项发明很可能是由于努力解决本身环境所遇到的切身问题而产生的。创造发明所形成的新产品一般是适应于本国市场需要的产品,它的生产和销售活动总是首先在本国市场中进行,然后才逐渐地适应于出口的需要。第三,由于创造发明和发展新产品工作必须和市场紧密配合,因此出口的工业品不论是消费品还是资本品必须先有一个国内市场,才能获得相对优势。如果消费者和市场在外国,取得信息的成本将是高昂的。因此,只有国内需求的产品才会是具有最大的相对优势的产品。

林德尔认为,平均收入是影响需求偏好的最主要因素。平均收入水平对需求的偏好影响反映在两个方面:一是对消费品的需求,二是对资本品的需求。就消费品而言,当收入提高后,除了能够满足相同基本需要的更精致的产品可能替代原来使用的产品外,还有可能出现能满足新的需求的产品。需求在"质量上的变化"似乎是普遍的现象。增加的收入只有一部分用来购买更多的同一产品。另外,不平均的收入分配会扩大两国间进出口货物的范围,增加两国之间需求的一致性,因为贫穷国家中的高收入者和富有国家中的较低收入者可能需求同一种产品。林德尔指出,对于资本品的需求,不存在类似人均收入水平和消费品需求之间的同样关系,但是人均收入水平和资本品的需求之间存在着另一种关系。资本存量是否丰富决定了对新资本品需求的质量构成。资本丰富的国家,一般也就是人均收入水平较高的国家,它比资本稀缺的国家需要更复杂的资本设备。尽管人均收入水平和资本品需求没有直接的因果关系，但人均收入水平的差别至少可以说明资本品需求结构存在着的差别。收入相对较低的人选择质量较低的消费品，为的是在一定收入限制下，使他的消费尽可能多样化。同理，资本比较稀缺的国家选择质量较低的资本品，为的是使它能够得到的资本设备分布更均匀一些。

基于上述分析，林德尔认为，两国人均收入水平相当，其需求偏好也就相似，两国间的贸易范围可能是最大的；人均收入水平有较大差异，需求偏好就会相异，两国就存在潜在的贸易障碍；若两国中一国具有某种产品的比较优势，而相对另一国不存在对这种产品的需求，则两国无法发生贸易。

二、产品周期理论(Theory of Product Cycle)

产品周期理论，又被称为产品生命周期说，是由美国经济学家弗农提出，并经威尔士(Wales)等人加以发展。它是关于产品生命不同决定生产与出口该产品的国家转移理论。这种产品生命周期理论，目前已经在产品开发和市场营销方面得到广泛的应用，但当初弗农等人提出这种理论，主要是用于解释美国的工业制成品生产和出口变化情况，该理论是将时间因素引进对比较优势的分析中，对比较优势的转移进行了动态分析。弗农将美国的产品周期分为四个阶段，建立了一个产品周期四阶段模式，见图 2-1。

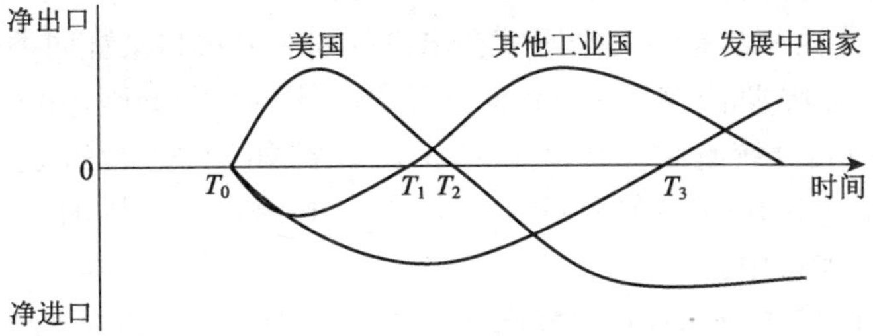

图 2-1　产品周期理论

(1) $0-T_0$。弗农认为美国在技术上处于世界领先，所以，在这一阶段，美国进行了技术和产品的创新，首先推出新的产品。在新产品推出阶段，厂商需要得到市场的反馈，以便对产品进一步改进，需要靠近市场，所以仅在国内市场销售。

(2) T_0-T_1。在这阶段的前期，美国开始向西欧和日本，以及发展中国家出口比较成熟的新产品，成为新产品的净出口国，而西欧和日本和其他发展中国家成为产品的净进口国。在这一阶段的中期，新产品的技术日臻完善和标准化。美国厂商为了扩大市场份额，降低成本，开始向西欧和日本投资建厂，而西欧和日本的厂商也开始模仿美国技术，因而西欧和日本的净进口减少，美国的净出口也下降。

(3) T_1-T_2。在这一阶段，新产品的技术日臻完善和标准化，美国失去了比较优势，而成为产品的净进口国，西欧和日本成为产品的净出口国。

(4) $T_2 - T_3$。发展中的国家在劳动工资上的优势以及在和发达国家之间技术差距在缩小，所以发达国家向发展中国家转移技术或者直接投资，发展中国家开始出口这类产品，并且逐步成为世界上的进出口国和地区。

总之，产品周期说是一种动态经济理论。从产品要素的密集型来说，在产品周期的不同时期，其生产要素比例会发生规律性变化。从不同国家来说，在产品生命周期的各个阶段，其比较优势将从某一国家转向另一国家，这就使得 H-O 理论变成一种动态的要素禀赋理论。

三、产业内贸易学说

(一) 产业内贸易的定义与分类

沃顿(Verdoorn)在考察比、荷、卢经济联盟内部的贸易形式所发生的变化时，第一次注意到了这种贸易的存在。他发现，经济联盟内部各国专业化生产的产品大多是同一贸易分类目录下的。为了研究国际贸易中商品集中度和价格弹性之间的关系，麦可利(Michaely)计算了商品出口和进口差异性的系数，他把商品分为 5 类，通过对 36 个国家数据的计算，他发现在一般情况下，发达国家之间的进出口商品组成有较高的相似性，发展中国家之间的进出口商品相似性较小。这种新的贸易类型可以概括为同一产业内的产品在国家间进行贸易的现象，巴拉萨(Balassa)把它称为产业内贸易，也有人称之为双向贸易(Two-Way Trade)和贸易重叠(Trade Overlap)。从统计上讲，产业内贸易是指一个国家在出口的同时又进口某种同类产品。在这里，同类的产品是指按照国家产品标准分类统计法(Standard International Trade Classification，SITC)统计时，至少是前 3 位数都相同的产品，也就是属于同类(Division)、同章(Chapter)、同组(Group)的产品既出现在一国的进口项目中，又出现在一国的出口项目中。

格鲁贝尔(H.G. Grubel)和劳埃德(P.J. Lloyd)属于最初系统研究此类问题的学者。他们收集了大量的文献资料试图从理论上证明产业内贸易的存在。他们指出，必须区分属于同一产业的同质产品(Homogeneous)和非同质(Differentiated)产品两种情况。而在同质产品的情况下，又可区分水平差异(Horizontal Differentiated)和垂直差异(Vertical Differentiated)产品两种情况。水平差异产品是指具有相同质量但在其他方面具有不同特点的产品。例如，具有相同质量但是花色和品种各不相同的丝质领带。垂直差异产品是指花色品种相同但是质量不同的产品。例如，都是红颜色但是不同的材料如丝、羊毛、棉或人造纤维等做成的领带。在垂直差异产品的情况下，又可把这些差异产品贸易分别归为不同的三组：第一组，使用不同的投入要素但是相近的替代品的产品。例如，使用塑料和木头作为投入要素的家具制品。第二组，使用相同的投入要素但在最终使用目的上相互不是替代品的产品。例如，石油和沥青(要素投入都是原油)。第三组，使用相似的生产要素投入且在最终消费目的上是高度替代但在质量与式样方面存在差异的产品。对于垂直差异，毋庸置疑，所有消费者都偏好于高质量的产品，当然，这假定了存在普遍认同的质量评价准则。因此，不考虑预算约束，所有消费者追求最高质量的产品，从而产品的需求和消费者收入水平有关。至于水平差异，不同消费者对各种产品特征的评价是不同的。但不论如何，消费者普遍喜欢“多样性”，因而，对不同产品的需求，与对“多样性”的偏好和对产品的主观评价有关。当前产业内贸易理论的研究大多把格鲁贝尔和劳埃德的分类作为研究起点。

（二）产业间贸易与产业内贸易的比较

1. 产业内贸易和产业间贸易的区别

（1）产业内贸易和产业间贸易的测定指标、商品结构、地理方向不同。在贸易平衡的情况下，一国贸易分为两部分即产业内贸易和产业间贸易，是非此即彼的关系。在贸易失衡情况下，贸易失衡部分的属性难以界定。这种情况是由贸易测定指标本身存在的缺陷造成的。产业内贸易中的商品是要素比例相同或相近似、价格相同或近似、需求交叉弹性较高的商品；而产业间贸易中商品要素比例不同、价格相同或不同、需求交叉弹性很小或零的商品。产业内贸易主要发生在要素禀赋、经济发展程度、技术水平、人均收入相似的国家之间，而产业间贸易主要发生在要素禀赋、经济发展程度、技术水平、人均收入水平不同国家之间。总之，贸易伙伴之间越相似，彼此产业内贸易的可能性越大，产业间贸易的可能性越小；反之则相反。

（2）产业内贸易和产业间贸易理论的不同。首先，二者的假设条件不同。产业内贸易的基本假设是存在规模经济、产品差异和非完全竞争的市场结构；而产业间贸易的基本假设是规模报酬不变，产品同质和完全竞争的市场结构。其次，二者的基本假说不同。产业内贸易理论的基本假说是，贸易伙伴越相似，彼此产业内贸易的比重越大，反之越小；产业间贸易理论的基本假说刚好相反。应该说，两大理论的基本假说都在不同程度上得到了经验的检验。最后，二者的分析方法不同。古典经济学的贸易理论建立在劳动价值论的基础之上，19 世纪 70 年代以来，边际分析方法被引入西方经济学分析之中，要素禀赋理论就是建立在生产费用论和边际效用论基础之上的贸易理论。产业内贸易理论则完全背离了劳动价值论。此外，在产业内贸易理论的经典著作中，数理经济分析方法被广泛使用，所使用的广度与深度比之以往都大大加强。

（3）产业内贸易与产业间贸易的利益分配和贸易政策趋向不同。在产业内贸易中，贸易商品之间并不存在明显的优劣之分，贸易不会带来过大的资源配置代价，贸易的利益（规模经济、技术聚合、消费最优化等）在贸易伙伴之间的分配也是比较均衡的，正因为如此，贸易各方在相互开放市场方面比较容易达成共识，然而，因为异质产品尤其是水平异质产品之间交叉弹性大，替代性强，所以，不同国家的异质产品生产厂家之间竞争激烈，各国纷纷利用各种贸易措施来保护国内市场。现实中的产业内贸易政策是自由贸易和保护贸易的一种均衡。但自由贸易政策仍然是主流。在产业间贸易中，贸易商品之间可能存在明显的优劣之分，根据资源禀赋进行的专业化分工可能带来巨大的资源重置代价，贸易利益（产量增加、消费互补等）在贸易伙伴之间的分配可能不是均衡的。在产业间贸易中，贸易商品结构和地理方向在一定条件下通常是确定的。贸易伙伴之间进出口商品结构互补性强，利益冲突小，彼此比较容易达成自由贸易的共识。然而，后进国家为了培育某些幼稚产业的发展，使之从比较劣势产业变为比较优势产业，常常采用各种奖出限入的措施。因此，即使在传统的贸易理论下，贸易政策也存在着两个完全相反的取向。

2. 产业内贸易与产业间贸易的联系

(1) 现实中的国际贸易是产业内贸易和产业间贸易有机结合的产物。既不存在绝对的产业内贸易，也不存在绝对的产业间贸易。几乎所有国家的对外贸易都由产业内贸易和产业间贸易组成，即使产业内贸易也或多或少地含有产业间贸易的成分。这是因为，无论按照联合国《国际贸易标准分类》还是按照关税合作理事会的《商品名称及编码协调制度》对产业进行的分类，具有不同要素比例、用途的商品都可能被置于同一个产业中。

(2) 要素禀赋决定了一个国家对外贸易商品结构的框架。产业内贸易理论认为，规模经济、产品差异、非完全竞争市场是产业内贸易的主要决定因素，然而，从根本上说，一个国家的产业结构和出口商品结构不可能完全背离其要素禀赋。即使在发达国家之间的水平型产业内贸易中，各方出口的产品也无疑是较密集地使用其相对优势要素的产品，进口的产品则是较密集地使用其相对劣势要素的产品。可以说，在产业间贸易理论中，要素禀赋被绝对化了；而在产业内贸易理论中，要素禀赋则被细化了。

(3) 产业内贸易是一个国家对外商品贸易结构高级化的反映。这是科技进步和社会分工发展的必然结果。一般来说，一国家出口商品结构总是遵从以产业间贸易为主→以垂直产业内贸易为主→以水平产业内贸易为主的演进过程。但不论如何，产业内贸易都不可能完全取代产业间贸易。

(三) 规模经济与国际贸易

20 世纪 70 年代末 80 年代初，以克鲁格曼、兰开斯特和赫尔普曼为代表的一批国际经济学家先后发表了规模经济、不完全竞争和国际贸易的论文，较圆满地解释了战后国际贸易的新格局，成为国际贸易理论发展的又一重要里程碑。新国家贸易理论最著名的代表人物克鲁格曼（Krugman，1979）正是看到 DS 模型分析国际贸易的潜力，因而将其应用到国际贸易分析而大有收获。他用这个模型很好地解释了林达尔贸易模式，即为什么国际贸易主要发生在先天条件相近的发达国家之间，而比较利益较多的发达国家与落后国家之间的贸易，反而大大小于条件互相类似的发达国家之间的贸易。正是在克鲁格曼等人的推动下，规模经济自 1970 年代末以后成为国际贸易理论中的热门话题。人们将这种源自规模经济的比较利益称为后天获得的比较利益。这种规模经济的模型，由于去掉了传统的不变规模报酬的假定，故能解释生产力和贸易依存度同时提高以及贸易量比收入增长更快等现象。

四、国家竞争优势理论

20世纪八九十年代，美国哈佛大学商学院教授迈克尔·波特(Micheal E. Porter)在其出版的系列著作中提出了国家的竞争优势理论。其三部著作为:《竞争战略》(*Competitive Strategy*, 1980)、《竞争优势》(*Competitive Advantage*, 1985)和《国家的竞争优势》(*The Competitive Advantage of Nations*, 1990)。波特所提出的国家竞争优势理论归纳了二战后国际贸易理论的各种观点，综合分析了提高一国(包括国内的产业和企业)国际竞争优势的各种因素，形成了一种较新的国际贸易理论。

(一) 创新机制和影响因素

波特认为，一个国家要想在激烈的国际竞争中保持住竞争优势，就必须要有生产力发展水平上的优势，而要保持较高的生产力发展水平，该国就要有适宜的创新机制和充分的创新能力。创新机制由微观、中观和宏观三个层面的竞争机制构成。

1. 微观竞争机制

企业的内部活力和创新能力是国家保持竞争优势的基础。企业应在研究、开发、生产、销售、服务等环节上不断创新，才能使企业具有长期的竞争优势与盈利能力。

2. 中观竞争机制

企业的创新不仅取决于企业内部因素，还涉及产业与区域。企业经营过程的升级受制于企业的前向、后向和侧向关联企业的辅助与支持。企业追求长远发展，需要有产业空间，利用产业链构建一个最优的区域组合，以达到降低经营成本、提高产品竞争力。

3. 宏观竞争机制

个别企业和产业的竞争优势并不必然导致国际竞争优势。一国的宏观竞争机制对取得国家竞争优势有重要的决定性作用。对此，波特提出了一个国家竞争优势模型来分析说明，见图2-2。

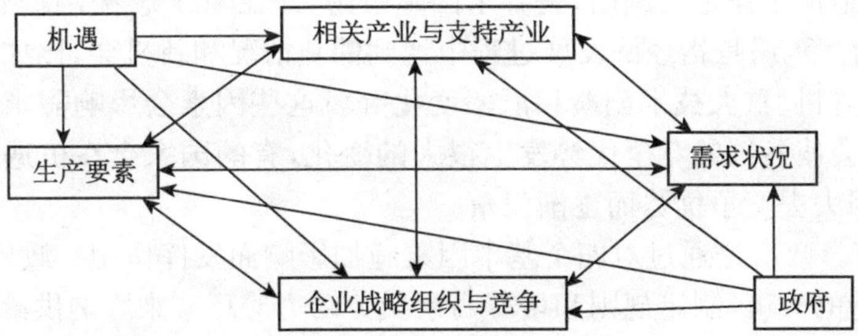

图2-2 国家竞争优势模型

该模型由四个基本因素和两个辅助因素组成。四个基本因素分别是生产要素、需求状况、相关产业与支持产业和企业战略组织与竞争；两个辅助因素是机遇和政府。由此构成"波特菱形"或"钻石模型"(diamonds framework)。这些因素既可每个单独发挥作用，又可同时影响其他因素，共同构成一个有机体系，共同作用决定国家的竞争优势。

(1) 生产要素。波特认为生产要素可以分为基本要素和高级要素两大类。基本要素是指一国先天拥有或不需太大代价就能得到的要素，如自然资源、地理位置、非熟练劳动力等；高级要素是指必须通过长期投资和培育才能创造出来的要素，如现代化基础设施、高精尖技术、高质量人才等。基本要素对企业竞争力的影响逐渐下降，而高级要素的影响不断上升。因此，获得高级要素是保持国家竞争优势的重要环节。

(2) 需求状况。波特这里分析的需求状况是指国内需求。不同的国内需求使企业对买方需求产生不同的看法和理解，并作出不同的反应。国内需求对竞争优势的影响主要体现在三个方面：第一，国内需求中有老练、挑剔的买主，这会给生产和销售企业带来极大的压力，使企业在产品质量、性能和服务方面都建立高标准。第二，前瞻性的买方需求，这会引导企业积极从事新产品的研发，以不断升级换代的产品走在国际竞争的前列。第三，持续增长的国内需求，这会促使企业扩大生产规模，采用新技术，以使企业拥有竞争优势。

(3) 相关产业与支持产业。相关产业是指相互关系密切、共用某些技术、共享营销渠道或服务而联系在一起或具有互补性的产业。支持产业是指某一产业的上游产业为其下游产业提供原材料、零部件和各种中间产品的产业。相关产业与支持产业的水平高低对某一行业的竞争优势影响极大，一个国家如果有许多相互联系的有竞争力的产业，该国便很容易产生新的有竞争力的产业。

(4) 企业战略组织与竞争。企业的组织形式、管理体制与产权结构影响着企业的竞争优势。良好的企业战略组织不仅与企业的内部条件和所处产业的性质有关，而且与企业所处的国内环境有关，适合本国环境的企业能够提高企业竞争力。激烈的国内竞争是创造和保持竞争优势最有力的刺激因素，是提高企业员工积极性的激励机制，也能迫使企业走出国门，去寻求国际市场，并在国际竞争中保持优势。

(5) 机遇。机遇是指经济发展过程中遇到的新情况和新机会，比如战争、大的经济动荡、石油危机、重大技术创新和汇率变化等。这些因素会影响需求、供给、成本、价格等，从而会使各国的竞争优势发生很大的变化，有的国家会在机遇中快速上升，有的国家会因失去竞争优势而逐渐没落。

(6) 政府。政府是通过对四个基本因素施加影响而发挥作用。政府通过宏观调控和微观支持的政策，制定规则和培养高素质劳动力等环节来影响供给和需求，帮助产业和企业提高竞争优势。

(二) 国家竞争优势的四个发展阶段

波特从动态的角度分析，认为一国的竞争优势不是一成不变的，受其驱动力的影响可以分为四个不同的阶段。

1. 要素驱动阶段

此阶段的竞争优势主要取决于一国在自然生产要素上拥有的优势。这一阶段的国家整体经济水平较低，尤其是技术水平较低，资金短缺，其竞争优势主要依靠国内丰富的自然资源和廉价的劳动力资源。

2. 投资驱动阶段

此阶段的竞争优势主要取决于资本要素。此时本国的技术水平较落后，通过大量的资本投入引进国外先进的技术设备来提高生产效率和产品竞争力。

3. 创新驱动阶段

此阶段的竞争优势主要取决于技术创新。要想获得竞争优势，就必须在激烈的竞争中不断推陈出新。企业大量的研发投入，以各种新产品、新工艺、新设备的开发去提高竞争力，扩大市场份额。

4. 财富驱动阶段

此阶段，社会富裕而稳定，创新意识和竞争压力都在减弱，企业和产业都力图通过财富和实力来影响政府政策以保持自己的利益。这会导致国家竞争力的下降趋势，必须通过调整产业结构和制度创新等途径防止衰退。

国家竞争优势理论是当代国际经济学理论的重大发展，不仅对当今世界经济和贸易格局进行了理论上的归纳总结，而且对国家未来贸易地位的变化可提供具有一定前瞻性的预测。

第四节　保护贸易理论

一、重商主义学说

重商主义(Mercantilism)是西欧封建制度解体和资本原始积累时期的经济学说。它产生于 15 世纪末，到 17 世纪中叶开始瓦解，并逐渐为西方古典政治经济学所代替。

(一) 产生和发展背景

经济上，西欧封建社会晚期，由于商品货币经济的发展，封建自然经济日趋瓦解，资本原始积累过程逐渐开始。在资本原始积累时期，在当时西欧许多国家，商业支配产业，流通支配生产，商业阶级力量大大超过产业阶级力量，因此，以流通过程为研究中心的重商主义学说逐渐产生。

15 世纪末、16 世纪初的地理大发现，扩大了世界市场，促进了商业、航海业和手工业的发展，加速了资本原始积累，促进了封建生产方式的解体和工场手工业的产生和发展，为重商主义的产生、发展奠定了经济基础。哥伦布曾感叹道："黄金是件奇妙的东西,谁有黄金,谁就成了他所渴望的一切东西的主人,有了黄金,一个人甚至能够使灵魂升入天堂。”政治上,当时西欧国家处于封建王权和封建领土割据统治下,而商业资本的发展要求建立统一中央集权国家,消除割据。封建国王为削弱领主的力量,加强自己的权力,需要商业资本的支持,因而国王和商业资本家结成联盟,通过强有力的中央国家来推行新的体现商业资本利益的政策,利用行政措施,尽量地把货币吸收到国内来,实行重商主义政策。

在思想意识形态领域,虽然封建神学仍占统治地位,但当时产生了资产阶级的人文主义,人文主义主张把人作为中心和主宰,以人性对抗封建神性,以人权对抗神权,从人的观点来研究一切事物。重商主义者对经济现象的研究深受人文主义思想影响,用商人的观点来考察社会经济生活,产生了重商主义经济学说。

(二) 重商主义的发展阶段

重商主义的发展经历了两个阶段:早期重商主义和晚期重商主义。早期重商主义约从 15 世纪到 16 世纪中叶,晚期重商主义从 16 世纪下半期到 17 世纪中叶。早期代表人物在英国是约翰·海尔斯(John Hales, ?—1571)和威廉·斯塔福德(William Stafford, 1554—1612)。主要著作有《对我国同胞某些控诉的评述》(1581)。他们在书中关心的是如何将货币保持在国内、防止货币外流,主张保护贸易,禁止外国工业品,特别是奢侈品输入英国,防止出现贸易逆差。另外一个代表人物是法国的孟克列钦(Montchretien, 1575—1622),主要著作是《献给国王和王后的政治经济学》(1615)。在经济学说史上,他第一个提出了“政治经济学”的概念,但没有创立起政治经济学理论体系,而是由后来的亚当·斯密首先完成。孟克列钦在其著作《政治经济学》中,讨论了工场手工业、商业、航海业和国王的经济政策等问题。

晚期重商主义代表人物在英国是托马斯·孟(Thomas Mun, 1571—1641),主要著作是《论英国与东印度公司的贸易》(1621)和《英国得自对外贸易的财富》(1664)。托马斯·孟是英国大商业资本家,东印度公司董事,政府贸易委员会委员。上述著作是为了反驳早期重商主义者攻击东印度公司在对外贸易中大量输出货币而写的,说明东印度贸易是英国财富的重要来源。在法国的柯尔培尔(Colbert, 1619—1683),他是法国路易十四国王的财政大臣,推行了一套重商主义政策,例如奖励本国商品出口,缩减外国商品进口,实行保护关税,为了出口扶植本国工场手工业,建立“皇家手工工场”,发展海军、建立庞大的舰队和商船队,成立了许多对外贸易公司,企图使法国富强起来。

(三) 早期和晚期重商主义学说的基本观点

1. 共同点

早期和晚期重商主义经济学说,都是以流通过程为研究中心,以商业资本的运动为研究对象,其基本观点是一致的。它们的共同观点是:

(1) 认为货币(金、银)是最好的财富,一切经济活动的目的就是为了获取货币,这一点反映了新兴资产阶级对货币资本的强烈追求，反映了当时西欧流行的求金欲和拜金狂。恩格斯在《论封建制度的解体及资产阶级的兴起》一文中描述了当时的情景："葡萄牙人在非洲海岸、印度及整个远东地区搜寻着黄金；黄金这两个字变成了驱使西班牙远渡大西洋的符咒；黄金也是白种人刚踏上新发现的海岸时所追求的头一项重要的东西。"

(2) 认为财富的直接源泉在流通领域，除了开采金银矿外，认为商业是获得货币财富的唯一源泉，在商业中，又认为国内贸易不能增加一国货币总量，只有对外贸易才能使一国货币财富增加；认为利润是"贱买贵卖"的结果，是一种"让渡收入"，只有对外贸易才能为一国带来真正的利润。

(3) 认为对外贸易的原则是少买多卖，少支出多收入，实现外贸顺差、出超，而国内的商品生产应服从于外贸出口需要，主张鼓励和发展有利于出口的本国工场手工业。

(4) 主张国家积极干预经济生活，如垄断对外贸易，奖励和监督工业生产，保护关税等。总之，采取有力措施保护本国商业和工业，促进对外贸易的发展。

2. 不同点

(1) 对获取货币财富的方法认识不同

早期重商主义主张国家以行政手段禁止货币外流，禁止金银出口，鼓励吸收外国货币，通过对外贸易少买多卖，使本国货币增加，使货币贮藏于国内。因此，早期的重商主义的思想又被后人称为"货币差额论"。晚期重商主义主张国家允许货币输出国外，扩大对外国商品的购买，加工后再输出，或发展转口贸易，但必须保证把更多的货币运回国内，即保证外贸出超。认为只有把货币投入流通中才能获得更多的货币，把货币贮藏起来不能增加货币。因此，晚期重商主义又被后人称为"贸易差额论"。

早期重商主义主张外贸可以输出制成品，也可以输出原料。而晚期重商主义则主张限制或禁止原料出口，对外国货物的购买，要少买成品，多买原料，强调进口原料、工具，以发展本国出口商品的生产。

早期和晚期重商主义对生产的态度也不同。早期重商主义往往忽略生产；晚期重商主义则比较重视生产，他们强调发展本国商品生产是发展对外贸易基础，所以晚期重商主义又被称为"重工主义"。

(2) 对货币的态度不同

早期重商主义主要是把货币看作贮藏手段，即贮藏货币形式积累财富；晚期重商主义则已把货币看作是在运动中增殖自身的手段，看作货币资本，主张把货币投入流通以带来更多的货币。

早期重商主义主张每一次对外贸易都须出超，晚期重商主义认为只要贸易总额出超，从而保证本国货币财富的增加，在一定时期或一定国家出现外贸逆差，也是允许的。

重商主义的政策和理论在历史上起到过一定的进步作用，它冲破封建思想的束缚，第一次对资本主义生产方式进行了理论分析；它促进了资本的原始积累，推动了资本主义生产方式的确立和发展。重商主义特别是晚期重商主义的思想至今还指导着人们在国际贸易方面的实践生活。但是，重商主义的基本错误在于认为国际贸易是一种“零和游戏”，一方得益必定使另一方受损，出口者从贸易中获得财富，而进口则减少财富。这种思想的根源是他们只把货币（金、银）看作是财富的唯一代表，而没有把交换的商品及分工后效率的提高包括在财富以内，从而把双方的等价交换看作一得一失。贸易保护措施所日益暴露出的低效率和严重浪费两大弊端严重地阻碍了新兴的产业资产阶级在国民经济各个领域中发展的愿望。18 世纪末，重商主义者的观点开始让位于以亚当·斯密为代表的自由贸易理论。

二、幼稚产业保护理论

19 世纪初，德国还是一个政治上分裂、经济上落后的农业国。在政治上，拿破仑战争后虽然封建割据局面有所改善，但德意志境内依然小邦林立（尚有 38 个邦），邦与邦之间关卡重重，各邦内省与省之间也因地方税率的差异而彼此分割。直到 1834 年，各邦才建立起统一的关税同盟，1848 年结束封建割据局面，完成政治上的统一。在经济上，其发展水平不仅落后于工业革命已经完成的英国，而且与早已进入工业革命阶段的法国以及美国、荷兰等国也存在很大差距。

德国经济学家弗里德里希·李斯特（F. List）在 1841 年发表了影响深远的《政治经济学的国民体系》。在这部著作中，李斯特系统阐述了幼稚工业保护论。他的贸易保护论是建立在对斯密自由贸易主张加以否定的基础上的。在李斯特看来，一国得自自由贸易的财富尽管是重要的，但是它有耗尽的时候，而财富的生产力才是更加重要的。因此，与其实行自由贸易而获得财富，还不如通过保护发展本国的工业，以获得财富的生产力。

李斯特认为，当时的葡萄牙和西班牙处于农业时期，德国和美国处于农业时期，法国仅靠农工商业时期的边缘而尚未进入农业商业时期，只有英国实际达到了农业商业时期。李斯特根据其经济发展阶段论，为各国的贸易政策进行了历史主义的解释，并为德国及其他一些经济落后的国家实行保护贸易政策提供了理论依据。

李斯特主张实行的是以关税为核心手段的保护制度。其主要内容如下。

(1) 保护对象。李斯特认为，要使德国富强，必须同时发展工、农业，但是它们的发展方式不同。农产品、原材料始终应实行自由贸易，因为限制原料输入不利于充分利用国家的自然资源和力量。工业品则不同，输入工业品会使一国处于对外国的依赖地位，等于放弃了发展自己工业的手段。所以，只应以工业为保护对象，不应保护农业。工业中，保护的重点又是那些重要的工业部门。对于较为次要的奢侈品和对国内工业的发展具有重要推动作用的复杂机器的输入，则应采取低保护政策。总体上，保护工业就是保护幼稚产业。不过，虽属幼稚产业，但如国内并无强有力的竞争对手，也不需要保护。

(2) 保护程度。主张实行有节制的保护，但不是绝对禁止进口。虽然李斯特认为保护程度不能从理论上决定，但还是提出了自己的设想，即保护程度一般应在20%～60%之间；在建立一个技术工业部门时，可实行40%～60%的保护税率，待其建成进入正常生产活动以后，持久的保护税率，则不应超过20%～30%的水平。

(3) 保护期限。保护期限应当是有限度的，当被保护产品的价格低于同种进口产品后，便不需要再保护了。另外，如果被保护的工业部门，在30年内仍未形成竞争能力，则应放弃保护。

(4) 实施步骤。保护制度应有步骤地实行，随着工业发展，逐步提高关税。如果突然割断同其他国家原有的贸易关系，反而不利于经济发展。当工业力量变得强大以后，又应当适时地逐步降低保护程度，允许有限度竞争，激发国内工业家的竞争情绪。

李斯特从总体上明确了保护贸易政策的重要性，他指出，历史向我们指出，限制政策并不只是出于凭空的理想，而是由于利益的分析，由于各国在追求独立与优势方面的争夺，也就是说，它是国际竞争和战争的自然结果。因此在国家利益上的这种冲突还没有停止以前，即一切国家还没有在同一个法律体系下合成一体以前，这个政策是不能舍弃的。李斯特强调一国的贸易保护政策是为了保护自己的幼稚工业，一旦本国的工业成长起来，就要放弃贸易保护的政策。李斯特还认为，一国并非对所有幼稚工业都实行保护，对那些经过一段时间的保护仍然不能发展起来的产业，就要放弃贸易保护。由此可见，李斯特的贸易保护是对那些出于成长过程中的产业在特定发展阶段上的保护。这种保护无疑只是为了该产业的成长。这是李斯特贸易保护论的核心。

应该说，李斯特将一国参加国际贸易的经济利益分析动态化是十分重要的。他主张，自由贸易的理论基础强调各国通过国际分工和交换，可以获得经济利益的结论是建立在短期分析基础上的，而且也没有考虑到一个国家，特别是后起的国家经济发展的需要。如果从一国经济发展的角度看，这种短期的贸易利益是非根本性的。当一国处在工业发展的过程中时，这种短期利益的取得可能葬送该国生产力的发展，从而阻碍其经济走向工业化，结果是失去长远经济发展的利益。从这一分析出发，李斯特的贸易保护理论存在明显的合理性。

三、超保护贸易学说

从19世纪末到第二次世界大战，在这一时期，垄断代替了自由竞争。垄断资本要求其对外贸易政策更具有扩张性和侵略性，从自由贸易政策和保护贸易政策过渡到代表垄断资产阶级利益的侵略性保护贸易政策。由于这种政策具有更大的掠夺性和扩张性，因而被称为超保护贸易政策。

凯恩斯的贸易保护论集中反映在他的著作《就业、利息和货币通论》中。他对重商主义大加赞扬，在凯恩斯看来，重商主义的合理性在于，一国可以通过保护贸易增加国内的就业。

凯恩斯还强调一国贸易收支顺差与总需求的关系。在凯恩斯看来,政府应该干预对外贸易,对贸易收支的特别关注,是带动投资的好办法,因为一国出口增加意味着,外国对本国企业产品的需求增加了,从而对这些出口企业的需求增加,企业需求扩大生产、追加投资;另一方面,贸易收支顺差不仅对出口企业有积极影响,对国内其他企业也有积极影响,贵金属流入带来国内利率水平的降低,从而使国内企业投资成本或借入资本的成本降低,起到了鼓励本国私人投资的作用。可以说,凯恩斯的贸易保护是其需求决定论的自然的延伸,这是一种在干预经济尚未被一国法律所认可的条件下,政府对本国所能做的唯一直接办法。

与自由竞争时期的保护贸易政策相比,超保护贸易政策有明显的不同:①它不是防御性的保护国内幼稚工业,以增强其自由竞争的能力,而是保护国内高度发达或出现衰落的垄断工业,以巩固对国内外市场的垄断;②保护的对象不是一般的工业资产阶级,而是垄断资产阶级;③保护的手法也趋于多样化,不仅仅是高关税,还有其他各种奖出限入的措施。

超保护贸易政策在第一次世界大战与第二次世界大战期间最为盛行。特别是1929—1933年资本主义世界爆发了空前严重的经济危机,使失业加剧,市场问题进一步尖锐化。随后,许多资本主义国家都提高了关税,实行外汇管制等,同时,各国积极干预外贸,鼓励出口,扶植垄断组织夺取国外市场。

四、战略性贸易保护理论

20世纪80年代中期以来,一些新贸易理论经济学家提出了战略性贸易政策的观点。该观点认为,由于国际市场上的不完全竞争性质和规模经济的存在,一国政府可以通过补贴或保护国内市场的手段,扶植本国战略性工业的成长,增强其在国际市场上的竞争能力,以获得规模经济的收益,并取得市场份额。市场竞争变成一场少数几家企业之间的"博弈",谁能占领市场,谁就能获得超额利润。

在当代国际贸易中,大多数商品的生产都享有规模经济的好处,即随着各种投入要素量的增加,其产出的增加倍数会大于投入的增加倍数,表现在厂商的成本结构上随着产量的增加,平均成本趋于下降。规模经济的存在使得其对应产业的市场结构表现为不完全竞争,特别是寡头垄断尤其具有代表性。寡头垄断厂商的产品价格高于其边际成本,因而此类产品的出口厂商的利润中就包含了一部分垄断租金。战略性贸易理论旨在说明,一国政府为了增强国家竞争力,对某些具有战略意义的产业采用鼓励产品出口或限制产品进口,以达到改善国家竞争优势目的的贸易政策。其核心思想是政府政策可以使不完全竞争市场特别是寡头市场中的竞争向有利于本国厂商的方向倾斜,从而使外国厂商的超额利润向本国厂商转移。

不完全竞争和规模经济是战略性贸易政策实施的必要条件,此外还必须具有以下的假设条件:①政府必须拥有可靠的信息。即对实行政府干预可能带来的预期收益要心中有数。②对接受补贴的企业的垄断地位的判断。即是否能在一个相当长的时期内保持自身的垄断地位。因为其他企业的进入竞争可能会导致垄断利润的消失。③别国政府不会采取相应的报复措施。

20 世纪 70 年代中期以来,世界产业结构和贸易格局发生了重大变化,高科技和知识经济的影响越来越重要,一国政府应该从战略角度,主动、积极地选择一些能够增强国家竞争力的理想产业。流行的标准是指高附加值、高工资和高技术的“三高”产业,通过政府的扶植政策加以发展。一些国家的战略性贸易政策的实践,似乎也证实了流行观念的正确。例如,日本政府在 20 世纪五六十年代,将资金从传统的劳动密集型产业(如纺织业)引导到人均附加值高的重工业,政府试图鼓励那些被认为将反映日本未来比较优势的产业(如钢铁业)的发展,结果,日本经济增长极为迅速。但是美国著名经济学家克鲁格曼(P. Krugman)明确指出,上述说法在理论上是站不住脚的,日本的成功原因很多,不一定是战略性贸易政策的功劳。日本一些最成功的产业,如汽车工业和家电工业,并不在政府的优先照顾之列。因此,较为有影响的战略性贸易政策理论的代表人物应归于 20 世纪八九十年代的克鲁格曼,而在其之前的理论尚不成熟。

本章小结

(1) 早期和晚期重商主义者的观点的共同点表现在:①认为货币(金、银)是最好的财富,一切经济活动的目的就是为了获取货币。②认为财富的直接源泉在流通领域,商业是获得货币财富的唯一源泉。③认为对外贸易的原则是少买多卖,少支出多收入。④主张国家积极干预经济生活。不同点表现在:①对获取货币财富的方法认识不同。②对货币的态度不同。

(2) 斯密绝对成本理论的基本含义是各国生产上的绝对优势源于该国的自然优势和获得性优势。如果一国在某种产品的生产成本方面相对于对方国家的同样产品来说处于绝对优势,就应该分工生产并出口这种产品;如果一国在另一种产品的生产成本方面相对于对方国家的同样产品来说处于绝对劣势,就不应该进行该种产品的生产,本国所需应从对方国家进口。其结果是参加贸易的双方都能从中获得利益。国际贸易是双赢,而不是零和博弈。

(3) 按照李嘉图的比较优势理论,当两国的比较成本存在差异,且贸易条件介于二者之间时,两国将各自完全专业化生产所占比较优势的产品,通过自由贸易,相互交换各自的所需产品均可获得贸易利益。同时,按照这种分工方式不仅能够使各自收入达到最大化,而且还能够实现世界收入的最大化。

(4) 要素禀赋理论即 H-O 理论,其核心思想在于用各国生产要素丰裕程度的差异来解释贸易国之间比较优势的形成和国家贸易的原因,是对古典贸易理论的补充和发展。后来,萨缪尔森等学者有进一步的拓展,提出了生产要素价格均等化的观点，进一步发展并完善了要素禀赋理论。

(5) 里昂惕夫对美国的对外贸易进行实证分析，得出结论美国出口的是劳动密集型产品，进口的是资本密集型产品。而美国当时明显属于资本相对充裕、劳动相对稀缺的国家。按照要素禀赋理论，它的出口应以资本密集型产品为主，进口应以劳动密集型产品为主。里昂惕夫的惊人发现，引起了经济学界的极大关注，他的这项研究又被称为“里昂惕夫之谜”或“里昂惕夫悖论”。于是西方经济学界对里昂惕夫之谜提出了各种各样的解释。

(6) 新国际贸易理论。世界经济的发展和贸易格局的变化，传统的贸易理论有时无法解释各国之间的贸易现象，经济学家们从不同角度来分析论述世界市场上的国际贸易状况。

(7) 各个阶段的保护贸易理论。各国对外开展贸易，就是要获得相应的贸易利益。当然各国政府会采取相应措施去保护自己的贸易利益，从一国经济工业化发展初期的幼稚产业保护，到经济强于贸易伙伴国的超保护，再到规模经济和不完全竞争条件下的战略性保护。

重要概念

重商主义　绝对优势(成本)　贸易利益　比较优势(成本)　要素禀赋　里昂惕夫之谜　产业内贸易　产业间贸易　国家竞争优势

重要概念解释

复习思考题

1. 早期重商主义与晚期重商主义观点的异同表现在哪些方面？
2. 比较亚当·斯密和李嘉图的贸易分工理论的异同，解释为什么说斯密的“绝对优势”论是“比较优势”论的特殊形式。
3. 简述要素禀赋理论的基本含义。试分析其拓展要素价格均等化。
4. 试分析超保护贸易理论与传统保护贸易理论的异同。
5. 试述战略性贸易理论的实践意义。

案例分析　　延伸阅读 1　　延伸阅读 2

第三章　国际贸易政策

本章导读　国际贸易政策如果具体体现到每个国家，就是一国的对外贸易政策，是该国经济政策和对外政策的一个重要组成部分。一国的对外贸易政策随着世界政治、经济和国际关系的变化，本国在国际分工体系中地位的变化，以及本国产品在国际市场上竞争能力的变化而不断变化。因此，在不同时期，一个国家往往实行不同的对外贸易政策，在同一时期的不同国家，也往往实行不同的对外贸易政策。通过本章的学习，要了解国际贸易政策的内容；认识在不同的历史条件下，不同经济发展水平的国家为维护自身的利益，会制定不同的国际贸易政策和采取不同的国际贸易措施的规律性；明确国际贸易政策的类型和历史发展趋势；了解当代国际贸易政策发展的新趋势。中国加入世界贸易组织以后，减少了许多与世贸组织有关协议不一致的行政干预或政府干预。但是，贸易自由化并非不要政府干预，相反，加入世贸组织要求政府具有更高超的干预手段，促进贸易利益的最大化。

本章学习重点与教学要求

第一节　国际贸易政策概述

一、对外贸易政策的含义和性质

对外贸易政策是各国在一定时期内对进口贸易和出口贸易所实行的政策。这种政策大体上包括三个方面：第一，对外贸易总政策，其中包括进口总政策和出口总政策。它是一国从整个国民经济出发，依据本国的经济发展战略，制定在较长时期内所实行的政策。第二，进出口商品政策，它是根据对外贸易总政策和经济结构、国内外市场状况而分别制定的商品进口政策和商品出口政策。第三，国别对外贸易政策，它是根据对外贸易总政策和对外政治、经济关系而制定的国别和地区政策。

如前所述，对外贸易政策是一个国家经济政策的一部分，是为该国经济服务的。

如一国为增加财政收入而对进口商品征收关税；为保护本国经济，减少收支逆差，限制外国商品进口而采取关税、非关税壁垒；为扩大出口，发展对外贸易而采取鼓励出口政策；为吸引外资，促进对外贸易，发展本国经济而采取经济特区政策等。对外贸易政策又是一个国家对外政策的组成部分，不能不受到该国对外贸易政策以及与交往国家政治、经济关系的制约和影响，外贸政策可以配合对外政策，为本国某些政治目的服务。

因此，一国制定对外贸易政策的目的是在于维护国家的经济安全，具体表现在：第一，保护本国的市场；第二，扩大本国产品和服务的出口市场；第三，促进本国产业结构的调整；第四，积累资本或资金；第五，维护本国对外的政治关系和利益。

二、对外贸易政策的类型与演变

从对外贸易的产生与发展来看，对外贸易政策基本上有两大类型，即自由贸易政策和保护贸易政策。自由贸易政策和保护贸易政策在不同的时期、不同的国家其自由程度和保护程度也是有所不同的。

在资本主义生产方式准备时期(16 世纪至 18 世纪中叶)，为了促进资本的原始积累，西欧各国实行了重商主义下的强制性的保护贸易政策，通过限制货币(贵金属)出口和扩大贸易顺差的办法来扩大货币的积累，其中英国实行得最为充分。这一政策在当时为资本主义生产方式的确立提供了巨额资本和财富，促进了资本主义生产方式的形成。

在资本主义自由竞争时期(18 世纪中叶至 19 世纪末)，资本主义生产方式占了统治地位，这时期对外贸易政策的基调是自由贸易。当时，英国的工业生产水平最高，迫切要求向外扩张，以极具竞争力的工业制成品来换取原料和粮食。所以，英国是带头实行自由贸易政策的国家。但由于各国经济发展水平的不同，一些经济发展起步较晚的国家，如美国和德国则采取保护贸易政策。

在资本主义垄断时期，对外贸易政策又发生了数次变化。在垄断的前期(19 世纪 90 年代至第二次世界大战期间)，随着资本主义发展进入垄断时期，垄断代替了自由竞争，资本输出占据了统治地位。特别是 1929—1933 年资本主义世界发生了经济大危机，使市场问题急剧恶化，出现了超保护贸易政策。二次大战后，各国经济进入了恢复和发展时期，随着生产国际化和资本国际化，各国都逐渐放宽了对进口的限制，出现了世界范围的贸易自由化。与此同时，广大发展中国家为了民族工业的发展则实行贸易保护主义。20 世纪 70 年代中期以后，资本主义国家经济发展缓慢，在世界范围内又出现了新贸易保护主义浪潮。特别是进入 20 世纪 80 年代以来，鉴于各国不能实行严格意义上的自由贸易与保护贸易，尤其是国际服务贸易范畴中的自由贸易与保护更加艰难，各国普遍实行了管理贸易政策，即越来越多地靠政府对内制定一系列的贸易政策、法规来协调管理本国进出口贸易的有序发展；对外通过协商，签订各种对外经济贸易协定，以协调和发展缔约国之间的经济贸易关系，进一步加强国家对对外贸易的干预，维护自由、公平的贸易环境和竞争秩序。

对外贸易政策就其实质而言，它既反映经济基础和当权阶级的利益和需要，同时又维护和促进经济的发展。

三、对外贸易政策的制定与执行

各国对外贸易政策的制定与修改是由国家立法机构进行的。西方国家的最高立法机构在对外贸易方面是最高权威机构。这类立法机构在美国是国会，在法国是国民议会，在德国是联邦议会等。最高立法机构在制定和修改对外贸易政策及有关规章制度前，一般要征询大垄断集团的意见，各垄断集团通过各种机构，如企业主联合会、商会等领导人的经常协调，确定共同市场，并向政府提供各种建议，直至派人参与制定或修改有关对外贸易政策的法律草案，以反映垄断阶层的利益。各国在制定贸易政策过程中，一般要考虑以下因素：①本国经济结构与竞争优势；②本国产品和服务在国际市场上的竞争能力；③本国与别国在经济、投资方面的合作情况；④本国国内物价、就业状况；⑤本国与他国的政治关系；⑥本国在世界经济、贸易制度中享有的权利与应尽的义务；⑦各国政府领导人、决策者的经济思想与贸易理论。

最高立法机构所颁布的对外贸易的各项政策，既包括一国在较长时期内对外贸易政策的总方针和基本原则，又包括规定某些重要措施以及给予行政机构的特定权限。例如，美国国会往往授予总统在一定范围内制定某些对外贸易法令、进行对外贸易谈判、签订贸易协定、增减关税、确定数量限额等权利。

各国对外贸易政策主要是通过以下方式执行的：首先，通过海关对进出口贸易进行管理。一切进出国境的货物和物品、运输工具，除国家法律有特别规定的以外，都要在进出关境时向海关申报，接受海关检查；其次，国家广泛设立各种机构，负责促进出口和管理出口，如美国商务部、美国贸易代表办公室、美国国际贸易委员会等；再次，政府出面参与各种国际机构与组织，进行国际贸易、关税等方面的协调与谈判，如世贸组织内部的贸易谈判。

第二节　自由贸易政策

自由贸易政策的主要内容是：国家取消对进出口贸易的各种限制和障碍，取消对本国进出口商品的各种特权和优待，对商品的进出口不加干预，使其自由进出口，在国内外市场上自由竞争。

一、英国推行的自由贸易政策

18 世纪中叶以后，英国率先进入产业革命，工业迅速发展。进入 19 世纪，英国作为“世界工厂”的地位已经确立，并得到巩固，它不怕与外国商品进行竞争。在这种条件下，重商主义的保护贸易政策便成为英国经济发展和对外扩张的一大障碍，英国工业资产阶级迫切要求废除保护贸易政策而实行自由贸易政策。他们要求其他国家向英国提供原材料、粮食和市场，而英国向其他国家提供工业制成品。

在19世纪20年代，以伦敦和曼切斯特为基地的英国工业资产阶级开展了一场大规模的自由贸易运动，经过长期激烈的斗争，最终战胜了地主和贵族阶级，逐步取得了自由贸易政策的胜利。这大大促进了英国经济和对外贸易的迅速发展，使英国经济跃居世界首位。到1870年，英国在世界工业生产中所占的比重达到了32%，煤、铁产量和棉花消费量都各占世界总量的一半左右。英国在世界贸易总额中的比重占了近四分之一，几乎相当于法、德、美三国的总和。它拥有的商船吨位为世界第一。伦敦成为国际金融中心。

在英国的带动下，到19世纪中叶，许多国家降低了关税，荷兰、比利时也相继实行了自由贸易政策。

马克思曾指出自由贸易政策的实质，即在现代的社会条件下，到底什么是自由贸易呢。这就是资本的自由。排除一些仍然阻碍着资本前进的民族障碍，只不过是让资本能充分地自由活动罢了。自由贸易政策代表了工业资产阶级的利益，扫除了民族障碍，为促进资本主义生产力的发展，起了积极的作用。

二、二战后的贸易自由化

第二次世界大战后到70年代初，世界政治和经济形势发生了深刻的变化，这种变化也引起了各国对外贸易政策的重大变化，出现了全球范围的贸易自由化倾向，即国家与国家之间通过多边和双边贸易条约与协定，削减关税壁垒，抑制非关税壁垒，取消国际贸易中的障碍与歧视，促进世界商品的交换与生产。其主要表现在以下两个方面。

(一) 大幅度削减关税

1. 关贸总协定缔约国间互相减让关税

从1947年有关缔约国签订了“关税与贸易总协定”以来，至1986年，在关贸总协定的主持下，举行了八次多边贸易谈判，每次谈判都达成了减让关税的协议，各缔约国平均进口最惠国税率由50%下降到5%左右，对促进贸易自由化起了很大的作用。

2. 欧洲经济共同体实现了关税同盟

欧共体(现为欧洲联盟)对内取消关税，对外通过谈判，减让关税，导致关税大幅度下降。

关税同盟是欧共体建立的重要基础。根据欧共体章程规定，内部成员国之间通过削减关税直到全部取消关税。这一目标在欧共体原六国之间提前于1969年完成，实现了工业品与农产品的自由流通。1973年1月英国等国加入后，也于1977年和原六国实现了全部互免关税，实现了欧共体内部的贸易自由化。

在对外方面，欧共体与欧洲自由联盟之间逐步降低工业品关税，到1977年7月1日，实现了工业品互免关税，建立起了一个包括17国在内的占世界贸易40%的工业品自由贸易区。欧共体还与非洲、加勒比和太平洋地区的46个发展中国家于1975年签订了“洛美协定”，欧共体对来自以上三个地区的全部工业品和96%的农产品进口给予免税待遇。此外，欧共体还与地中海沿岸的一些国家、阿拉伯国家、东南亚国家联盟等缔结了优惠贸易协定。

3. 普遍优惠制的实施

普遍优惠制是发达国家对来自发展中国家和地区的制成品和半制成品的进口给予普遍的、非歧视的和非互惠的关税优惠。普遍优惠制于1971年由欧洲经济共同体率先执行，普惠制共有27个给惠国，实施16个普惠制方案，给予160多个发展中国家和地区以关税优惠，在一定程度上促进了贸易自由化的发展。

(二) 降低或撤销非关税壁垒

第二次世界大战以后，随着经济的恢复和发展，发达国家在不同程度上放宽了进口数量限制，扩大进口自由化，增加自由进口的商品；放宽或取消外汇管制，实行货币自由兑换等。以上措施均在不同程度上推进了贸易自由化的发展进程。

关贸总协定要求成员国原则上应当取消进口数量限制。经济合作与发展组织也有类似规定，到了20世纪60年代初，经合组织成员国之间的数量限制已取消了90%。对来自非成员国的进口也不同程度地扩大了自由化的范围。欧共体各成员国之间工业品的进口数量限制已被取消，农产品进口数量限制也随着内部关税削减而逐步取消。欧共体对外部国家和地区的进口数量限制也有所放宽。

20世纪50年代末以后，随着国际收支状况的逐步改善，各资本主义国家都在不同程度上放宽或解除了外汇管制，恢复了货币自由兑换，实现了外汇自由化。

(三) 贸易自由化的主要特点

二战后的贸易自由化与资本主义自由竞争时期的自由贸易政策相比有以下特点。

1. 美国成为贸易自由化的积极倡导者和推行者

二战后，美国成为世界上最强大的经济和贸易国家，为了对外经济扩张，成了贸易自由化的积极倡导者和推行者。

2. 贸易自由化是在资本主义世界经济迅速增长的基础上展开的

除了美国，贸易自由化还与西欧、日本等国的经济发展有关，与生产的国际化、资本的国际化和国际分工的发展有关，与跨国公司的大量出现有关。它反映了世界性的生产力发展的内在要求。

3. 贸易自由化主要是通过多边贸易条约与协定，即关贸总协定在世界范围内进行的

此外，区域性关税同盟、自由贸易区、共同市场等也促进了贸易自由化的发展。

4. 贸易自由化是在新的历史条件下、新的格局条件下进行的

贸易自由化的发展是不平衡的，主要表现在：①发达国家之间的贸易自由化要超过发展中国家的贸易自由化。②区域性经济贸易集团内部的贸易自由化超过对集团外国家的贸易自由化。③工业制成品的贸易自由化要超过农产品的贸易自由化。④工业制成品中机器设备的贸易自由化要超过工业消费品的贸易自由化。

特别要指出的是，资本主义自由竞争时期的自由贸易政策代表着资本主义工业资产阶级的利益，而二战后的贸易自由化则代表着垄断资产阶级的利益。因此，一旦贸易自由化要危害到某些占统治地位的垄断集团的利益时，贸易自由化将会被削弱，贸易保护主义会重新抬头。

第三节　保护贸易政策

贸易保护是相对于自由贸易主义而言的。"保护"的历史意义有些狭隘，通常是指用于奖励来鼓励国内工业，或对外国产品征收高额税收的政策。它最初起源于重商主义学说，以后从侧重于获得贵金属，发展为重点获得一国的工业生产利益。在认为可自由贸易利益的前提下，为获得一国强大的国民工业，可以暂时牺牲眼前利益，这一思想最早由美国的汉密尔顿（Alexander Humiltan）在《制造业报告》（1791）中提出。需要强调指出的是，保护贸易理论虽然和自由贸易理论相对立，但并不意味着它们二者不能相容。事实上，保护贸易理论和自由贸易理论往往都不是可以截然分开的，它们的对立常常在共同利益的基础上统一起来。

保护贸易政策其相关的理论基础，如汉密尔顿的保护关税论、李斯特的幼稚产业保护论、凯恩斯的超保护贸易学说、新贸易保护主义以及战略性贸易保护理论等，其中幼稚产业保护理论、超保护贸易学说和战略性贸易保护理论已在第二章第四节保护贸易理论的分析中有阐述，这里不再重复。

一、汉密尔顿的保护关税论

亚历山大·汉密尔顿（Alexander Humiltan）是美国独立后的首任财政部部长，是美国贸易保护的始祖。美国独立以前的很长时期内，一直受到英国殖民统治的政治上的控制和经济上的剥削，美国实际上不过是英国政治上的附庸和经济上的原材料供应市场，美国经济发展尤其是工业的发展受到了严重的制约，经济发展水平十分落后。

汉密尔顿的保护关税论主要是围绕着制造业展开分析的，他在1791年的《制造业报告》中提出了贸易保护的思想。他认为，制造业在国民经济发展中具有特殊的重要地位。在国民经济各部门中，制造业具有许多突出的优点：一是制造业能够为其他部门提供先进的效率更高的生产工具和技术设备；二是制造业需要消耗大量的原材料和中间产品以及生活日用品，因而促进了其他相关部门的发展和壮大；三是制造业可以吸收大量劳动力，因而将吸引外国移民迁入，缓解人口稀缺的矛盾；等等。有鉴于此，汉密尔顿强调，保护和发展制造业对维护美国经济和政治上的独立具有特别重要的意义。

汉密尔顿认为，保护和发展制造业的关键在于加强国家干预，实行保护关税制度。具体措施包括：第一，严格实行保护关税制度，以高关税来限制外国工业品输入，保护国内新兴工业部门特别是制造业的发展。第二，限制国内重要原材料的出口，同时采用免税的办法鼓励本国急需的原材料的进口。第三，限制改良机器等国内先进机器设备的输出。第四，政府采取发放信用贷款的办法扶持私营工业的发展。第五，政府以津贴和奖励金等形式鼓励各类工业生产经营者。第六，建立联邦检查制度，保证和提高产品质量。第七，吸收外国资金，满足国内工业发展需要。第八，鼓励外国移民迁入，增加国内劳动力的供给。

汉密尔顿的关税保护论对于落后国家寻求经济发展和维护经济独立具有普遍的借鉴意义。当然，在当时的历史条件下，汉密尔顿没有能够进一步分析其保护措施的经济效应和经济后果，没有注意到保护贸易措施也有制约本国经济发展的消极方面。

二、新贸易保护主义

第二次世界大战后的贸易自由化倾向发展到 20 世纪 70 年代中期出现了转折，一度削弱的贸易保护主义又重新抬头，非贸易自由化倾向日益加强，出现了新贸易保护主义。其间，资本主义国家经历了 1973—1975 年和 1979—1982 年两次由石油危机演变成的世界性经济危机，国家经济普遍陷入滞胀和衰退，就业压力增大，世界市场矛盾日益突出，各国的垄断资产阶级和劳工团体纷纷要求政府采取贸易保护措施保护国内市场。此外，由于各工业家的发展不平衡，美国的经济地位相对下降，贸易逆差迅速上升，不仅日本和西欧在钢铁、汽车、电器等工业产品上与美国展开了激烈的竞争，甚至新兴工业国家及其他一些国家也开始在国际市场上对美国产生威胁。还有，国际货币关系的失调，资本主义国家普遍实行了浮动汇率制，汇率的长期失调影响了国际贸易的正常发展。在这种情况下，美国一方面迫使拥有贸易顺差的国家开放市场，另一方面加强对进口的限制。因此，美国采取了许多的保护贸易措施。随着世界经济相互依存性的加强，贸易政策的连锁反应也更敏感，其他国家纷纷仿效和报复，致使新贸易保护主义更加蔓延和扩张。

新贸易保护主义不同于 20 世纪 30 年代的旧贸易保护主义，具有以下的特点：第一，被保护的商品不断增加，范围不断扩大。从传统的工业品、农产品转向高级工业品和服务部门，从一般的服装、鞋类到钢铁、汽车、电子产品和数控机床等高级工业品。第二，贸易保护措施多样化，关税壁垒和直接限制的非关税壁垒措施被间接的贸易限制所取代。随着关税减让谈判的继续进行，关税壁垒的作用越来越有限，发达国家更多地利用非关税来保护市场；同时，以关贸总协定的免责条款为依据，滥用反补贴、反倾销这些所谓的维持"公平"贸易的武器来削弱新兴工业化国家及其他出口国家在劳动密集型产品成本方面的优势，阻挡进口产品的竞争。第三，贸易政策措施向制度化、系统化和综合化的方向发展。发达国家由于政府管理贸易的加强，从保护贸易制度转向更系统化地管理贸易制度，不少发达国家越来越把贸易领域的问题与其他经济领域的问题甚至包括某些非经济领域的问题联系起来，进而推动许多国家的贸易政策明显地向综合性方向发展。第四，奖出限入措施的重点从限制进口转向鼓励出口，双边和多边谈判与协调成为扩大贸易的重要手段，措施包括经济、法律、组织等诸多方面，如出口补贴、出口退税、出口信贷等。第五，从国家壁垒转向区域性贸易壁垒。建立经济一体化，实行区域内的共同开放和区域外的共同保护，一方面有利于局部缓解国际矛盾，改善国际收支，另一方面也产生许多不利影响，如削弱多边贸易体系、降低资源的配置效率、增强贸易的歧视性待遇等。

现在，一方面贸易自由化的浪潮愈益高涨，另一方面贸易保护主义也以各种新面貌不断出现。这种新型的贸易保护主义往往披着促进全球利益发展的外衣，利用发达国家与发展中国家的经济发展差距，对发展中国家实施变相的贸易保护。国际贸易中仍在不断出现新型的"隐形"保护主义，其中最为典型的是"绿色壁垒"和"技术壁垒"，更有违背关贸总协定的基本原则者，在"有秩序的销售安排"(Orderly Marketing Arrangement, OMA)和"有组织的自由贸易"(Organized Free Trade, OFT)下，搞灰色区域措施。

综观世界各国特别是发达国家对外贸易政策演变的历史，可以得知：贸易政策本质上是国家意志的体现。只要世界上有不同的国家，就有不同的国家利益，各国政府总是代表本国或本国统治阶级的利益，实行有利于本国的对外贸易政策。但在具体实行时往往不是对国内所有阶级或集团有利，所以在国内存在激烈的斗争。自由贸易政策一般发生在世界科技巨大进步、各国经济普遍高涨时期。在通常情况下，各国实行的都是宽松程度不同的保护贸易政策，可以说西方发达国家的对外贸易政策演变的历史基本上是贸易保护主义的历史。一个国家在国际经济中的地位决定了这个国家实行何种贸易政策，居特殊地位的国家往往积极推行自由贸易政策，其他国家则实行保护贸易政策。

本章小结

国际贸易政策即一国的对外贸易政策，一个国家在不同的时期、不同的国家在同一时期，根据国内外市场的不同情况，所采取的贸易政策是不同的。纵观世界经济贸易的动态发展，贸易政策主要有自由贸易政策和保护贸易政策两种类型。汉密尔顿与李斯特的保护幼稚工业理论具有合理的一面，至今仍然得到人们的广泛认可。而进入垄断资本主义时期的超保护贸易受到人们的广泛反对。随着经济全球化和世界各国贸易实践的不断深入，20世纪八九十年代兴起的战略性贸易政策正在受到人们的广泛关注，这与各国经济的产业结构进一步向高新技术及信息产业调整有关。当然，战略性贸易政策理论需要进一步完善、发展和证实。保护贸易理论与自由贸易理论将长期并存，指导并影响着各国的贸易政策。发展中国家在工业化和民族经济的发展过程中，由于各国在不同时期的经济发展水平相差悬殊，在对外贸易方面，他们推行的具体政策各不相同，但主要是保护性的贸易政策。大致有进口替代战略下的外贸政策、出口导向战略下的外贸政策和全球化战略下的外贸政策。

重要概念

对外贸易总政策　国别政策　商品政策　自由贸易　保护贸易　超保护贸易政策　战略性贸易政策　进口替代　出口导向　全球化战略

重要概念解释

复习思考题

1. 各国制定对外贸易政策的目的是什么？
2. 简述国际贸易政策的基本类型及其特征。
3. 试述李斯特的保护幼稚工业理论的主要内容。
4. 凯恩斯的“超保护贸易政策”的主要内容是什么？
5. 二战后的贸易自由化和新贸易保护主义的主要特点是什么？
6. 何谓战略性贸易政策？其特点是什么？
7. 论述发展中国家在工业化过程中的贸易政策。

案例分析　　延伸阅读 1　　延伸阅读 2

第四章 关税措施

本章导读 国际贸易政策措施是各国政府干预对外经济贸易活动、保持经济稳定和发展的重要手段。关税是各国在对外贸易中常用的、传统的贸易政策工具。根据不同的情况,针对不同的进出口商品,关税有各种不同的种类,征税的方式也形式多样。随着世界各国关税水平的普遍下降,利用结构性关税达到有效保护更是受到广泛重视。通过本章的学习,了解和掌握关税的概念、种类、税则制度、计税方法以及关税的经济效应分析等。

本章学习重点与教学要求

第一节 关税的内涵与分类

关税(Customs Duties; Tariff)是指一国海关对越过该国关境的进出口商品向进出口商征收的一种税收。

关税是国际贸易政策中最常用也是最有效的政策。关税由海关负责计征,海关的职能除了计征关税外,还执行国家有关进出口的政策、法令和规章,对进出本国的货物实行货运监管和稽查走私。

海关征收关税的领域称为关境或关税领域。一般说来,一国的关境与其国境是一致的。但有时也可不一致。当一国在国境内设有自由港、自由贸易区、保税区等免税区域时,该国的关境就小于国境。而有些国家相互之间结成关税同盟(Customs Union),参加同盟的国家在领土基础上合成统一的关境,即对内免除相互间的关税,对外则统一关税,这时对一个国家而言,关境就大于国境了。随着各国对外开放程度的提高和经济区域化发展,关境与国境不一致已成为较普遍的现象。

关税与其他税收一样,具有强制性、无偿性和固定性的特点。它是一个国家的重要财政收入来源,税款由海关直接交入国库。但关税也有其不同之处,首先,关税的征收对象是进出口货物,由海关依法征收,纳税人为自然人或法人(进出口商);其次,关税是一种间接税,税负由进出口商在通关时先垫付,然后将税款打入商品成本,用提高商品价格的办法，把税负转嫁给买方或消费者；再次，关税是一国实施对外贸易政策的重要手段，税率高低直接影响一国的经济和对外贸易的发展。

现代国际贸易中，关税种类繁多，按照不同的标准可进行分类。

一、按照关税征收的目的分类

(一) 财政关税(Revenue Tariff)

又称收入关税，是指以增加国家财政收入为目的而征收的关税。

财政关税收入的关键在于税率的高低和进出口商品的数量。一般说来，在确定税率时，必须充分考虑到税率对进出口商品数量的影响，如果为了增加收入而大幅度提高税率，则会因为商品在国内外市场上的售价过高影响销售从而减少商品的进出口数量，当商品的进出口数量减少幅度超过关税税率提高的幅度时，关税收入也将减少，增加财政收入的目的也就很难实现，所以，财政关税的税率一般不太高。

很多国家的早期关税征收，目的均是为了增加财政收入。如美国联邦政府成立之初，关税收入占政府全部收入的 90%以上。而现代，随着经济发展，税收来源增多，关税收入在政府收入中的比重已明显下降。在 20 世纪 80 年代，美国关税收入的比重已降至 1%左右。目前仍有一部分经济发展水平较低的国家实行财政关税政策，而一些发达国家早已利用关税的保护作用，实行贸易保护主义。

(二) 保护关税(Protective Tariff)

保护关税是为了保护本国生产和本国市场为主要目的而征收的关税。一般说来，保护关税的税率都很高，因为税率越高保护作用就越强，有时税率高达百分之几百，以大幅度提高进口商品的价格，从而削弱外国商品在本国市场上的竞争能力。保护关税主要是对工业制成品特别是对国内生产威胁较大的进口商品征收高额关税，而对原辅料的进口一般都实行较低的关税，对本国出口商品也很少征收关税。这种关税措施上的利己行为，使国际市场问题日益严重。

(三) 调节关税(Regulate Tariff)

调节关税是以调整本国经济和产品结构为主要目的而征收的关税。在当代经济发展中，各国都面临着经济结构和产品结构调整的任务。除了政府实施一系列的鼓励政策外，各国还采取调整关税税率的方法。对于调整国内需要扶植和发展的产业和产品，调高同类商品的进口税率，削弱进口商品的竞争力，使本国产品能在高额关税保护下求得顺利发展；对于一些已失去优势，不具备发展前景的产业和产品，国家通过降低进口商品的关税税率，引进竞争，促使国内的产品尽快改造和更新，从而完成经济结构和产品结构的调整。

二、按照征收的对象或商品流向分类

(一) 进口税(Import Duty)

进口税是指进口国海关在外国商品输入时，对本国进口商所征收的关税。外国商品直接进入关境时要征收进口税，或者外国商品从自由港、自由贸易区里提出运往国内市场销售在办理通关时征收进口税。进口税可以是常规性的，按海关税则征收的关税；也可以是临时加征的，在征税以外额外征收的附加税。进口税税率根据征税国与贸易伙伴的贸易关系性质的差异而不同。

进口税一般具备限制商品进口的保护作用，各国对不同的进口商品实行有差别的进口税率。大多数国家对工业制成品征收高额关税，对资源等初级产品则征收较低关税，以鼓励本国生产。如美国在 20 世纪 80 年代初对进口男衬衣征收的普通关税率高达 45%，而进口棉布的税率为 13.5%。

进口税可分为最惠国税和普通税。二战后大多数国家或成为关贸总协定（现为世界贸易组织）成员国，或签订双边贸易协定，互相提供最惠国待遇，享受最惠国税，因此，一般把最惠国税称之为正常关税。

进口税是各国保护本国生产和市场的主要手段之一。所谓的关税壁垒即指高额进口税。

（二）出口税(Export Duty)

出口税是指出口国海关在本国商品输出时，对本国出口商所征收的关税。通常是在本国出口商品出离关境时征收。由于世界各国为了鼓励贸易顺差和获取最大限度的外汇收入，许多国家，特别是西方发达国家已不再征收出口税。征收出口税的主要是一些经济发展水平相对较低的发展中国家，多数以燃料、原料或农产品为征税对象。

征收出口税的目的与进口税有所不同，一般出于增加财政收入和保证本国的生产或本国市场的供应需要。以增加财政收入为目的的出口税，税率通常不高，税率高则不利于出口，也不利于增加收入；以保护本国市场为目的的出口税主要对出口原料等初级产品征收，防止外国在本国市场上低价收购，提高他们的生产成本，削弱他们的产品竞争力。此外，一些国家还对某些本国生产不足而需求较大的生活必需品征收出口关税，以抑制因为供给不足而引起的价格上涨。

（三）过境税(Transit Duty)

过境税是指一国海关对通过其领土（或关境）运往另一国的外国货物所征收的关税，又称通过税。过境税最早产生于中世纪并流行于欧洲各国，但作为一种制度，是在重商主义时期确定起来的。由于运输业的发展及运输竞争的加剧，货物过境对增加运输收入，促进运输业发展的作用日益增加，再加上各国的财政收入来源增加，从 19 世纪后半期开始，各国相继废止了过境税，代之以签证费、准许费、登记费、统计费、印花税等形式。

三、按照征收关税的依据分类

（一）正常关税(Normal Tariff)

即根据颁布的税率征收的关税，是相对附加税而言的。

(二) 进口附加税(Import Surtax)

进口附加税是指对进口商品除了征收正常的进口关税以外,根据某种目的再加征的额外进口税。由于这类关税在海关税则中并不载明,并且是为特殊目的而设置的,因此,进口附加税也称特别关税。

进口附加税通常是一种为特定目的而设置的临时措施。其目的主要有:应付国际收支危机,维持进出口平衡;防止和抵制外国商品低价倾销,保护本国市场;对某个国家实行贸易歧视或报复等。有些进口附加税对所有进口商品征收,有些只针对某项商品征收,以限制这种特定商品的进口。1971 年上半年美国经历了 78 年来首次贸易逆差,国际收支恶化,到 8 月 15 日,为了应付国际收支危机,美国政府宣布对进口商品一律加征 10%的进口附加税,以限制进口,调节国际收支失衡。

根据不同目的,进口附加税主要有反补贴税、反倾销税、报复关税等。

(1) 反补贴税(Counter-vailing Duty)又称抵消税或补偿税,是指因出口国对出口商品给予直接或间接的贴补,使其对进口国同类产品造成重大损失和威胁时,由进口国海关征收的一种进口附加税。

征收反补贴税必须具备两个条件:①其进口产品在生产、制造、加工、买卖、输出过程中接受过现金或其他补贴,不管这种补贴来自政府或同业公会等;②这种进口产品对进口国同类产品造成重大损失或威胁的。

征收反补贴税的目的在于抵消该商品所得到的补贴,削弱其竞争能力,征收的税额一般等于商品得到补贴的数额。

国际贸易中,一般认为对出口商品采取补贴方式是不合适而且是不公平的,它与国际贸易体系的自由竞争原则相违背。为此,反补贴税被视作进口国抵御不公平贸易的正当措施。

(2) 反倾销税(Anti-dumping Duty)是指出口国进行商品倾销,对进口国同类产品的生产和销售造成严重损害或重大威胁时,由进口国海关征收的一种进口附加税。其目的在于抵制商品倾销,保护本国同类产品和本国市场。

所谓倾销,是指低于本国国内市场价格或低于正常价格,在其他国家进行商品销售的行为。它会造成国际市场价格的不合理,使进口国厂商处于不平等的竞争地位,造成冲击。进口国政府为了保护本国产业免受外国商品倾销的冲击,就有可能考虑对实施倾销的产品征收反倾销税。但对倾销的认定,对所谓“正常价格”的解释,反倾销的实施方式等,各个国家之间存在着一定的分歧;“正常价格”主要是指:①相同产品在出口国用于国内消费时在正常情况下的可比价格;②相同产品在正常贸易情况下向第三国出口的最高可比价格;③产品在原产国的生产成本加上合理的推销费用和利润所构成的结构价格。一些发达国家常利用反倾销限制来自低成本的发展中国家的产品进口。反倾销扩大化的趋势明显,成为非关税壁垒的手段之一。

(3) 报复关税(Retaliatory Duty)是指对特定国家的不公平贸易行为采取行动,而临时加征的进口附加税。加征报复关税大致有几种情况:对本国输出的物品课以不合理的高额关税或实行差别税率，对本国物品输出设置的障碍，对贸易伙伴违反某种协定等所采取的措施。美国是20世纪90年代以来运用“报复性关税”最频繁的国家。1999年3月因“香蕉贸易战”，美国对欧盟的部分产品加征报复关税。美国《1988年综合贸易和竞争力法案》的“超级301”条款，就是对“不公平”贸易伙伴实施报复的条款，其报复手段之一就是加征临时性报复关税。

(4) 科技关税(Scientific Tariff)是对技术先进、竞争能力特别强劲的产品所征收的进口附加费用。科技关税是一种进出口价格控制。由于各国经济发展的不平衡，技术发展相对迅速的国家出口技术密集型产品，对发展相对缓慢的国家市场形成了巨大冲击力。进口国为了保护本国高新技术的发展，就通过征收这种进口附加费用，来提高这类进口产品的售价，以削弱其竞争力。

(三) 差价税(Variable Levy)

又称差额税，指当本国某产品的国内价格高于同类进口产品的价格时，对进口产品按国内价格与进口价格之间的差额征收的关税。征收差价税的目的在于削弱进口产品的竞争能力，保护国内产品和国内市场。差价税没有固定税率，税额随价格差额的变动而变动，差多少征多少，最终将进口商品的价格与国内产品的价格拉平。

差价税的征税方法有两种，一是完全按价格差额征收，差多少征多少；二是先征一般关税后，再按差额征收。

四、按照关税优惠条件分类

(一) 普通关税和优惠关税

由于国与国之间政治、经济关系的差异，一些国家对来自不同国家的同样产品会采取不同的税率，以示区别对待。普通关税采用普通税率，适用于没有签订最惠国待遇条款的贸易协定的国家和地区的进口商品。在当今的关税中，对同类商品的征税，普通税率是最高的，被称为歧视性关税。优惠关税采用优惠税率，不同的经济贸易关系适用不同程度的优惠税率。优惠税率有最惠国税率、协定税率、普惠制税率、特惠税率等多种形式，这些都在一国的海关税则中一一列明。

(二) 最惠国税

最惠国税是指一个国家为了发展与特定国家的贸易关系，缔结最惠国待遇条款的贸易协定，给予对方比普通关税低的关税待遇。最惠国税率比普通税率要低，且税率差幅较大，如美国进口绸缎，最惠国税率为11%，普通税率高达60%；对银首饰进口，最惠国税率为27.5%，普通税率更是高达110%。最惠国待遇是双向的，当一国停止或取消给对方的最惠国待遇时，自己所享受的最惠国待遇也随之取消。

(三) 特惠税(Preferential Duty)

特惠税是指一国对来自某个国家和地区的全部或部分进口商品，给予特别优惠的减免税待遇。其税率低于最惠国税率，只适用于特定国家和地区的商品，非优惠国或地区不得引用最惠国待遇条款享受这种税率。特惠税可以是互惠的，也可以是非互惠的。

目前实行特惠制的主要是欧盟向非洲、加勒比海和太平洋地区发展中国家单方面提供特惠的《洛美协定》。该协定于 1975 年签订，1979 年和 1985 年两次续订，第四个《洛美协定》于 1989 年签订，受惠的国家和地区已从最初的 46 个增加到 69 个。

《洛美协定》在关税方面的优惠主要有三点：欧盟对来自上述国家和地区的工业品全部给予免税优惠；农产品的 96%免税；不要这些发展中国家给予反向优惠。这是目前世界上商品享受范围最广、免税程度最大的一种特别优惠的关税，还包括放宽部分非关税壁垒。当然也有严格限制受惠出口国"免检进入"欧盟国家市场的条款，包括允许欧盟单方面中止任何一项特许权的条款。现在还将环境和资源保护、人口政策等广泛地纳入欧洲与其他国家的合作之中。

(四) 普遍优惠制

普遍优惠制(Generalized System of Preference, GSP)又称普惠制，是指工业发达国家对发展中国家或地区出口的制成品和半制成品给予普遍的、非歧视的、非互惠的优惠关税制度。

普惠制是发展中国家经过长期斗争后获得的胜利成果。1968 年第二届联合国贸易与发展会议上通过了建立普惠制的决议，1971 年 7 月，欧洲共同市场首先制定普惠制方案，开始实施。随之，28 个国家先后实行普惠制，其中市场经济国家 22 个，计划经济国家 6 个。享受普惠制待遇的有 170 多个发展中国家和地区。

普惠制的主要原则是普遍的、非歧视的、非互惠的。普惠制的目标是扩大发展中国家对工业发达国家制成品和半制成品的出口，增加发展中国家的外汇收入，促进发展中国家的工业化，加速发展中国家的经济增长率。

实行普惠制的国家，在各自提供普惠制计划方案时对受惠国和受惠商品作了种种规定。

1. 对受惠国家和地区的规定

普惠制的原则是对所有发展中国家和地区一视同仁，不得实行歧视，无例外地提供优惠。但在执行中不少给惠国从各自的利益出发，设置种种限制，阻碍这一原则的实行。美国在公布普惠制方案时，公开宣称，某些社会主义国家、石油输出国组织成员国家不在美国的受惠国之列。

2. 对受惠商品和范围的规定

普惠制的原则是应对所有发展中国家和地区的制成品和半制成品普遍给予关税减免的优惠。而实际上，各给惠国公布的受惠商品名单中，农产品很少，工业制成品的优惠较多，但一些竞争激烈而发展中国家有一定优势的产品如纺织品、鞋类及一些皮革制品却不在受惠商品之列。

3. 对受惠商品减税幅度的规定

受惠商品的减税幅度大小取决于最惠国税率与普惠制税率之间的差额，农产品的减税幅度小于工业制成品的减税幅度，有些工业制成品甚至还可以免税，但大多是发展中国家很少出口的产品。

4. 对给惠国的保护措施的规定

给惠国在接受普惠制原则时就规定了保护措施以保护自己的利益。通常的内容包括：(1)免责条款，即当受惠商品进口量增加对本国生产者造成或即将造成重大损害时，给惠国保留完全或部分取消关税优惠待遇的权利；(2)预定限额，对给惠商品预先规定限额，超过限额的进口不享受普惠制待遇；(3)竞争需要标准，即对来自受惠国的某种进口商品，如超过当年所规定的限额，则取消下年度的该种商品的关税优惠待遇。20 世纪 70 年代开始，美国等给惠国又提出一种名曰"毕业条款"的保护措施，即认定一种受惠商品已具备某种市场竞争力，对同类商品构成威胁时，宣布该商品"毕业"，从而失去优惠关税的待遇。

5. 对原产地的规定

普惠制的实施是为了鼓励受惠国发展工业，因此对产品产地有严格的标准。一般包括原产地标准、直接运输规则等。

按照原产地标准的规定，产品必须全部产自受惠国或地区，或规定产品中所包含的进口原料或零件经过高度加工、发生了实质性变化后，才能享受关税优惠待遇。对于实质性的变化，现有两种判断方法：①加工标准，它规定进口原料或零件在经过加工后的商品如税目号发生变化，就可以认定已经过高度加工，发生实质性变化了。欧盟、日本、挪威等国采用。②增值标准，又称百分比标准，它规定只有当进口的原辅料或零件的价值没有超过出口商品价值的一定百分比，或是本国生产或加工部分的价值超过出口商品价值一定百分比时，这种变化才能作为发生了实质性变化，才能享受关税优惠待遇。澳大利亚、加拿大、美国等国采用。

直接运输规则规定受惠商品必须由受惠国直接运到给惠国，如途中须经他国时，必须由海关监管。此外，受惠国还必须向给惠国提交原产地和托运方面的书面证明，才能享受优惠关税待遇。

五、按照征税的计算方法分类

(一) 从量税(Specific Duty)

从量税是以商品的重量、数量、长度、容量、面积等计量单位为标准计征的关税。各国征收从量税大都以商品的重量为单位。但各国应纳税的商品重量计算方法不同，一般有毛重、净重和公量三种。从量税额的计算公式为：

$$从量税额=商品数量\times每单位从量税$$

由于从量税的保护作用与进口商品价格的增减成反比关系，在从量税确定的条件下，进口商品价格上涨时，进口商品的关税税额负担相应减少，税率实际上相应下降，保护作用减弱。反之，当进口商品价格下跌时，税率实际上相应提高，保护作用加强。

二战以后，商品种类、规格日益增多、复杂，加之通货膨胀加剧，继续征收从量税不利于发挥关税的保护作用，也不利于财政收入，因而各国纷纷以从价税代替从量税来计征进口关税。

(二) 从价税(Ad Valorem Duty)

从价税是以进口商品的价格为标准计征的关税，其税率表现为货物价格的百分率。从价税额的计算公式为：

$$从价税额=完税价格\times 从价税率$$

从价税的保护作用与商品价格的涨落成正比。在税率不变的情况下，其税额随商品价格的变动而变动。

征收从价税的重要前提是确定进出口商品的完税价格，完税价格是指经海关审定作为计征从价税的货物价格，它是决定税额多少的重要因素。完税价格的确定在各国的标准各不相同，大体上分三种：①以装运港船上交货价格(FOB)为计征标准；②以成本加保险费加运费价格(CIF)为计征标准；③以法定价格或称进口国官定价格为计征标准。现在大多数国家规定"正常价格"为完税价格。正常价格是指正常贸易过程中，充分竞争条件下某一商品或相同商品的成交价格。如果进口商品发票中载明的价格与正常价格相一致，即以发票价格作为完税价格；如果发票价格低于正常价格，则根据海关估算价格作为完税价格。

(三) 混合税(Mixed Duty or Compound Duty)

又称复合税，是对某一种商品，同时采用从量、从价两种标准征收关税的一种方法。按从量税和从价税在混合税中的主次关系不同，有两种情况：一种是以从量税为主加征从价税；另一种是以从价税为主加征从量税。如美国对提琴征收从量税每把 21 美元，再加征 6.7%的从价税。

(四) 选择税(Alternative Duty)

选择税是指对一种进口商品同时规定有从价税和从量税两种税率，在征税时选择其税额较高的一种征收。

六、按照关税保护的程度和有效性分类

(一) 名义关税(Nominal Tariff)

名义关税是指一国海关依据海关税则中对某种进口商品规定的关税税率所征收的关税。对进口商品征收关税，提高了其国内市场价格，降低了其竞争力，从而保护本国同类产品的生产，其价格提高部分与国际市场价格的比率，就是关税保护率，又

称为名义保护率(Nominal Rate of Protection，NRP)。名义关税具有相对稳定性，当其他条件不变时，名义关税税率越高，其保护本国市场和同类产品的作用就越大。用公式表示为：

$$名义关税保护率=\frac{进口货物国内价格-自国外进口价格}{自国外进口价格}\times 100\%$$

在各国征收关税的实践中，法定税率与根据商品国内外价格差额计算的名义关税保护率往往存在差别，这是由于在制定法定税率时，除价格之外，还要考虑国内外货币汇率的对比、供求关系、国内税收和消费者的爱好等其他因素，但这些因素是很难用数字计算的。

在现实经济中，影响进口商品国内外价格差的因素很多，除关税外，还有进口许可证、配额、外汇管制等，都可能是同一商品在国外市场形成不同的价格。因此，NRP 是这些保护措施或影响因素共同形成的对国内生产的保护率。但是考虑到关税是国际贸易中传统的、主要的保护手段，通常假定关税是唯一的保护措施，从而一国进出口税则中的某种商品的法定税率常常被认为是该国的 NRP。严格地讲，后者应称为名义关税保护率，即通常所讲的名义关税。

(二) 有效关税(Effective Tariff)

有效关税是指对某个工业单位产品“增值”部分的从价税率，代表着关税对本国同类产品的真正有效保护程度。在关税水平普遍下降的条件下，通过降低初级产品的名义关税，在降低关税平均水平的同时，仍然可以对加工制造业实行较高的保护，因此，有效保护率(Effective Rate of Protection，ERP)，又称实际保护率，其含义是指关税给被保护产业的生产过程带来的价值增值的增加量与自由贸易条件下增值的百分比，用公式表示为：

$$ERP=\frac{V'-V}{V}\times 100\%$$

式中，ERP 为有效保护率，V' 为保护贸易条件下被保护产业生产过程的增值，V 为自由贸易条件下该生产过程的增值。

例如，在没有进口限制的情况下，一双皮鞋和生产皮鞋所需的皮革的国际价格分别为 100 美元和 50 美元。因此其国外加工增值为 100－50＝50 美元。现对皮鞋进口征收 20%的从价税，而对皮革进口免税，则皮鞋的国内价格提高到 120 美元，保护关税使国内加工制造皮鞋的附加价值增加为 120－50＝70 美元。因此，对皮鞋的有效关税保护率为(70－50)/50×100%＝40%，而其名义税率却为 20%。由此可见，对最终产品的实际保护程度，比名义税率所表现的保护程度高得多。

有效保护率的计算公式也可以表示为：

$$ERP=\frac{t_j-\sum a_{ij}t_{ij}}{1-\sum a_{ij}}$$

其中，t_j 是行业 j 最终产品的名义税率，a_{ij} 是自由贸易下 j 行业中各种投入 i 占总收益的份额，t_{ij} 是对投入 i 征收的名义税率。实际上此公式与前面所用的公式本质上是一致的。

区分名义保护率和实际保护率，对于研究一国的关税结构是否合理和有效，具有重要的现实意义。可见：当制成品进口名义关税率高于原材料进口名义关税率时，有效保护关税率高于名义关税率；制成品进口名义关税率等于原材料进口名义关税率时，有效保护关税率等于名义关税率；当制成品进口名义关税率低于原材料进口名义关税率时，有效保护关税率低于名义关税率，甚至出现负的有效保护关税率。从中可以得出结论，对原材料进口征收的名义关税率相对于制成品进口的名义关税率越低，对国内生产的制成品的有效保护程度越强；反之就越弱；超过一定界限，还会出现负保护作用。因此，以出口工业制成品为主的工业发达国家对原材料等初级产品的进口征收较低关税，甚至是负税，对半制成品的进口征收较适中的关税，对制成品的进口征收较高的关税。工业发达国家这种关税结构对发展中国家出口制成品无形地加强了限制作用，而对发展中国家出口的初级产品给予关税优惠待遇。考察一国对某商品的保护程度，不仅要考察该商品的关税税率，而且要考察对其各种投入品的关税税率，即要考察整个关税结构。

七、其他关税

(一) 滑动关税(Sliding Duty)

滑动关税是根据商品的市场行情相应调整关税税率的一种方法。滑动关税的经济功能是通过关税水平的适时调节，影响进出口价格水平，以适应现时国际、国内市场价格变动的基本走势，免受或少受国内外市场价格波动的冲击。滑动进口税根据同类商品国内市场价格水平，确定该种进口商品的关税率。国际市场价格较高时，相应降低进口税率；国际市场价格较低时，相应提高进口税率，以保持国内价格水平的稳定。

(二) 指数税(Index Duty)

指数税是按进口货物的市场价格指数征收的一种关税。其特点是税率不变，税额随物价指数的变动而变动。指数税的关税水平不能完全反映商品价格变动水平，实际执行中非常困难，第一次世界大战结束后的法国曾采用过，以弥补当时严重的通货膨胀情况下从量税的不足。

(三) 季节税(Seasonal Duty)

季节税是对那些具有明显季节性特征的农产品制定两种或两种以上的不同水平

的税率，实际征税时，根据季节特征选择其中一种税率予以征收。进口商品，旺季时采用高税率，淡季时采用低税率，平时则采用中间税率。出口商品则相反。季节税的目的是平衡国内市场供求关系，调节进出口规模。澳大利亚、印度、巴西等国曾采用过。

第二节　关税的经济效应

征收关税会引起进口商品价格和国内进口替代商品价格的变化，也影响着商品的供需矛盾，对进出口双方国家的经济会产生不同程度的影响。即征收关税会产生一系列的经济效应。从经济角度看，征收关税会引起资源的重新配置，从而引起各种经济活动和一国福利水平的变化。关税的经济效应是指一国征收关税对国内价格、生产、消费、贸易、财政、贸易条件、再分配和福利等方面所带来的影响。当然，政府也可以从中得到关税收入。但是，关税对一国经济所带来的影响究竟有多大，还取决于进口国的需求占世界市场的比例有多大。关税的经济效应可以从单个商品市场的角度来考察，也可以从整个经济的角度来分析，前者属于局部均衡分析，后者属于一般均衡分析。

这里，我们用局部均衡分析方法来分析征收关税在贸易小国和贸易大国的情况下分别会带来怎样的效应。

一、贸易小国的关税效应

（一）进口关税的经济效应

关税对本国经济的影响大小取决于该国在国际市场上的地位。如果商品进口国是国际市场上的小国，那么它进口商品的价格是给定的；反之，则会对国际市场价格产生影响。现假设一商品进口国为贸易小国，政府征收一定的进口税之后，直接的结果就是使国内市场上外国商品的价格提高，并对国内的消费、生产和收入分配等产生广泛的影响，见图 4-1。

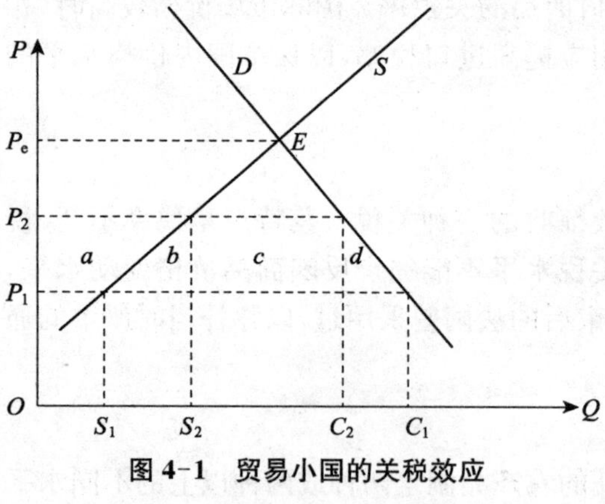

图 4-1　贸易小国的关税效应

图 4-1 对进口关税的经济影响作了较好的直观说明。P_1、P_2 分别是被征关税的某商品 X（可进口商品）的国际市场价格（低于国内封闭条件下的均衡价格 P_e）和进口国征收关税后的国内市场价格，D 曲线和 S 曲线分别是进口国国内市场上该商品的需求曲线和供给曲线。关税效应可归纳如下。

1. 价格效应(Price Effect)

关税的价格效应是指征收关税对进口国国内市场价格的影响。对进口商品征收关税首先会使进口商品的价格上涨,从而引起国内进口替代部门生产的产品的价格上涨,但整个国内市场价格上涨幅度的大小,要看征收关税对世界市场价格的影响力。由于贸易小国对世界市场价格没有影响力,因此征收关税后,国内市场价格的上涨部分就是所征收的关税,即关税全部由国内消费者承担,此时的国内市场价格等于征收关税前的世界市场价格加上关税。图中,征收进口关税后使国内消费者和生产者面对的价格由 P_1 上升到 P_2。

2. 消费效应(Consumption Effect)

关税的消费效应是指征收关税对进口商品消费的影响。从消费者的角度来看,自由进口显然意味着购买商品只要支付较低的价格,从而增加实际的福利水平。征收进口关税将迫使消费者对进口商品支付较高的价格,通常的反应是减少购买数量。图中,自由贸易条件下总消费量是 OC_1,为单位商品付出的代价是 OP_1;征收关税后的消费量是 OC_2,而每单位商品须付出的代价是 OP_2。这样,消费者的净福利就下降了,图中的面积 $a+b+c+d$ 即代表了关税带来的消费者剩余的减少,也即消费者的损失总和。

3. 生产效应或保护效应(Production or Protective Effect)

关税的生产效应是指征收关税对进口国进口替代品生产的影响。对于与进口商品竞争的国内生产者来说,显然是能够从保护关税中获得利益的。如果允许自由进口,国内生产的商品数量将被迫压缩到 OS_1,其余部分的市场需求由进口商品来满足,进口的数量为 S_1C_1。而当关税把国内市场的价格提高后,国内的生产数量随之从 OS_1 扩大到 OS_2,图中面积 a 即代表了生产者剩余的上升,即国内的生产者增加的利润。也就是说,在关税所减少的进口数量中,其中一部分是由国内生产所替代。一般而言,关税的税率越高,生产者受到的保护程度越大。图中的面积 a 即代表了征收关税后生产者的福利所得,也即生产者剩余增加。

4. 财政收入效应(Fiscal Revenue Effect)

关税的财政收入效应是指征收关税对国家财政收入的影响。从政府角度来看,只要关税不提高到禁止关税的水平,就会给政府带来财政收入。图中面积 c 是一个长方形,它代表政府从关税得到的收益,其大小等于进口数量乘上税率。

5. 再分配效应(Redistrbution Effect)

关税会造成收入从国内消费者向国内生产者的再分配。关税引起国内商品价格上涨,生产者利润增加,其中一部分是从消费者支付的较高价格中转移过来的。关税还会造成收入从该国丰富的生产要素(生产可出口商品)向该国稀缺的生产要素(生产进口竞争产品)的再分配。根据斯托尔帕-萨缪尔森定理,由于征收关税使某种商品的相对价格提高,从而会增加该种商品生产中密集使用的生产要素的报酬或收入。这样,该国稀缺生产要素的实际报酬就会上升,而该国相对丰富的生产要素的实际报酬就会下降。图中，征收关税后比征收关税前，消费者剩余减少了 $a+b+c+d$，其中 a 和 c 以生产者剩余和政府财政收入的形式转移给了生产者和政府。

6. 福利效应(Welfare Effect)

从福利的角度，即从消费者剩余和生产者剩余的角度来分析，贸易小国征收进口关税后会发生福利损失，这种损失成为关税的社会成本(Social Cost of a Tariff)。图中，在消费损失 $a+b+c+d$ 中，有一部分是国内没有任何人能得到相应补偿的，即图中的两个小三角形 b（生产扭曲损失）和 d（消费扭曲损失）。这是由于关税使本国的生产资源从效率较高的部门转移到了效率较低的部门，即一国的生产资源向没有比较优势的进口竞争部门集中，因此造成了国民的福利净损失 $b+d$。

征收关税所产生的各种效应的大小，取决于应税商品的供给与需求弹性及关税税率的高低。对于相同的关税率，需求愈富弹性，消费效应就愈大；同样，供给愈富弹性，生产效应就愈大。因此一国对某种商品的供给与需求愈富弹性，关税的贸易效应愈大，财政效应愈小。

(二) 出口关税的经济效应

一国征收出口关税的目的是限制出口，减少出口的供给。假设贸易小国征收出口税不影响国际市场价格，那么，会对国内的生产者、消费者和政府三方面带来经济影响。

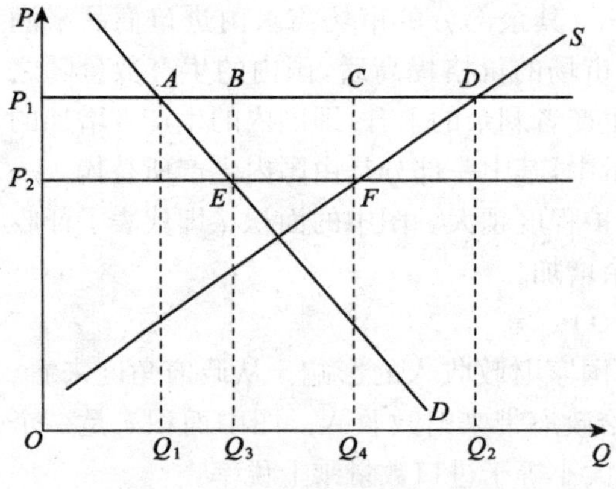

图 4-2　出口关税的经济效应(小国)

如图 4-2 所示，P_1、P_2 分别是被征出口关税的某商品 X(可出口商品)的国际市场价格和出口国征收关税后的该商品的国内市场价格，D 曲线和 S 曲线分别是出口国国内市场上该商品的需求曲线和供给曲线。出口关税带来的经济效应如下：

首先，生产者由于政府加征出口关税，提高了出口成本，减少了生产者剩余，造成了生产者损失（P_1P_2FD）；生产者剩余的损失部分转移位消费者剩余和政府的财政收入。

其次，出口减少（从 Q_1Q_2 减少到 Q_3Q_4），国内供给的增加和市场价格的降低，带来了消费者剩余的增加（P_1P_2EA）。

再次，政府通过征收关税获得出口关税收入（$BEFC$）。

如果是贸易大国征收出口关税，会影响国际市场的总供给，从而使世界市场价格发生变化，那么，出口关税对征税国家和进口国家的影响就会不同。

二、贸易大国的关税效应

如果进口国是个贸易大国，其占世界市场很大份额的进口量因关税提高而引起的下降幅度会非常之大，足以迫使出口国较大程度地把出口价格压低到世界市场价格的水平以下，此时该国征收这项关税的效应，有可能是净所得，也有可能是净损失，取决于进口国贸易条件的得益于生产扭曲损失和消费扭曲损失之和之间的比较。

如图 4-3，某贸易大国进口商品 Y，D 为该国对 Y 商品的需求曲线，S_d 为国内供给曲线，S_f 为外国的出口供给曲线，则 S_d+S_f 为该国国内的市场总供给曲线，S_d+S_f+t 为该国在对 Y 商品征收关税 t 以后的总供给曲线，P_1 为自由贸易时的价格，P_2 为该国征收关税后的国内市场上的价格，P_3 为该国在征收关税后的世界市场的价格。

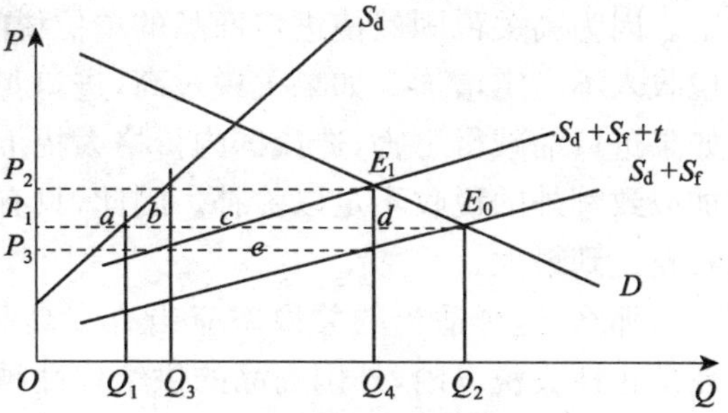

图 4-3　贸易大国的关税效应

如图 4-3，该贸易大国对进口商品 Y 征收关税 t 以后，国内市场价格由 P_1 上升到 P_2，进口数量由 Q_1Q_2 减少到 Q_3Q_4。而且，该国进口数量的减少将促使国外出口商压低价格出售，最终以低于世界市场的价格 P_3 出口商品 Y，此时关税不再完全转化为国内商品的加价，其中一部分转变为外国出口商出口价格的降低，关税 $t=P_2P_3$。这样，关税就由本国消费者和外国出口商共同承担，贸易大国对进口商品征收关税有利于改善其贸易条件。

(1) 消费效应(Consumption Effect)。征收关税使国内价格上涨，消费者受损，即消费者剩余减少 $a+b+c+d$。

(2) 生产效应或保护效应(Production or Protective Effect)。征收关税使国内价格上涨，生产者获利，即生产者剩余增加 a。

(3) 财政收入效应(Fiscal Revenue Effect)。政府征收关税，会增加财政收入，数额为进口量乘以关税率，即图中 $c+e$。

(4) 贸易条件效应(Terms of Trade Effect)。贸易大国征收关税，会引起对进口商品的需求减少，从而导致进口商品的价格下降。如果该国的对外出口商品的价格不变，那么，该国的贸易条件得到改善。

(5) 福利效应(Welfare Effect)。从整个经济角度出发，贸易大国征收关税，到底是获利还是受损，要看关税的净成本(即：消费者剩余的减少量－生产者剩余的增加量－政府的关税收入)，即图中 $(a+b+c+d)-a-(c+e)=(b+d)-e$，也就是具体比较 $b+d$ 和 e 的大小。e 是该国从关税中获得的改善贸易条件的好处，$b+d$ 为该国的保护成本。如果该国贸易条件改善利益超过关税保护的代价，则意味着从征收关税中获得净利益。反之得到净损失。究竟是哪种情况,要具体分析商品的进口需求弹性和出口供给弹性。

三、最优关税率

最优关税率是使进口国的经济损失达到最低或收益达到最大的适当税率。以上分析表明,对贸易小国而言,任何关税都会带来社会福利的净损失,而对贸易大国来说,关税有可能带来收益。那么,大国的关税是否越高收益就越大呢?答案是不一定。因为高关税固然使进口商品的单位税收增加,但也造成进口数量的减少,总的关税收入不一定增加。如果关税过高,进口量下降严重,关税收入有可能下降。另外,如果进口缩减得厉害,造成国内价格大幅上升,消费下降,消费者所受的损失也会增加以致额外的税收不足以弥补。因此,只有在一个适当的税率下,进口国才有可能使收益达到最大。

那么,这个适当的关税率应当有多高呢?禁止性关税当然不可能是最优关税。在禁止性关税以内,外国商品的供给弹性越低,可征收的最优关税税率就越高,因为当外国生产者对价格的变动不能做出相应的调整时,就会为本国从他们那儿获利提供了条件。相反,外国出口商品的供给弹性越大,最优关税的税率就越低,但零关税不能使进口国获得任何经济利益,也不是最优关税。因此,最优关税应该是在禁止性关税和零关税之间,在该点因贸易条件改善而获得的额外收益恰好抵消了因征收关税而产生的生产扭曲和消费扭曲所带来的额外损失,也就是以自由贸易为起点,当一国提高其关税税率时,其福利逐渐增加到最大值(最有关税率),而当关税税率继续增加至超过最优关税税率时,其福利又会逐渐下降,最终这个国家又将通过禁止性关税回到自给自足的生产点,见图 4-4。

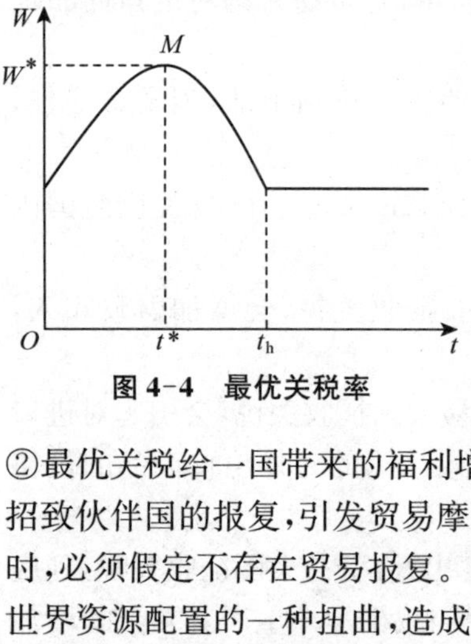

图 4-4　最优关税率

图 4-4 中,横轴 t 表示关税税率,纵轴 W 表示福利水平。t^* 表示最优关税税率,W^* 表示最大福利,t_h 表示禁止性关税的水平。

对于最优关税率这个概念的理解,应当注意:①最优关税率不能是禁止性关税,如果关税水平过高,会导致贸易的中断,自然无贸易利益可言。②最优关税给一国带来的福利增加是以其贸易伙伴国遭受损失为前提的。因而可能招致伙伴国的报复,引发贸易摩擦无疑会给双方都造成损失。所以在讨论最优关税时,必须假定不存在贸易报复。③最优关税虽然可以增加征税国的福利,但仍然是对世界资源配置的一种扭曲,造成世界总福利水平的下降。

最优关税率的经济学意义在于:被征收关税的商品的供给价格弹性越大,最优关税税率越低;反之,被征收关税的商品的供给价格弹性越小,最优关税税率越高。由于贸易小国在国际市场上面临的供给曲线是完全弹性的,因此对于贸易小国来说,最优关税率是零,即没有关税。贸易大国面临的供给曲线是有弹性但不是无限的,t^* 就会大于零。外国的出口供给曲线越没有弹性,关税率就越可以提高,最优关税率的确定完全取决于外国出口供给的价格弹性。根据供给价格弹性制定的关税率使进口国的经济利益达到最大,低于这一税率进口国失去了一部分可以获得的利益,高于这一税率,损失开始增加。

必须指出,征收关税对整个世界而言仍是弊大于利。贸易总量的下降,意味着生产资源会流向效率比较低的部门。对进口国来说,即使福利水平上升了,但实际是收入的再分配。对出口国来说,实际的福利水平和资源的利用效率都出现了下降。所以,最优关税率给进口国带来的收益,实际上只是出口国损失的一部分。另外,这一最优关税率的设计是以出口国不报复为假设前提的,如果出口国采取同样的方法进行报复,那么通过征收关税所得到的利益就会在出口中失去,甚至有得不偿失的可能。

第三节　海关税则和通关手续

一、海关税则(Customs Tariff)

海关对进出口商品计征关税的依据是海关税则,又称关税税则,它是一国对进出口商品计征关税的规章和对进出口的应税商品、免税商品以及禁止进出口商品加以系统分类,并列明应征税率和免税的一览表。海关凭此征收关税,是一国关税政策的具体体现。

海关税则一般包括两个部分:第一部分是海关课征关税的规章条例及说明,包括该税则的实施细则及使用说明,税则中商品归类的总规则,各类、章和税目的注释等;第二部分是关税税率表,包括商品分类目录和税率两大部分。商品分类目录将种类繁多的商品加以综合,或按商品的不同生产部类,或按商品的自然属性、功能和用途等把商品分为不同的类,类以下分章,章以下分税目,税目以下再分子目(如必要),并将每项商品按顺序编项目号即税号。税率栏则按商品分类目录的顺序,逐项列出商品各自的税率、计税单位和征税标准,有的税目只列一栏税率,有的则列出两栏或两栏以上的税率。

海关税则商品分类目录是由各国政府、海关当局或经济同盟制定的为海关税则标明商品或有关商品的组别而采用的归类编码制度。最初的海关税则商品分类目录比较简单,分类不细。随着经济的发展,各国海关税则的商品分类越来越细,这不仅是商品种类日益增多和技术上的需要,更主要的是各国开始利用海关税则作为对外关税减让谈判和实行贸易歧视的手段。各国税则中的商品分类目录在商品名称、定义和内容方面不尽一致,给国际贸易和贸易谈判带来了不便和困难。

为了有利于开展国际贸易，减少各国海关在商品分类上的矛盾，1931 年由国际联盟组织的一个专家委员会编制出第一个国际海关税则统一商品分类目录，称为《日内瓦统一税则目录》，并于 1937 年修订定稿，曾被一些国家采用，但未被普遍推行。1952 年欧洲关税同盟研究小组在《日内瓦统一税则目录》的基础上，拟定了“关税税则商品分类公约”，设立了关税合作理事会，并在布鲁塞尔订立了《关税合作理事会税则商品分类目录》，又称《布鲁塞尔税则目录》，统一各国的分类标准。它以商品的自然属性为主，结合加工程度，将全部商品分为 21 类，99 章，1015 项税目号。《布鲁塞尔税则目录》的制定，有利于各国在制定本国税则时对商品分类的统一。先后有 140 多个国家采用了这一税则分类法。我国 1985 年公布了以这个税则目录编制的海关进出口税则。

1983 年海关合作理事会协调制度委员会负责主持制定了同时能满足关税、统计和国际贸易其他方面要求的商品分类目录——《商品名称及编码协调制度》，简称《协调制度》。它是在《布鲁塞尔税则目录》的基础上发展起来的一部综合性、多功能、多用途的国际性商品分类目录，采用了原有的基本结构，按商品的分类、自然属性、成分、用途、加工制造阶段等将商品分为 21 类，99 章，5 019 个税目号。许多国家已采用《协调制度》作为海关税则的商品目录，取代了《布鲁塞尔税则目录》。我国于 1992 年正式采用以《协调制度》目录为基础编制的新的《海关进出口税则》和《海关统计商品目录》。

目前各国海关税则有单式税则（Single Tariff）、复式税则（Complex Tariff）之分，一般采用复式税则。单式税则又称一栏税则，是指一个税目只有一个税率，对所有国家的进口商品采用统一的税率。复式税则又称多栏税则，是指在一个税目下订有两个或两个以上的税率，对来自不同国家的进口商品运用不同的税率。复式税则有两栏、三栏税率甚至更多。

海关税则按照制定者的不同，可分为自主税则（Autonomous Tariff）和协定税则（Conventional Tariff）。自主税则又称国定税则（National Tariff System）或通用税则（General Tariff System），是一国政府独立制定并有权加以变更而不受对外签订的贸易条约或协定约束的税则。协定税则是指一国依据其与别国签订的贸易条约或协定，按缔约双方或多方共同商定的税率制定的关税税则。协定税则通常是按互惠原则制定的，其税率受条约或协定条款的制约，对缔约各方都有约束力，不得单方面任意修改或撤销。还有一种是被越来越多的国家采用的混合税则或称自主与协定税则（Autonomous and Conventional Tariff），一国关税的制定同时采用自主税则和协定税则的税则制度。一国通常自主制定应税税目的协定税率，但又不排斥贸易伙伴的意向。

我国现行海关税则制度是按照国际通行的税则制度建立的。我国海关多次派代表参加《协调制度》的编写工作，并于 1992 年 1 月 1 日起正式实施以《协调制度》为基础的新的海关税则。税号采用 8 位数字编码结构，前 6 位数字及对应的目录条文与

《协调制度》保持一致，第7、8位数字及对应的目录条文是依据《协调制度》的分类原则和方法，根据我国实际需要而制定的。为完整、准确、全面贯彻新发展理念，支持构建新发展格局，继续推动高质量发展，根据《中华人民共和国进出口关税条例》的相关规定，自2022年1月1日起，海关对部分商品的进出口关税进行调整，2022年税则税目数共计8 930个。

加入WTO后，我国实行进出口合一的海关税则制度，但进出口税则分列。2002年起进口税则的税率实行复式税则制，设有普通税率、最惠国税率、协定税率和特惠税率等。出口税则列在进口税则之后，实行单式税则制，不分消费国家和地区。

二、通关手续

通关手续又称报关手续，是指进出口商向海关申报进口或出口货物，接受海关的监督，履行海关规定的手续。进出口货物只有经过申报通关手续，缴纳相关税款和费用，经海关同意后才予以通关放行。其核心是海关监管。通关手续一般包括申报、验货、征税、放行等基本环节。

通关手续是货物进出口活动的正常环节，但有时它会成为限制进出口的重要手段。一国在实施贸易保护政策时，烦琐的、特意设计的通关手续，是一种非常有效的保护措施。进口国可以设计多种货物进口的障碍，增加进口货物的额外开支，使进口商承担更多的风险，从而不愿进口。

本章小结

关税是国际贸易政策的主要措施之一，是各国政府用来干预对外贸易的主要手段。在当代国际贸易中，各国政府利用贸易政策和措施较多地倾向于限制进口和鼓励出口。

各国政府使用进口关税的目的有两种：一是为了增加财政收入，二是为了保护国内的产业。在当代国际贸易中，各国政府更多倾向于为了保护国内产业而设置进口关税，而且从最初保护幼稚工业转向保护成熟工业。为了限制进口，一些国家除征收正常关税外，还使用反倾销税、反补贴税和报复性关税等进口附加税，以期望得到更好的保护效果。在有些情况下，为了促进进口，进口国设置了具有不同优惠程度税率的关税，如最惠国税、特惠关税、普惠制关税等。关税由国家设置的海关根据关税税则来征收，征税的方法包括从价税、从量税、混合税、选择税。

一国征收关税对其经济带来多方面的影响，包括价格效应、消费效应、生产效应或保护效应、财政收入效应、再分配效应、福利效应等，对贸易大国和贸易小国所带来的影响是不同的。在使用关税措施进行保护时，要注意关税的结构。不仅要看关税的名义保护率，还要看关税的有效保护率。从关税的福利来看，则要采用最优关税。

重要概念

进口关税　进口附加税　保护关税　反补贴税　反倾销税　特惠税　普遍优惠制　从量税　从价税　滑动关税　关税税则　名义保护率　有效保护率　最优关税率

重要概念解释

复习思考题

1. 进口关税主要有哪几种？它们各自起什么样的作用？
2. 什么是进口附加税？反补贴税和反倾销税有何异同？
3. 试运用图解说明关税的经济效应和保护成本。
4. 什么是普遍优惠制？普惠制方案一般有什么规定？
5. 征收关税的方法主要有哪几种？如何计算应征的税额？
6. 试计算关税的有效保护率。假定最终商品A的进口价为100美元，关税税率为10%，而其原料的进口价为80美元，进口税率为零。试问：该商品的实际保护率是多少？如果原料的进口税为5%，则有效保护程度如何？

案例分析　延伸阅读1　延伸阅读2　延伸阅读3

第五章　非关税措施

本章导读　各国政府在干预其对外经济贸易的活动中除了采用关税这种贸易政策措施外，还采用非关税的贸易壁垒措施。非关税壁垒在20世纪的最后30年得到了迅速的发展，形式多样，名目繁多，成为各国政府实施贸易保护的最主要的工具。通过本章的学习，明确各种常见的非关税措施的意义、作用和有效性，了解各种措施的实施对国际贸易所带来的影响。

本章学习重点与教学要求

第一节　非关税措施的内涵

非关税措施又称非关税壁垒(Non-Tariff Barriers, NTBs)，是指利用关税以外的一切限制进口的手段。第二次世界大战以后，在关贸总协定成员国的努力下，各国的关税普遍下降，贸易自由化程度提高，许多非关税壁垒被废除。20世纪70年代中期以后，由于世界经济持续萧条，贸易保护主义开始抬头，非关税壁垒措施与日俱增，名目繁多，成为国际贸易中的主要手段，影响了国际贸易的正常开展。

一、非关税壁垒的特点

同关税壁垒相比，非关税壁垒在限制进口方面有以下特点。

(一) 非关税壁垒比关税壁垒具有更大的灵活性和针对性

一般说来，各国关税税率的制定，必须经过立法程序，一旦获得通过，就要保持一定的持续性。若要调整或更改税率，需要经过复杂严格的法律程序和手续。这种立法程序与手续，往往迂回迟缓，在需要紧急限制进口时往往难以适应。在同等条件下，关税还受到最惠国待遇条款的约束，从有协定的国家进口的同种商品适用同样的税率。因而在税率上作灵活性的调整比较困难。而在制定和实施非关税壁垒措施时，通常采用行政程序，出台迅速，程序简单，而且可以随时调整，在限制进口方面表现出更大的灵活性和时效性。同时能针对实际情况，变换限制进口措施，达到限制进口的目的。

（二）非关税壁垒比关税壁垒具有更强的隐蔽性和歧视性

关税税率经法律程序确定后，往往要以法律形式公布于众，并依法执行。出口商通常比较容易获得现行税率。但是，一些非关税壁垒措施往往不公开，或者规定极为烦琐复杂的标准和手续，使出口商难以应付和适应。以技术标准来说，一些国家对某些商品质量、规格性能和安全等规定了极为严格烦琐和特殊的标准，检验手续烦琐复杂，而且经常变化，令各商品的出口国难于对付、难于适应，因而往往由于某一个规定不符，使商品不能进入对方的市场销售。此外，一些国家往往针对某个国家采取相应的限制性的非关税壁垒措施，结果，大大加强了非关税壁垒的差别性和歧视性。

（三）非关税壁垒比关税壁垒更能达到限制进口的目的

关税壁垒的实施旨在提高进口商品的成本，它对商品进口的限制是相对的，如果出口国家采用出口补贴和商品倾销等手段降低来进口商品的成本和价格，关税往往较难起到限制商品进口的目的。有些非关税壁垒对进口的限制则是绝对的，如进口许可证制、进口配额制等，出口厂商无论如何都无法绕过这种障碍。

综上所述，非关税壁垒在限制进口方面比进口关税壁垒更有效、更隐蔽、更灵活、更有歧视性。因此，非关税壁垒取代关税壁垒成为贸易保护主义的重要手段，有其客观必然性。

二、非关税壁垒的作用

非关税壁垒可分为直接和间接两大类，前者通过对本国产品和进口商品的差别待遇，直接限制进口；后者并不对商品进口规定直接的限制，但为了其他目的而采取的措施同样起到限制进口的作用。

发达国家的贸易政策越来越把非关税壁垒作为实现其政策目标的主要工具。对它们而言，非关税壁垒的作用主要表现在三个方面：一是作为防御性武器限制外国商品进口，用以保护国内陷入结构性危机的生产部门及农业部门，或保障国内垄断资产阶级能获得高额利润。二是在国际贸易谈判中以此逼迫对方妥协让步，以争夺国际市场。三是用作对他国的贸易歧视手段，甚至作为实现其政治利益的手段。总之，发达国家设置非关税壁垒是为了保持其经济优势地位，维护不平等交换的国际格局，具有明显的剥削性。

必须承认，发展中国家同样也越来越广泛地使用非关税壁垒措施，但与发达国家不同的是，其目的在于：限制非必需品进口，节省外汇；限制外国进口品的竞争力，保护民族工业和幼稚工业；发展民族经济，摆脱发达资本主义国家对本国经济的控制和剥削。由于发展中国家与发达国家经济发展水平的巨大差距，设置非关税壁垒有其合理性和正当性。为此，关贸总协定在“肯尼迪回合”中增加了“贸易与发展”部分，并陆续给予发展中国家更大的灵活性，允许其为维持基本需求和谋求优先发展而采取贸易保护措施。但总的说来，从关贸总协定到世界贸易组织，对发展中国家的要求注意得还不够，发展中国家有必要为此而继续斗争。

第二节 进口配额

一、进口配额的定义和分类

进口配额(Import Quota)又称进口限额，是一国政府在一定时期内对某种商品进口数量或金额所加的直接的限制。在规定的期限内，配额内的商品可以进口，超过配额的不准进口，或者对其征收高额关税或罚款后才能进口。

进口配额一般有以下两种：

(一) 绝对配额(Absolute Quota)

绝对配额是一国在一定时期内对某种商品的进口数量或金额所规定的最高数额。达到这个数额后，该商品便不允许再进口。绝对配额在实施中又分三种。

1. 全球配额(Global Quota)

全球配额是适用于世界范围的配额，它对来自任何国家或地区的商品一律适用。全球配额强调的是进口数额，不关心这种商品来自何方。全球配额的发放是主管当局按进口商的申请先后或过去某一时期的进口实际金额批给一定的额度，直至总配额发放完毕为止。没有配额就不准进口。

2. 国别配额(Country Quota)

国别配额又称选择配额，是指在总的配额内按国别和地区分配给固定的配额，超过配额不准进口。由于在发放配额时，主管当局带有强烈的国别政策色彩，故又称歧视性配额。为了区分来自不同国家和地区的商品，在进口商品时规定进口商必须提交原产地证明书。

一般来说，国别配额又分为自主配额和协议配额。

(1) 自主配额(Autonomous Quota)又称单方面配额，由进口国家完全自主的、单方面规定的在某一时期内从某个国家或地区进口某种商品的限额，无需征求输出国家的同意。自主配额的发放一般根据某国过去某些年份的输入实绩，按一定比例确定新的进口数量或金额。由于各国各地区所得配额有差异，因此，容易引起一些国家和地区的不满和报复。

(2) 协议配额(Agreement Quota)又称双边配额(Bilateral Quota)，是由进口国同出口国政府或民间团体之间协商确定的配额。如果协议配额是由双方政府的协议订立的，则需要在进口商或出口商中进行分配；如果配额是双方的民间团体达成的，应事先获得政府许可才能执行。

协议配额与自主配额不同，它是通过双方协商而定的，一般不会造成出口方的反感或报复，并可使出口国对配额的实施给予谅解和配合，容易执行。

3. 进口商配额(Importer Quota)

进口商配额是针对某些进口商品实行的配额。进口国为了加强垄断资本注意在对外贸易中的垄断地位和进一步控制某些商品的进口，将某些商品的进口配额在少数进口厂商之间进行分配。

现在不少国家对进口配额规定得非常复杂，对配额商品订的很细，有的按商品不同规格规定不同配额，有的按价格水平差异规定不同配额，有的按原料来源的不同规定不同配额，有的按外汇管制情况不同规定不同配额，有的按进口商的不同规定不同配额等。绝对配额通常用完后便不准进口，但目前有些国家出于某种特殊需要，订有额外的特殊配额或补充配额。如展览会或博览会配额等。

(二) 关税配额(Tariff Quota)

关税配额是指对商品进口的绝对数额不加限制，而对在某一时期内进口的在规定的配额以内的商品给予低税、减税或免税待遇，而对超过配额的进口商品则征收高额关税或附加税或罚款。

关税配额按商品进口的来源，分为全球关税配额和国别关税配额，按征收关税的目的，可分为优惠性关税配额和非优惠性关税配额。优惠性关税配额对配额内进口的商品可给予较大幅度的关税优惠，甚至免税，超过配额的进口商品则征收原来的最惠国税率；非优惠性关税是在配额内的进口商品仍收原来的进口税，超过配额的进口商品征收极高的附加税或罚款。

进口配额制是目前使用最广的非关税壁垒措施之一，成为贸易谈判时向对方施加压力的手段。

二、进口配额的经济效应

非关税壁垒主要是通过数量限制发挥作用，现以进口配额作为非关税壁垒的典型方式，分析其对进口国产生的影响。

这里使用局部均衡分析方法对贸易小国实行进口配额的经济效应。见图5-1，在自由贸易条件下，假设商品 X 的世界市场价格为 P_1，在此价格水平下，该国国内的供应量和需求量分别为 OQ_1 和 OQ_2，Q_1Q_2 为进口量。现假设该国对商品 X 的进口实行配额，一定时期内发放进口配额 Q_3Q_4，由于配额的有限性形成了经济租金，为国内生产者提供了生产补贴，从而使国内的生产

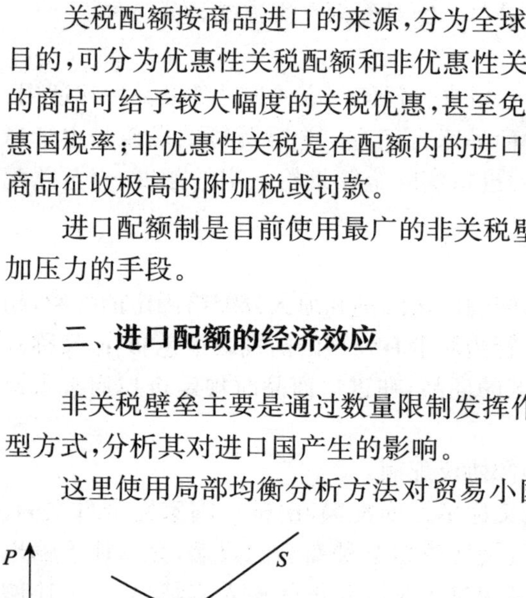

图 5-1 进口配额的经济效应

供应量扩大到 OQ_3，价格上涨至 P_2，国内的消费减少至 OQ_4，进口量被限制为 Q_3Q_4，即配额数。国内消费者按 P_2 价格消费，消费者剩余减少了 $a+b+c+d$，通过再分配，a 为国内生产者所得，即增加的生产者剩余，c 为配额收益，b 和 d 为实行配额所造成的社会福利净损失，其中，b 为国内生产者低效率地扩大生产所导致的社会福利净损失，d 为国内价格提高而扭曲消费所导致的社会福利净损失。

可见，进口配额对本国生产、消费、价格的影响与减少同样数量进口的关税相似，只不过关税是通过提高进口商品的价格来减少进口数量和增加国内生产，而配额则从相反的方向，即先减少商品的进口数量，造成价格上涨从而增加国内生产。但是进口配额对国内的经济利益的影响则与关税有所不同，主要反映在政府税收上。关税给政府带来收益，而进口配额中这部分的利益就不一定归政府了。这部分利益(图中 c 部分)被称为"经济租金"(economic rent)，其归属完全取决于政府怎样分配进口配额。一般来说，政府有以下几种方式来分配进口配额：

政府直接颁发进口许可证给进口商，许可证是免费的。进口商以国际市场价格进口商品，在国内市场上按国内的高价出售，所得利润正好等于政府的税收部分 c。这种情况下，进口国的社会总的利益变动与征收关税时一样，只不过这部分 c 从政府转到了国内的进口商或一部分消费者的手里。

政府根据进口商或消费者的申请颁发许可证。谁都可以申请，政府审批颁发，过程比前者复杂。申请者须详细说明理由，相互之间还有竞争，其申请过程(被称为"寻租"行为)中必然要付出一定的代价。最后获得许可证的进口商或消费者的利益会小于 c，整个社会的利益也会少于征收关税下的情况。

政府公开拍卖许可证。谁出价高，谁就能获得进口许可证。作为进口商，愿出的最高价不会超过进口所能获得的利润，即不超过 c。不管怎样，其所付出的正好等于政府所收入的。因此，c 部分由政府和进口商共享，整个社会利益的变动也与征收关税时一样。

政府在设置配额以后，将权限交给出口国，由出口国自行分配。这等于将进口许可证免费给了外国的出口商，出口商按进口国国内市场上的高价出口商品，获得本应属于进口国政府或进口商的利益部分 c。这对进口国来说是一种额外损失，整个社会的净损失变成为 $b+d+c$，大于征收关税时的净损失。

若实行进口配额的国家为贸易大国，则配额的经济影响除了包括上述贸易小国实行进口配额的各种经济效应外，还有贸易条件效应及其贸易条件得到改善。

三、进口配额与进口关税的比较

总的说来，一国实行进口配额所引起的整个社会的利益变动不会比征收关税时的情况好多少，那么，为什么许多国家在实际中对商品进口的限制采用配额而不用关税呢？其主要原因有下面几点：第一，配额比关税更能有效地控制进口数量，完全排除价格机制的作用。关税是间接的，配额是直接的。如果本国的进口需求是有弹性的，在征收关税的情况下，外国出口商可以通过降价来保持竞争力，本国进口的减少可能不明显。而配额则可以明确无误地将进口量确定在限额所规定的水平上。第二，配额比关税更灵活。政府可以通过发放进口许可证随时调节进口数量，而政府在调节关税方面，除非有某种例外，否则不能随意提高关税。第三，实行配额给政府更多的权力。这不仅表现在对贸易的控制上，也表现在对企业的控制上。第四，国际贸易自由化的压力。关税是最古老、最传统的贸易保护措施，降低关税税率是关贸总协定多边贸易谈判的主要议题，而且总协定的原则之一是关税只能降不能升，从而使关税保护在实施中使用越来越困难。配额虽然被认为应该取消，但实施中仍有许多灵活的方式。

在贸易保护措施中，尽管配额比关税更能灵活地体现政府的政策意图，但经济学家认为，在大多数情况下，关税要优于配额，因为配额对国内经济带来的副作用要大于关税。进口配额作为一种行政干预手段，同市场价格机制更加背离，从而容易导致经济效率的损失。除了可能产生保护垄断、保护落后倾向外，还容易造成官僚、腐化现象，有些进口商为得到配额，不惜以各种方式拉拢、贿赂政府官员。就增进效率和福利而言，在需求上升的情况下，配额比关税更能保护本国的进口替代工业，但总消费量在减少，可能会比关税给消费者带来更大的利益损失。在通胀时期，会对通货膨胀起推波助澜的作用。从再分配角度看，往往是某一生产商得好处，广大消费者遭受损失。因此，如果配额产生了垄断，如果分配配额的效率很差，那么进口配额对进口国国内经济乃至世界经济产生的不利影响就会比关税更大。

第三节　自动出口限制

自动出口限制(Voluntary Export Restraint，VER)又称自愿出口限制或自愿出口配额，是指出口国或地区在进口国的压力或要求下，“自愿”规定在某一时期内(一般为 3～5 年)某些商品对该国的出口限制，在限定的配额内自动控制出口，超过配额即禁止出口。

自动出口限制和绝对进口配额在形式上是不同的，绝对进口配额制由进口国直接控制进口配额来限制商品进口，自动出口限制则由出口国“自愿”限制对某国的商品出口。这种“自愿”不是真实的，它是在进口国的强迫下做出的承诺，进口国以商品大量进口使其工业部门受到严重损害，造成市场混乱为由，要求有关出口国出口实行“有序地增长”，“自愿”限制商品出口，否则单方面强制限制进口。因此，“自愿”限制出口和绝对进口配额措施一样，都起到限制商品进口的作用。

一、自动出口限制的主要形式

(一) 非协定的自动出口限制

这种自愿不受国际协定的约束，是出口国在进口国的压力下，被迫自行规定出口配额，限制商品出口的措施。配额一般由政府有关机构规定予以公布，出口商必须申请配额，领取出口授权书或出口许可证才能输出。也有的是由本国大的出口厂商或协会“自愿”控制出口。

(二) 协定的自动出口限制

进出口双方通过谈判签订“自限协定”(Self-restraint Agreement)或“有秩序销售协定”(Orderly Marketing Agreement)，协定中规定出口的配额，出口国实行出口许可证制或出口配额签证制，自愿限制这些商品的出口，由进口国根据海关统计进行检查。目前各种“自限协定”或“有秩序销售协定”的内容不尽相同，大体包括下列内容。

1. 配额水平

配额水平是指协议有效期内各年度“自愿”出口的限额。通常以协定缔结前一年实际出口量或原协议中最后一年的配额为基础，协商后确定新协定第一年数额，然后再确定以后年份的增长率。各国为限制进口往往想方设法降低年增率，以减少商品的进口。

“自限协定”所规定的出口配额主要有以下几种：

(1) 总限额，即协定商品自动出口的总数额。

(2) 组限额，即按不同类别的商品分为若干组，分别规定不同的数额。

(3) 个别限额，即把组内一些所谓的敏感性产品作为特别项目另行规定数额，已达到严格限制出口的目的。

(4) 磋商限额，即对个别限额以外的某些产品在原则上规定一定的数额，双方按一定程序进行磋商谋求解决，在双方未达成一致意见之前，进口国可以单方面实行进口限制。

2. 自限商品分类

自限商品是指受协定限制的出口商品。过去这类商品较少。20 世纪 70 年代后，随着国际市场竞争日益加剧，自限商品品种也是日益增加，分类日趋复杂。如 1974—1977 年的美日纺织协定中，将日本向美国“自愿”限制出口的棉、化纤、毛三大类纺织品分为 243 项，6 大组，第一组棉服装，第二组棉布，第三组棉制成品和棉杂品，第四组化纤服装，第五组其他化纤织品，第六组毛制品。按组分别规定各自出口限额，对组内“特别项目”又规定个别限额。这种复杂的分类，使出口商经常在履行合同时对热门货的配额感到不足，而对一些冷门货配额却用不完。

3. 限额的融通

限额的融通是指协定各种自限商品限额相互融通使用的权限，主要可分为水平融通和垂直融通。

(1) 水平融通是指在同一年度内组与组之间、项与项之间在一定百分率内互通使用的权限。协定中，规定替换率，即某组或某项的配额拨给另一组或另一项的使用率。替换率一般控制在 1%～15%之间，有的品种禁止融通，已达到严格限制出口的目的。

(2) 垂直融通是指上下年度内组与组之间、项与项之间的留用额(Carry-over)和预用额(Carry-in)。留用额指当年未用完的配额拨入下年度使用的额度或权限,又称留用权;预用额指当年配额不足而预先使用下年度的额度或权限,又称预用权。《国际纺织品协定》曾规定,在任何连续两年中的一年,一项或一组产品的留用权和预用权的总和为 10%,其中预用权不得超过 5%,即若不行使预用权,留用权可达 10%。参加该协定的进出口国家或地区,可以按这项规定来磋商双边的留用权和预用权。

进口国家为了限制进口,除了竭力压低留用额和预用额外,还往往规定其他限制。如:留用额不得超过实际的余额;某些项目的留用额只限于转入下一年度的同类项目中使用;对某些特定产品规定较低的留用额,甚至禁止使用留用额。预用额也有类似的规定,对于所使用的预用额必须在下一年度的配额中扣除。

4. 保护条款

保护条款是指当商品输入后引起本国市场混乱或本国生产者蒙受重大损失时,进口国有权通过一定的程序限制和禁止这类商品的进口。这实际上进一步扩大了进口国单方面限制商品进口的权限。美国和欧盟国家在对外签订“自限协定”时,都力图订入这项条款,因对出口国极为不利,往往遭到出口国的反对。

5. 出口管理规定

出口管理规定是指在协定中规定出口方对自限商品应严格执行出口管理,保证在限额水平内按季度均匀出口。为此,有些出口国家除了规定出口商必须凭出口许可证输出外,还定期公布“自限”商品的“初步配额”和“最后配额”。“初步配额”为暂定配额,一般低于协定配额的水平,出口国政府先据此向出口商发放出口许可证,到一定时间再公布“最后配额”,即全年度的实际配额,并发放出口许可证。为了确保“自限协定”顺利实施,要求双方每年至少会谈一次,互相提供资料,协商解决一些问题。因此,自动出口限制在实施中主要是通过出口国实行严格的出口管理来控制出口,而进口国只是处于协助的地位。

6. 协定期限

各协定期限长短不一,长期协定具有稳定性,利于出口商预先计划和生产,安排出口,但较难根据市场变化进行调整。当今各种协定的有效期以 3～5 年居多。如一方欲终止协定,应提前 60 天通知对方。

二、自动出口限制的经济效应

如果配额的分配有出口国管理(国别配额),从这个意义上来说,自动出口限制也可称之为进口配额在出口国管理的表现形式。因此,自动出口限制对进口国的经济效应与进口配额基本相同,对出口国的影响可以分别从生产规模不变和产业收缩两方面来考察。

产业规模不变(短期)的均衡条件下,受限制出口的相关企业必须调整其出口市场,即从受限市场向非受限市场转移。这样,必然会提高企业的机会成本,因为这两个市场并不完全是可替代的,不同的市场对需求产品的要求也不同,重新开辟市场需要新的投入。此时,自动出口限制导致出口企业的销售额会随着受限制或非限制市场的需求弹性而提高或减少。

产业收缩(长期)情况下,自动出口限制将会降低要素投入的边际产出,从而降低出口企业产品的边际收入,产业的收缩程度则依赖于要素供给的弹性。此时,自动出口限制会导致资源的配置不当,出口产品的生产规模缩小,效益下降。

另外,出口国政府采取的做法不同,自动出口限制导致的经济效果也会不一样。政府与本国出口商以及外国进口商之间的收益分配及其效应与进口国自行分配的经济效应是相似的。

第四节　进口许可证制度

进口许可证制度(Import License System)是指国家规定某些商品的进口,必须得到批准,领取许可证后方能进口的措施,是一种凭证进口的制度。没有许可证的商品一律不准进口。许可证通常与配额、外汇管理等结合使用。

进口许可证与配额结合使用可以分为有定额的进口许可证和无定额的进口许可证两种:

有定额的进口许可证一般先由国家制定商品的进口配额,然后在配额的限度内,根据进口商的申请对每一笔进口货发给进口商一定数量和金额的进口许可证,一旦配额用完,进口许可证也发放完毕。进口许可证大多由进口国当局发放,但也有将这种权限交给出口国自行分配使用的。

无定额的进口许可证,即进口许可证不与进口配额相结合,有关政府机构预先不公布进口配额,只是在个别考虑的基础上才颁发有关商品的进口许可证。这种没有公开标准的发放办法,在执行时具有很大的灵活性,更能起到限制进口的作用。

此外,从进口商品的许可程度,即根据对来源国有无限制来看,进口许可证还可分为公开一般许可证(Open General License, OGL)和特种进口许可证(Special License, SL):

公开一般许可证又称自动进口许可证,对进口国别没有限制,属于这类许可证的商品,只要进口商填写公开一般许可证后便可以进口。这类商品实际是"自由进口"的商品,填写许可证只是履行报关手续,供海关统计和监督需要。

特种进口许可证又称非自动进口许可证,进口商必须向政府机构提出申请,经严格审查批准后方可进口。这种许可证大多规定进口国别和地区,贯彻国别地区政策。

为了区分这两种许可证所进口的商品,有关当局通常定期公布有关的商品目录并根据需要随时调整。

进口许可证的使用已经成为各国管理进口贸易的一种重要手段。它便于进口国政府直接控制进口,或者方便地实施贸易歧视,因而在国际贸易中越来越广泛地用作非关税壁垒措施。有的国家为了进一步阻碍商品进口,故意制定复杂烦琐的申领程序和手续,使进口许可证制度成为一种拖延或限制进口的措施。同时,进口许可证又是进口统计和管理的一种手段,完全取消进口许可证是不现实的。因此,为了防止进口许可证被滥用而妨碍国际贸易的正常发展,GATT 从“肯尼迪回合”开始对这一问题进行多边谈判,并在“东京回合”达成了《进口许可证手续协议》,在此基础上,“乌拉圭回合”又提出了一项新的《进口许可证手续协议(草案)》,规定签字国必须承担简化许可证程序的义务,确保进口许可证本身不会构成对进口的限制,并保证进口许可证的实施具有透明性、公正性和平等性。

中国对于进出口许可证的统一归口管理行政机构是商务部许可证管理局。自 20 世纪 50 年代初开始实施进出口许可证制度,持续到 1957 年。之后,对外贸易全部由国家垄断,国家计划成为调节外贸经营的杠杆。直到 1979 年对外开放,伴随着对外贸易体制改革的开始,为加强对进出口货物的控制,国务院于 1979 年决定恢复对进出口商品的许可证管理制度,并先后颁布了一系列法规。商务部关于《进口许可证管理货物目录(2022 年)》的商品,包括消耗臭氧层物质和 13 类旧机电产品。《出口许可证管理货物目录(2022 年)》的商品有 43 种。进出口许可证管理范围以货物种类及货物名称为准。

第五节　其他非关税措施

上面所述的进口配额制、自动出口限制以及进口许可证制三种限制进口的方式是非关税壁垒中数量限制的主要方式。所谓数量限制,是指对某些特定的商品或劳务的贸易,在某一时期内严格限制在一定的价格或数量之内,即直接限制进口的非关税措施。

20 世纪 70 年代以来,非关税壁垒措施有非常迅速的发展,形形色色的间接限制进口措施被广泛运用,并且不断创新。主要有外汇管制(Foreign Exchange Control)、歧视性政府采购政策(Discriminatory Government Procurement Policy)、最低限价(Minimum Price)、进口押金制度(Advanced Deposit)、海关估价制度(Customs Valuation)、各种国内税(Internal Taxes)等。

一、外汇管制(Foreign Exchange Control)

外汇管制是指一国政府通过法令对国际结算和外汇买卖加以管制以平衡国际收支,控制外汇的供给与需求,维持本国货币币值稳定的一种管理措施。

外汇管制对国际贸易的影响在于：当一国实施外汇管制，出口商必须把出口所得到的外汇收入按官方汇率卖给外汇管制机构，不能截留外汇收入；进口商必须在外汇管制机构按官方汇率买入外汇。本国货币的携出入国境也有严格限制。这样，政府有关机构可以通过确定官方汇率，集中外汇收入和控制外汇供应数量来达到限制进口商品品种、数量和控制进口国别的目的。

外汇管制的方式包括数量性外汇管制、成本性外汇管制和混合性外汇管制。数量性外汇管制是指国家外汇管理机构对外汇买卖的数量实行限制和分配。通过集中外汇收入、控制外汇支出、外汇分配等办法来达到限制进口商品品种、数量和国别的目的。一些国家还规定进口商在进口商品时首先要获得进口许可证，才能向外汇银行购买所需外汇。成本性外汇管制是指国家外汇管理机构利用外汇买卖成本差异影响不同商品的进口。方法是实行复汇率制度，即进出口的不同商品采用不同的汇率，鼓励或限制不同的商品出口和进口。混合性外汇管制是指同时采用数量性和成本性的外汇管制，对外汇实行更为严格的控制，以影响控制商品的进出口。

近年来，由于货币金融危机不断加深，某些国家对进口外汇的管制有逐渐加强之势。总的说来，目前发达国家的外汇管理较为放松，发展中国家的外汇管理较为严格，主要是因为发展中国家的外汇短缺、经济基础较弱、出口商品的国际竞争力不强等原因造成的。

二、歧视性政府采购政策(Discriminatory Government Procurement Policy)

歧视性政府采购政策是指由政府用法律形式规定政府机构在采购商品时优先采购本国产品的做法，进而限制进口商品销售的一种歧视性政策。商品的最终消费由私人消费和公共消费两部分构成，各国庞大的政府机构是商品销售的主要对象之一，由于政府采购数量较大，政府采购本国货使得进口商品受到歧视，缩小了进口商品的市场。这种采购政策，既可能影响国内采购，也可能影响到国际性采购。在国际性采购中，政府采购政策主要体现在采购的国别政策中。

美国是世界上最早立法实行政府采购政策的国家，而且施行此项政策最为典型，其“购买美国货法案”规定：凡是美国联邦政府所要采购的货物，应该是美国制造的，或是用美国原料制造的。只有在美国自己生产的商品数量不够时，或者国内价格太高，或者不买外国货就会伤害美国利益的情况下，才可以购买外国货。美国优先采购的商品的价格，可以高于国际市场价格的6%至12%，美国国防部和财政部采购的美国货，其价格常常比国际市场贵50%以上。日本则规定，某些政府机构用品不得采购外国商品。

三、最低限价(Minimum Price)和禁止进口(Prohibitive Import)

进口最低限价是指一国政府规定某种商品进口的最低价格，若进口产品低于最低价，则禁止进口或征收进口附加税，以达到保护国内产业的目的。附加税税额即是进口价格与最低价格之间的差额。进口国有时把最低限价定得很高，进口商品在国内市场上必然缺乏竞争力。进口最低限价的形式有启动价格、门槛价格等。20 世纪 70 年代，美国曾实行所谓“启动价格制”来抑制欧洲国家和日本的低价钢材和钢制品的进口。欧洲经济共同体也曾对谷物和奶制品实行过相似性质的门槛价格。进口最低限价实质上就是通过抬高进口商品的价格，削弱其在进口国国内市场的竞争能力。

当一些国家感到实行进口数量限制已不能走出经济阴影时，还可以通过颁布法令，直接禁止某些商品的进口。

四、进口押金制度(Advanced Deposit)

进口押金制又称进口存款制、进口担保金制，是指进口商在进口商品前，必须按进口商品金额的一定比例在指定银行无息存入一笔资金，在规定期限届满后解冻。实行这种制度旨在增加进口商的进口成本，从而达到限制进口的目的。意大利在 20 世纪 70 年代曾对 400 多种商品实行这种制度，要求进口商必须向中央银行缴纳相当于进口货值半数的现金，无息冻结 6 个月。据估计，这项措施相当于征收 5%以上的进口附加税。芬兰、新西兰、巴西等国也实行这种措施，巴西的进口押金之规定，进口商必须按进口商品的船上交货价格缴纳与合同金额相等的为期 360 天的存款才能进口。

五、海关估价制度(Customs Valuation)

海关估价是指一国在实施从价征收关税时，由海关根据国家的规定，确定进口商品完税价格，并以海关估定的完税价格作为计征关税基础的一种制度。但是，海关估价若被滥用，人为地高估进口商品的价格，无疑就增加了进口商的税收负担，对商品进口形成了障碍。美国的“美国售价制”(American Selling Price System)的特殊估价标准使焦油产品、胶底鞋类、蛤肉罐头和毛皮手套等商品的国内售价很高，从而使这些商品进口税收负担大大增加，有效地限制了外国货的进口。美国的这种做法引起了其他国家的强烈反对，直到关贸总协定“东京回合”签订了《海关估价守则》，美国才不得不废除这种制度。“乌拉圭回合”达成了《海关估价协议》，修改了原先的估价守则。为了制约成员国的这种保护主义行为，该协议规定了主要以商品的成交价格为海关完税价格的新估价制度，其目的在于为协定国海关提供一个公正、统一、中性的货物估价制度，不使海关估价成为国际贸易发展的障碍。

六、各种国内税(Internal Taxes)

某些国家，特别是西欧国家，广泛采用国内税收制度来限制进口，即通过对进口货物和国内生产货物的差别税收，使进口货物的国内税收负担加重，包括消费税、增值税、临时附加税等。这是一种比关税更灵活、更具伪装性的贸易政策和手段，因为国内税收通常不受贸易条约或协定的限制，国内税收的制定和执行是属于本国政府机构，有时甚至是地方政府机构的权限。这样，增加了进口商品的税收负担和不确定性，从而起到限制进口的作用。

七、国家垄断（State Monopoly）

对外贸易的国家垄断是指国家指定的机构和组织集中管理、集中经营某些商品的贸易。在以私营经济为主体的西方国家，平时仅对少数商品如军火、烟酒和粮食等商品实施国家垄断，在战争或经济大萧条时期，垄断商品的种类可能会更多。其目的在于，保证国内的供应和生产，防止国内市场的混乱。通过国家垄断，可以贯彻政府的意图，限制部分商品的进口。

第六节　当前非关税壁垒的新进展

近年来，世界经济在高速发展的同时，也导致了一系列严重的资源和环境等问题，引起了人们对资源、环境和自身健康状况的极大关注。加强环境保护，改善生存环境已成为世界各国的共识，这不可避免地会影响到各国所采取的贸易政策和措施。

一、技术壁垒（Technical Barriers）

贸易的技术壁垒，是非关税壁垒中发展最为广泛的一种形式，是指一国政府或非政府机构，以国家安全或保护人类健康和安全，保护动物或植物的生命和健康，保护环境，防止欺诈行为等为由，采取一些苛刻的技术法规、标准、包装、标签以及为确保符合这些要求和确定产品质量及使用性能而实施的认证和检验、检疫的规定和程序，成为其他国家商品自由进入该国市场的实实在在的障碍。具体表现在以下方面。

（一）技术法规

技术法规是指必须强制性执行的有关产品特征或相关工艺和生产方法，许多强制性标准也是技术法规的组成部分。技术法规主要设计劳动安全、环境保护、卫生健康、交通规则、无线电干扰、节约能源与材料等，也有一些是审查程序上的要求。目前，工业发达国家颁布的技术法规种类繁多，尤其是近几十年来，为了保护消费者的合法权益，许多工业发达国家更多地致力于消费者保护法规的制定。如日本的《劳动安全卫生法》《消费法》《蔬菜水果进口检验法》等，德国的《化妆品管理法》《仪器与日用消费管理法》等，美国的《联邦食品、药品和化妆品法》《消费产品安全法》等。

（二）技术标准

技术标准是指经公证机构批准的、非强制执行的、供通用或重复使用的产品或相关工艺和生产方法的规则和指南。有关专门术语、符号、包装、标志或标签的要求也是标准的组成部分。目前大量的技术标准由国际标准、国家标准和行业标准等组成。

随着竞争的加剧，发达国家有意识地利用标准作为竞争受案，对制成品的进口规定极为严格和烦琐的技术标准，有些甚至是经过精心策划的、专门用于针对某个国家的出口产品，并且所涉及商品的范围越来越大，进口商品必须符合这些标准才准进口。

也有一些国家和地区长期形成了一些不同的习惯和规则，因此对一些产品有不同的技术要求。如：日本、英国、中国香港等的交通规则是车辆和行人都靠左边行驶，因此，汽车的方向盘须在车子的右边。日本、美国的电压为 110 伏，而中国与许多国家的电压是 220 伏，因此要求各国的电气产品出口到日本、美国必须符合其要求。

(三) 质量认证和合格评定程序

质量认证是根据技术规则和标准对生产、产品、质量安全、环境等环节以及整个保障体系的全面监督、审查和检验，合格后由本国或外国权威机构授予合格证书或合格标志来证明某项产品或服务是符合规定的规则和标准的活动。目前世界上影响比较大的质量认证体系有 ISO9000 系列标准、ISO14000 环保系列标准、美国的产品安全认证体系 UL、欧盟的 CE 标志、日本的 JIS 标准等。

如果一种质量认证体系能被各国所接受，并能相互承认对方的检验结果，这将会促进国际贸易的发展。然而各国的情况各有不同，实际上质量认证和合格评定越来越成为各国用来保护国内市场的有效武器以及提高国际竞争力的工具。

(四) 卫生检疫标准

卫生检疫标准主要适用于农副产品及其制成品、食品、药品、化妆品等。随着世界性贸易战的加剧，发达国家更加广泛地利用卫生检疫的规定来限制商品的进口。现在各国要求卫生检疫的商品越来越多，规定也越来越严。如美国规定其他国家或地区输入美国的食品、饮料、药品及化妆品，必须符合美国《联邦食品、药品和化妆品法》的规定。

(五) 商品包装和标签的规定

商品包装和标签的规定适用范围很广。许多国家对在本国市场销售的商品订立了多种包装和标签的条例，内容复杂、手续烦琐，外国出口商品必须符合这些规定，否则不准进口或禁止在本国销售。如法国和德国禁止进口外形尺寸与本国不同的食品罐头，美国等国家禁止使用草、谷、糠等为包装材料，美国对中国出口去的毛绒玩具的包装及玩具填充物都要求极为严格，塑料袋上都要打上文字：不要套在儿童头上，以免窒息危险。

二、绿色壁垒(Green Barriers)

绿色壁垒指那些为了保护环境，直接或间接采取的限制甚至禁止贸易的措施。20 世纪 90 年代以来，工业经济与生态环境相协调的可持续发展模式正成为国际社会、各国政府以及环境保护界共同关注的迫切问题。在贸易增长的同时，理应对人类赖于生存的环境进行保护。

由于各国经济发展水平不同，对环保标准的要求和环保资金的投入也不同。发达国家的环保标准高，发展中国家的环保标准低。因此，各国环保标准的不一致也造成了实际上的贸易障碍。目前，发达国家先后在空气、噪声、电磁波、废弃物等污染防治，化学品和农药管理，自然资源和动植物保护等方面制定了多项法律法规和产品的环保标准等。这大大阻碍了发展中国家的出口产品进入发达国家的市场。绿色壁垒主要有：

(1) 绿色关税和市场准入。发达国家以保护环境为名，对一些污染环境和影响生态的进口产品征收进口附加税，或者限制甚至禁止其进口和实行贸易制裁。

(2) 绿色技术标准。发达国家处于垄断地位的较高的科技水平，在保护环境的名义下，通过立法手段，制定严格的、强制性的发展中国家目前还达不到的环保技术标准，并在测试和检验上设置障碍，限制外国商品的进入。这样，势必会导致发展中国家的产品被排除在发达国家之外。

(3) 绿色环境标志。这是用于那些与同类产品相比更符合环保要求的一种象征符号，表明该产品不但质量符合标准，而且在生产、使用和消费处理过程中符合环保要求，对生态环境和人类健康均无损害。发展中国家产品要进入发达国家市场，必须要申请并获得这绿色通行证，即绿色环境标志。

(4) 绿色包装制度。绿色包装是只能节约资源、减少废弃物、用后易于回收再利用、易于自然分解、不污染环境的包装。在发达国家市场广泛流行，并制定相关法规，借口其他国家尤其是发展中国家产品包装不符合要求而被拒之门外，由此引起的贸易摩擦不断。

(5) 绿色卫生检疫制度。各国的卫生检疫制度，特别是发达国家对农副产品和食品制定了严格的安全卫生标准和检疫措施，并以此作为控制从发展中国家进口商品的重要工具。

(6) “绿色补贴”。为了保护环境和资源，发达国家将严重污染的环境的产业转移到发展中国家，以降低环境成本。而发展中国家的环境成本却因此而提高。更为严重的是，发展中国家绝大部分企业本身无力承担治理环境污染的费用，政府为此给予一定的环保补贴。发达国家认为发展中国家的“补贴”违反了关贸总协定和世贸组织的规定，以此为理由限制其产品的进口。

(7) 信息技术壁垒。EDI 和电子商务是 21 世纪全球商务的主导模式，而电子商务的主导技术是信息技术。目前，发达国家在电子商务技术水平和应用程度上都明显超过发展中国家，并获得了战略性竞争优势。发展中国家尤其是不发达国家在出口时因信息基础设施落后、信息技术水平低、市场不完善和相关的政策法规不健全等而受到影响，在电子商务时代处于明显的劣势。这是当今世界贸易中发达国家与发展中国家、不发达国家之间的新的技术壁垒。

三、社会壁垒(Social Barriers)

社会壁垒是指以劳动者劳动环境和生存权利为借口而采取的贸易保护措施。社会壁垒由社会条款而来,社会条款并不是一个单独的法律文件,而是对国际公约中有关社会保障、劳动者待遇、劳工权利、劳动标准等方面规定的总称,它与公民权利和政治权利相辅相成。国际上相关的国际公约有100多个,包括《男女同工同酬公约》《经济、社会与文化权利国际公约》等,都详尽地规定了劳动者权利和劳动标准问题。为削弱发展中国家企业因低廉劳动报酬、简陋的工作条件所带来的产品低成本竞争优势,1993年,在新德里召开的第13届世界职业安全卫生大会上,欧盟国家代表德国外长金克尔明确提出把人权、环境保护和劳动条件纳入国际贸易范畴,对违反者予以贸易制裁,促使其改善工人的经济和社会权利。这就是当颇为轰动的"社会条款"事件。此后,在北美和欧洲自由贸易区协议中也规定,只有采用统一劳动安全卫生标准的国家与地区才能参与贸易区的国际贸易活动。

目前在社会壁垒方面颇为引人注目的标准是SA8000。该标准是从ISO9000系统演绎而来,用于规范企业员工职业健康管理。通过认证的企业会获得证书,并可以使用SGS-ICS标志和CEPAA标志,还可得到SA8000证书的副本用于促销。在推行SA8000方面,欧洲走在前列,美国紧随其后,欧美地区的采购商对该标准已相当熟悉。现在全球大的采购集团非常青睐有SA8000认证企业的产品,这无疑会使很多企业为获得和维护这一认证而大大增加成本。特别是发展中国家,劳动力成本是其最大的比较优势,社会壁垒将大大削弱其在这方面的优势,从而影响其商品的出口。

本章小结

当今世界上的各种非关税措施可以数以千计。针对进口贸易,各国政府所采取的非关税措施主要有进口配额制、"自动"出口限制、进口许可证制、外汇管制、对外贸易的国家垄断、歧视性的政府采购政策、最低限价和禁止进口、海关估价制、进口押金制、国内税收和商业限制、技术性贸易壁垒、环境标准等。针对出口贸易,各国政府所采取的非关税措施主要有出口补贴、出口退税、出口信贷和出口信贷国家担保制、商品倾销、外汇倾销、出口管制、设立经济特区等。

非关税措施的实施与关税措施一样,也给该实施国家带来各方面的经济效应。因非关税措施有不同于关税措施的特点,从保护角度来看,非关税措施的效果优于关税措施;但是,从社会福利的角度来看,非关税措施的效果不如关税措施。

重要概念

非关税壁垒　进口配额　自动出口限制　进口许可证制　外汇管制　进口押金　海关估价　歧视性政府采购　贸易技术壁垒　绿色壁垒

重要概念解释

复习思考题

1. 什么是非关税壁垒？其主要特点有哪些？
2. 什么是进口配额制？绝对进口配额与关税配额的主要区别是什么？
3. 配额的经济效应与关税比较有哪些异同？
4. 为什么说“自愿”出口限制具有明显的强制性？
5. 什么是进口许可证？有哪几种类型？
6. 何谓歧视性政府采购政策？
7. 为什么说非关税壁垒是当今国际贸易发展的主要障碍？

案例分析　　延伸阅读

第六章　出口鼓励和管制措施

本章导读　各国政府除了利用关税和关税措施来限制进口以外，还采取各种形式的鼓励出口的措施来扩大商品的输出。限制进口和鼓励出口是国际贸易政策中相辅相成的两方面。所以说，出口贸易管理的政策和措施，也是国际贸易政策的重要组成部分。在贸易自由化的压力之下，各国政府干预进口贸易的政策措施越来越受到约束，使贸易各国逐渐转向对出口贸易的管理，尤其是以积极的鼓励出口代替消极的限制进口。同时，出于政治、经济、或军事方面的原因，贸易国家有意以各种形式来管制出口，以加强产品的竞争力，贯彻政府的出口意图。通过本章学习，了解当今世界各国所采用的常见的出口鼓励和出口管制措施，并掌握其基本概念及其对贸易带来的影响。

本章学习重点与教学要求

第一节　出口鼓励措施

鼓励出口的措施是指出口国政府通过经济、行政和组织等方面的措施，促进本国商品的出口，开拓和扩大国外市场。在形式上与进口限制有所不同，隐蔽性较强。在当今国际贸易中，各国鼓励出口的做法很多，涉及经济、政治、法律许多方面，运用财政、金融、汇率等经济手段和政策工具。

一、出口补贴（Export Subsidies）

出口补贴又称出口津贴，是一国政府在商品出口时，给予出口厂商的现金补贴和财政上的优惠，目的在于降低出口商品的价格，加强其在国际市场的竞争能力。政府对出口商品可以提供补贴的范围非常广泛，但不外乎包括以下两种形式。

（一）直接补贴（Direct Subsidies）

直接补贴包括价格补贴和收入补贴两种形式。

价格补贴是政府或专门设立的机构根据出口商出口商品的数量或价值直接给予的现金补贴，如每出口一数量单位或单位价值的商品，政府补贴多少现金的做法。价格补贴也可以采用补贴差价的方式。一些国家出口产品的国内价格高于国际市场价格的情况下，按国际市场价格出口就会出现亏损或少盈利，其政府就会根据国际市场价格与本国出口产品价格的差价给予补贴，通过补贴使得本国产品获得与其他国家相同产品同样的价格竞争能力，并且能够保证正常盈利。欧盟农产品出口补贴就是采取补贴差价的方式。有时为了鼓励某种商品出口，补贴金额甚至大大超过实际差价。

收入补贴主要指政府或专门设立的机构对出口亏损企业进行补贴或补偿。这种做法非常少见。

(二) 间接补贴(Indirect Subsidies)

间接补贴又称隐蔽性补贴，是指政府对某些出口商品给予财政上的优惠。主要包括退还和减免各种国内税(如销售税、消费税、增值税等)；退还进口税；免征出口税；提供信贷补贴、汇率补贴等。例如，20 世纪 30 年代创办的美国进出口银行只向美国出口商及其外国进口商提供优惠贷款，而不是向美国进口商及外国供应商提供。

出口补贴对生产、消费、价格和贸易量的影响引起在国际市场上的份额大小而不同。出口量不大，在国际市场上影响甚微的贸易小国，只是价格的接受者，出口补贴不会影响国际市场价格。如图 6-1，该国在没有补贴时，生产为 S_1，国内需求为 D_1，国内市场价格为 P_w，出口为 D_1S_1。现在假设政府对每单位商品的出口补贴为 s，商品出口的实际所得就变成 P_w+s。在这一价格水平下，生产者愿意扩大生产，增加出口，新的生产量为 S_2，国内的需求量则由于国内市场价格上涨而下降至 D_2，供给满足国内需求之后的剩余部分即为出口 D_2S_2。

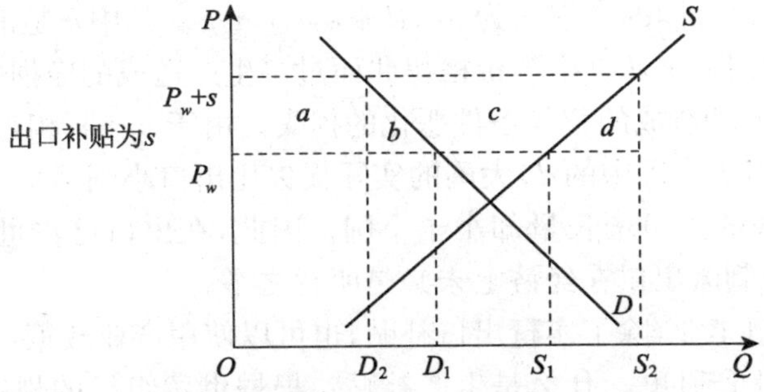

图 6-1　贸易小国的出口补贴效应

由此可见，出口补贴的结果是：国内价格上涨，出口商品的生产扩大，国内消费减少，出口量增加。原因是出口补贴使得出口比国内销售更加有利可图，而且政府没有限制出口数量。在此情况下，企业当然要尽量出口，除非在国内市场销售也能获得同样的收入。由于补贴只是给出口的商品，要想在国内市场获得同样的收入，除了提价别无他法。在涨价之后，消费自然减少。从另一角度来说，国内消费者也必须付出与生产者出口所能得到的一样的价格，才能确保一部分商品留在国内市场而不是全部出口。

国内价格上涨自然使消费者受到损失，损失量为 $a+b$。消费者的损失变成了生产者的剩余，生产者还从政府的补贴中得到一部分，总收益增加了 $a+b+c$。除去消费者的损失，还有净收益 c。但政府的出口补贴总量为 $b+c+d$（即出口补贴 $s\times$ 新的出口量），减去生产者所得，整个社会仍有净损失 $b+d$。

但是，如果出口国是贸易大国，出口补贴对其国内价格、生产、消费及社会利益的影响虽然具有同样的经济效应，但程度是不同的。因为出口大国增加出口的结果会造成国际市场价格的下降，出口商品的生产者就不能得到全部出口补贴效益，生产和出口的增长也会小于出口小国，国内价格的涨幅和消费量的下降也会低于出口小国，但整个社会的净损失却比小国实行补贴时要大（图 6-2）。

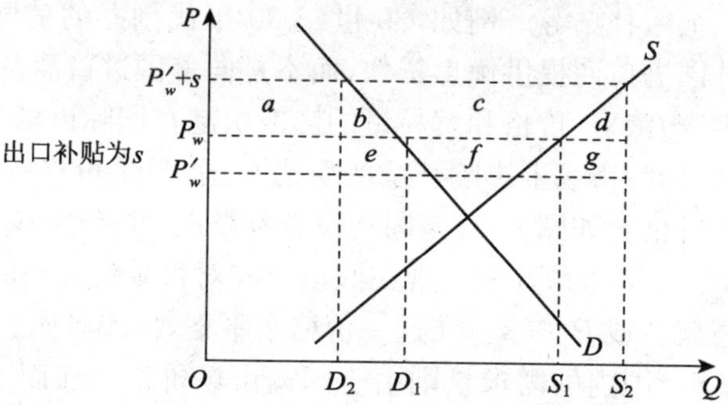

图 6-2　贸易大国的出口补贴效应

如图 6-2，出口大国的净损失为 $b+d+e+f+g$。其中 b 是消费价格扭曲减少国内消费造成的净损失，d 是生产价格扭曲而过多生产造成的净损失，$e+f+g$ 是出口产品国际价格下跌造成的贸易条件恶化的损失。由于 $b+e$ 相当于小国出口补贴时的 b，$d+g$ 相当于小国中的 d，大国的实际损失比出口小国情形中的损失 $b+d$ 多了一块 f，而大国的出口增长量却小于小国。因此，在出口已占世界市场很大份额时，还使用补贴来刺激出口在经济上未必是明智之举。

鼓励发展出口工业，除了实行出口补贴，也可以使用产业政策。产业政策之一是对出口产品进行生产补贴。什么是生产补贴？根据世贸组织的规定，除出口补贴以外的补贴都是生产补贴。与出口补贴的区别在于，生产补贴对所有生产的产品实行补贴，不管该产品是在国内市场销售还是向国外出口。这些补贴包括政府对商业企业的资助、税收减免、低利贷款等直接的方式，也包括对某些出口工业生产集中的地方给予区域性支持、对研究与开发项目给予资助等间接的方式。这些政策措施是对具体的企业或行业的支持，实际上降低了这些出口企业的生产成本，提高了出口竞争能力，起到促进出口的作用。

如图 6-3 所示，S 和 D 曲线分别代表某国国内某商品 A 的供给和需求。在自由贸易的情况下，该国生产为 S_1，出口为 X_1，本国需求为 D_1。现在假设该国政府对本国商品 A 实行生产补贴，单位商品的补贴额为 s，这实际相当于每单位商品的生产成本下降 s，所以供给曲线向下平移 s。在国际市场价格不变的情况下，生产商就会在新的供给曲线上将生产扩大到 S_2，仍然按原来的市场价格（P_w）出售，但实际收益是每单位 $P_w + s$。由于生产商没有提高或降低国内价格，国内的需求不变，新增加的产量就是新增加的出口。生产补贴使原来的出口 X_1 增加到 X_2。

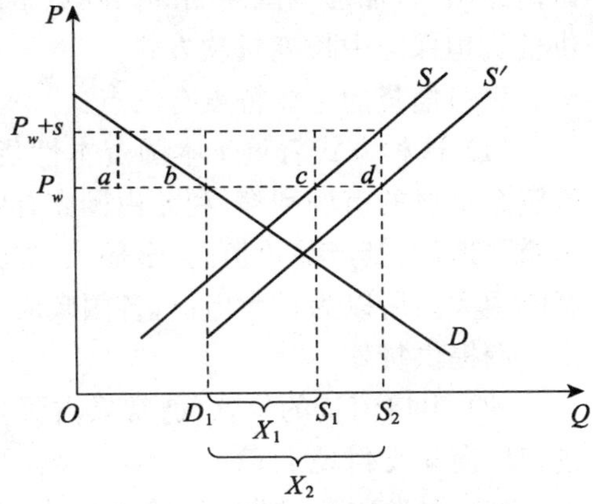

图 6-3　出口产业的生产补贴

与出口补贴不同，生产补贴没有影响国内市场价格，从而也没有在增加出口的同时牺牲本国消费者的利益。其主要原因是产业政策按产量进行补贴，而不是按市场销售进行补贴，对生产商而言，在国内市场销售也可得到与在国外销售一样的报酬，因此就没有必要在本国提高价格了。在社会福利分配方面，由于国内价格不变，国内的消费者也就没有损失。与出口补贴相比，整个社会的净损失要小。图中所示，生产补贴的结果是生产者增加了收益 $(a+b+c)$，政府的补贴支出是$(a+b+c+d)$，社会净损失为 d。但在出口补贴的情况下，社会净损失是 $b+d$（见前文分析）。因此，从整个社会的利益来说，生产补贴要好于出口补贴，但对政府来说，生产补贴则要比出口补贴多支出。

可见，出口补贴会带来整个社会的福利净损失，那么政府为什么还要对出口实行补贴呢？原因有二：一是生产出口商品的产业发展具有广泛的外部经济效应。考虑到经济发展的动态效应，补贴的收益可能还是大于政府的支出，而上述分析只是出口商品本身的静态效应。二是出口企业的利益集团说服了政府作出对其有益的决定。也可能是两者兼而有之。

出口补贴虽然从总体上来看数额不大，一般一个国家的出口补贴不超过其出口总额的 1%，但对于特定的产品或某些出口企业，出口补贴可能是一个相当大的量，在鼓励本国生产商的同时，却可能对进口国的同类产品的生产者形成威胁。所以，根据世贸组织规则的规定，出口补贴属于“不公平的竞争”，允许进口国在本国同类产业遭到受补贴产品进口的冲击，并造成重大损害时，征收抵消性的反补贴税，使市场恢复到自由贸易条件下的均衡水平。

二、出口信贷及出口信贷国家担保制

出口信贷(Export Credit)又称对外贸易中长期贷款，是出口国政府为了促进本国商品出口，加强本国商品的国际竞争能力所采取的对本国商品给予利息补贴并提供信贷担保的中长期贷款方式。

出口信贷的主要特点有三点：

(1) 这种方式着重于本国资本性货物的出口，出口信贷的利率一般低于相同条件资金贷放的市场利率，利差由国家补贴。比如，大型成套机械制造业在国民经济中占重要地位，其产品价值高，金额大，加强这些资本货物的出口对一国的生产和就业影响很大。所以为扩大出口，各国政府竞相以低于市场的利率对外国进口商和本国出口商提供贷款。

(2) 出口信贷的贷款，通常只占买卖合同金额的85%左右，其余10%～15%由进口厂商先支付现汇。

(3) 作为政府资助的政策性贷款，许多国家都成立专门发放出口信贷机构，管理和分配信贷资金。另外，很多国家的政府还设立专门的机构和专业银行为本国提供出口信贷的商业银行进行保险，即出口信贷国家担保制(Export Credit Guarantee System)。

按贷款期限划分，出口信贷分为：

(1) 短期信贷，贷款期限一般在180天以内，主要适用于原料、消费品及小型机器设备的出口；

(2) 中期信贷，贷款期限为1～5年，常用于中型机器设备的出口；

(3) 长期信贷，贷款期限通常为5～10年，甚至更长，常用于重型机器、成套设备的出口等。

按照借贷关系划分，出口信贷可分为买方信贷和卖方信贷。

(1) 买方信贷(Buyer's Credit)。买方信贷的形式有两种：一种是贷给进口方银行，再由进口方银行转贷给进口商；另一种是直接贷给进口商，通常需要进口商银行担保。

在采用买方信贷的条件下，当出口方贷款银行直接贷款给外国进口商时，进口商先用本身的资金，以即期付款方式向出口商缴纳买卖合同金额15%～20%的订金，其余货款以即期付款方式将银行提供的贷款付给出口商，然后按贷款协议所规定的条件，向供款银行还本付息；当出口方供款银行贷款给进口方银行时，进口方银行也以即期付款的方式代进口商支付应付的贷款，并按贷款协议规定的条件向供款银行归还贷款和利息等。至于进口商与本国银行之间的债务关系则按双方规定的办法在国内结算清偿。买方信贷不仅使出口商可以较快地得到贷款和减少风险，而且使进口商对货价以外的费用比较清楚，便于他与出口商讨价还价。因此，这种方式在目前较为流行。

(2) 卖方信贷(Supplier's Credit)是指银行对本国的出口商提供信贷，再由出口商向进口商提供延期付款的信贷方式。

在采用卖方信贷的条件下，通常在签订买卖合同后，进口商先支付货款的5%～

15%的订金，作为履约的一种保证金，在分批交货、验收和保证期满时，再分期支付10%～15%的货款，其余的货款在全部交货后若干年内分期摊还，并付给延期付款期间的利息。出口商把所有的款项与利息按贷款协议的规定偿还给本国的供款银行。所以，卖方信贷实际上是出口商从供款银行取得贷款后，再向进口商提供延期付款的一种商业信用。

出口信贷国家担保制(Export Credit Guarantee System)是指政府设置专门的机构或专业银行，为本国提供出口信贷的商业银行进行保险的一种方式。通常，对进口国发生政变、暴乱、战争以及政府实行禁运、冻结资金或限制对外支付等政治风险的担保金额为合同金额的85%～95%；对进口商或借款银行因破产倒闭无力偿付、货币编制或通货膨胀等经济风险的担保金额为合同金额的70%～80%，有时对特殊出口项目可承保100%。担保期限，根据出口信贷期限的不同，可以分为短期和中长期，短期信贷担保一般为6个月左右，为简化手续，有的国家采用综合担保的形式，一年只要办理一次；中长期信贷担保一般采用逐笔审批的方式，时间为2～15年不等。此外各国的保险费率也是不一样的。

我国于1994年7月1日正式成立了中国进出口银行。这是一家政策性银行，其资金来源除国家财政拨付外，主要是中国银行的再贷款、境内发行的金融债券和境外发行的有价证券，以及向外国金融机构筹措的资金等。其义务主要是对国内机电产品以及成套设备等资本性货物的进出口给予必要的政策性金融支持，从根本上改善我国出口商品的结构，以促进出口商品的升级换代。该银行除了办理出口信贷业务以外，也办理出口信用保险和信贷担保业务。

三、商品倾销

商品倾销(Dumping)是指一国产品以低于正常价格的办法进入另一个国市场。也就是说，商品倾销是指以远低于国际市场价格、国内批发价格，甚至以低于生产成本的价格，向国外抛售商品，从而打击竞争者、占领市场的一种手段。确定正常价格有三种方法：一是采用国内价格，即相同产品在出口国用于国内消费在正常情况下的可比价格；二是采用第三国价格，即相同产品在正常情况下向第三国出口的最高可比价格；三是采用构成价格即该产品在原产国的生产成本加合理的推销费用和利润。这三种确定正常价格的方法是依次采用的，即若能确定国内价格就不用第三国价格或构成价格，依次类推。另外，西方发达国家认为，这三种价格的确定方法仅适用于市场经济国家的产品，而对于其认为的非市场经济国家的产品，由于其价格不是由竞争状态下的供求关系决定，西方国家选用替代国价格，即以一个属于市场经济的第三国所生产的相似产品的成本或出售价格作为基础，来确定其正常价格。

从表面上看，低于正常价格销售会使出口商蒙受损失。但是实际上，倾销的这种损失不仅可以通过各种途径得到补偿，还可以获得更高的利润。例如，以国内垄断高价补偿国外低价销售损失的“空间倾销”；倾销击败竞争者、占领市场后，以垄断高价补偿倾销时期损失的"时间倾销";接受国家组织的出口补贴来补偿倾销亏损。

商品倾销在经济学上属于三级价格歧视,而成功地实施上述价格歧视至少应该具备以下三个条件:一是在国内市场上有一定的垄断力量,在很大程度上可以控制产品的定价。二是两国的需求价格弹性不同,出口国价格弹性低于进口国价格弹性。在厂商追求利润最大化条件下,在国外的卖价要低于国内。三是能有效地将国内和国外市场分开,不能出现商品的返销国内的现象,如利用关税和交通运输、保险费的存在可以保证返销产品价格高于国内卖价。

实行商品倾销的具体目的在不同的情况下是不同的,有时为打击或摧毁竞争对手,有时为建立新的销售市场,有时为阻碍当地同类产品的生产与发展,有时为推销过剩产品,转嫁经济危机,有时为打击发展中国家的民族经济以达到经济和政治上的目的。主要有三种形式:

(1) 偶然性倾销(sporadic dumping),通常是指因为本国市场销售旺季已过,或因公司改营其他业务,在国内市场上很难售出的积压库存,因而以倾销方式在国外市场抛售。由于这种倾销时间短、数量小,对国内同类产业影响不大,进口国通常较少采用反倾销措施。

(2) 间歇性或掠夺性倾销(intermittent or predatory dumping),是以低于国内市场价格甚至低于成本的价格在国外市场销售,打击并挤垮竞争对手后再以垄断力量提高价格,从而获得高额的垄断利润。这种倾销严重损害了进口国家的利益,违背了公平竞争的原则,因而许多国家都会采取反倾销措施予以制裁。

(3) 持续性倾销(persistent dumping),又称长期性倾销(long-term dumping),是指长期地、持续地以低于国内市场价格的价格在国外市场销售商品。这种倾销因具有长期性,所以采用"规模经济",扩大生产降低成本,或依靠本国政府的出口补贴来进行。

商品倾销已成为当今世界各国争夺市场、扩大出口的重要措施之一,这也加剧了各国在世界市场上的矛盾。各种商品、各种程度的贸易战频频发生,反倾销也成为各国保护贸易的有力武器。其中发展中国家成为最大的受害者,发达国家并不遵守关贸总协定和世贸组织的有关规定,实际上,反倾销已成为一些国家特别是发达国家实行贸易保护主义的一种工具。

四、外汇倾销

外汇倾销(foreign exchange dumping)是出口企业利用本国货币对外贬值的机会,向国外倾销商品,争夺国际市场的一种手段。由于货币贬值以后,出口商品以外国货币表示的价格降低,从而提高了竞争能力,达到扩大出口的目的。以日本为例,1996年4月至1997年3月,美元与日元比价由原来的1美元等于80日元升到1美元等于121日元,日元贬值约为34%。假定过去一件价格为800日元的日本商品输往美国,在美国市场的售价为10美元,现在这件商品价格可折合成6.61美元。日本出口商在美国销售所得 6.61 美元，按照贬值后汇率计算仍可换回 800 日元，他的利益并未因日元贬值而受影响。对日本出口商而言，面对日元贬值，他可采取三种对策：继续按原 10 美元在美国市场销售。按新汇率计算，每件商品可多得日元，使出口商的利润收入大增；在 10～6.61 美元之间，适当降价，促进商品出口；以 6.61 美元价格在美国市场销售，加强价格竞争，以增加更多的商品出口。总之，一国货币贬值可以提高该国商品的价格竞争力，促进本国商品的出口。而同时，进入该国市场的外国商品的价格就会上涨，削弱该外国商品的价格竞争力，从而又会限制进口。所以，实行外汇倾销会同时起到扩大出口和限制进口的双重作用。

实施货币贬值以扩大出口并不是任何时候都奏效的，一方面，由于货币贬值会引起国内通货膨胀，货币贬值有可能被国内通货膨胀赶上，这时，外汇倾销的目的可能只是在一段时间内达到，甚至不能起作用；另一方面，外汇倾销对实行同样幅度货币贬值的贸易伙伴也是无效的；另外，外汇倾销也是以贸易伙伴不实施报复为条件的。

最后还需注意，外汇倾销实际上会使同量出口商品所能换回的进口商品数量减少，因为本国货币的购买力下降，贸易条件会趋于恶化。也就是说，外汇倾销可以推动商品出口的大量增加，但并不等于出口额必然随之增加，另外可能还会引起国内经济的混乱，出现得不偿失的结果。

五、促进出口的组织和服务措施

二战结束以后，西方国家为了促进出口贸易的扩大，除了在财政、金融、汇率等方面采取鼓励出口的措施以外，还不断加强出口组织和服务措施。主要有：

成立专门组织，研究与制定出口战略。例如，美国 1960 年成立了“扩大出口全国委员会”，其任务是向美国总统和商务部部长提供有关改进和鼓励出口的各项措施的建议和资料；1978 年成立了“出口委员会”和跨部门的“出口扩张委员会”，附属于总统国际政协委员会；1979 年成立了“总统贸易委员会”，集中统一领导美国的对外贸易工作；1992 年成立了国会的“贸易促进协调委员会”；1994 年 1 月又成立了第一批“美国出口援助中心”等。日本、欧盟国家也有类似的组织。

建立商业情报网，加强国外市场情报工作，及时向出口商提供商业信息和资料。如日本政府设立的日本贸易振兴会(其前身是 1951 年设立的海外市场调查部)，就是一个从事海外市场调查并向企业提供信息服务的机构。

设立贸易中心，组织贸易博览会，以推销本国商品。贸易中心是永久性设施，可提供商品陈列展览场所、办公地点和咨询服务等，而贸易博览会是流动性的展出。这些工作可以使外国进口商更好地了解本国商品，从而起到促销的作用。例如，意大利对外贸易委员会对由其发起的展出支付 80％的费用，对参加其他国际贸易展览会的公司也给予其费用 30％～50％的补贴。

组织贸易代表团出访和接待来访，以加强国际经贸联系。许多国家为了推动和发展对外贸易，组织贸易代表团出访，大部分费用由财政支付。加拿大就是如此。此外，许多国家还设立专门的机构接待官方代表团，并协助本国公司、社会团体接待来访的外国工商界人士，以促进对外贸易。

组织出口商的评奖活动，以形成出口光荣的社会风气。例如美国设立了总统"优良"勋章和优良星字勋章，得奖厂商可以把奖章样式印在它们公司的文件、包装和广告上。

六、经济特区政策

经济特区(Special Economic Zone)是指一个国家或地区在其管辖的地域内划出一定非关境管辖的地理范围，实行特殊的经济政策，以吸引外商从事贸易和出口加工等业务活动。其目的是促进对外贸易的发展，鼓励转口贸易和出口加工贸易，繁荣本地区和邻近的地区经济，增加财政收入和外汇收入。因此，建立经济特区是一国实行对外开放政策和鼓励扩大出口的一项重要政策，在当代国际贸易中占有相当重要的地位。

经济特区的由来历史悠久，早在1228年，法国南部马赛港就已在港区之内开辟自由贸易区。15世纪以来，德意志北部的几个自由市联合起来，建立自由贸易联盟(即历史上著名的"汉萨联盟")，选定汉堡和不来梅两地作为自由贸易区。16世纪，意大利的里窝那自由港成为最早的自由港雏形。从17世纪到19世纪，欧洲各国相继将一些地理位置条件优越的港口辟为自由港、自由贸易区。到二战前，共有26个国家设立了75个经济特区。二战后，强劲的经济发展势头带动经济特区的发展，各国纷纷建立各种类型的以发展加工出口为主的经济特区——出口加工区，爱尔兰于1959年在香农国际机场兴建的自由贸易区是世界上第一个出口加工区。20世纪70年代末80年代初，世界经济特区出现了一些新的趋向，出口工业由劳动密集型向技术密集型过渡，引进技术和知识密集型的工业成为设置特区的重要目标。20世纪80年代以来，经济特区向多行业、多功能的综合性经济特区发展，不仅重视出口工业和对外贸易，而且为经营旅游、金融、保险及交通、电讯等多种行业提供政策优惠。

到目前为止，世界上已有700多个各类经济特区，其贸易额已占世界贸易总额的40%左右，成为各国扩大出口的有力措施。经济特区主要有自由港和自由贸易区、出口加工区、保税区和某些科学工业园区等。

(一) 自由港和自由贸易区

自由港(Free Port)又称为自由口岸。自由贸易区(Free Trade Zone)是由自由港发展而来的，其范围包括了自由港的邻近地区。它们都是指在关境以外划出的区域，在区域内对进出口商品全部或大部分免征关税，并且准许在港内或区内的商品自由储存、展览、拆散、改装、重新包装、整理、加工和制造等，从而吸引外国商品的转口和外国企业投资生产，增加财政和外汇收入，促进对外贸易和经济的发展。

自由港或自由贸易区分为两种类型：一种是港口及设置区所在城市全划为自由港或自由贸易区，如我国的香港特别行政区；另一种是把港口或设置区所在城区的一部分划为自由港或自由贸易区。

(二) 出口加工区

出口加工区(Export Processing Zone)源于自由贸易区,是一个国家或地区在其港口或港口邻近地区、国际机场等地方划出一定范围,提供基础设施以及免税等优惠待遇,吸引外资、发展出口加工工业。它与自由港不同,自由港以转口贸易为主,面向商业;出口加工区以加工工业为主,面向工业。其目的在于吸引外国投资,引进先进的技术、设备和管理,扩大工业品出口,增加外汇收入,促进外向型经济的发展。

(三) 保税区

保税区(Bonded Area)又称保税仓库区(Bonded Warehouse),是指一国海关所设置的或经海关批准注册的特定地区和仓库。保税区的功能基本类似于自由贸易区。外国商品在保税区内可以暂免进口税,如再出口,无须缴纳出口税;进入本国消费市场,则应缴纳关税。保税区的设立有利于货主选择有利的时机进行交易,有利于贸易的顺利开展和促进转口贸易。各个国家保税区的具体规定各有不同,在做法上也有差异。如日本将保税区根据职能的不同分为:指定保税区(Designated Bonded Area)与保税货棚(Bonded Shed),是为方便报关的短期储存场所;保税仓库,其储存期较长,便于贸易特别是转口贸易的发展;保税工厂(Bonded Factory),是在海关的监管之下从事加工、制造、分类等保税业务的专门工厂;保税陈列场(Bonded Exhibition),是便于展览和广告宣传的场所,能够促进贸易的发展。

(四) 自由边境区与过境区

自由边境区(Free Perimeter),是指一国或地区为了发展边境落后地区的经济而设立的经济特区。其特征与自由贸易区基本一致,目的是利用外资开发边境地区的经济,与出口加工区相比,自由边境区的进口商品在加工以后主要工区内使用,少数用于再出口。设置自由边境区有一定的期限,当该区域的经济发展到一定程度时,优惠待遇会逐步取消,直至废除自由贸易区。这种特区仅在拉丁美洲少数国家设置。

过境区(Transit Zone),又称中转贸易区,是指一些沿海国家为方便内陆邻国的进出口货运,开辟某些海港、河港或国境城市作为过境货物的自由中转区。简化过境货物的海关手续,不征关税或只征小额的过境费用,准许过境货物在区内短期储存、重新包装,但不得加工制造。

(五) 科学工业园区

科学工业园区(Science-based Industrial Park)又称高科技园区(Hi-tech Park),是一种科技型经济特区,以加快科学技术的发展并把其成果应用于工农业生产、提高工农业产品质量、开发新产品、扩大产品国际市场份额为目的,通过多种优惠措施和方便条件将智力资金、管理等生产要素高度集中在一起从事高新科技研究、试验和生产的新兴产业开发基地。由于科技园区以优化现存产品质量、开发新兴产业产品为主，它与高校、科研机构等有密切的联系。主要分布在发达国家和新兴工业化国家，世界知名的科学工业园区有美国的“硅谷”、英国的“剑桥科学园区”、新加坡的“肯特岗科学工业园区”、日本的“筑波科学城”和中国台湾的“新竹科学工业园区”等。

(六) 综合性经济特区

综合性经济特区是在出口加工区的基础上形成和发展起来的，是世界经济特区发展的新阶段和新趋势。它具有规模大、经营范围广、多行业、多功能的特点，不仅重视出口加工业和进出口贸易，同时还经营农牧业、旅游业、金融服务业、交通运输业、邮电通信业以及其他一些行业，如巴西的玛瑙斯自由贸易区。

从实践经验来看，经济特区在吸引外资、扩大出口、促进经济发展等方面有巨大的作用。如香港的国际贸易地位得益于它是一个自由港，台湾的出口加工区和新竹科学工业园区对于促进台湾的出口和高科技企业的发展功不可没。为此，在改革开放中，我国政府积极采用这种措施。1979 年 7 月，国务院决定成立珠海、汕头、厦门、深圳 4 个特区。1983 年 3 月又决定从北到南开放大连、秦皇岛、天津、烟台、青岛、连云港、南通、上海、宁波、温州、福州、广州、湛江和北海 14 个沿海开放城市。1986 年又把海南岛列为经济特区，并允许在沿海港口城市设置有明确地理界限的经济开发区。1990 年 4 月中央批准了上海开发浦东，并在当年 6 月成立了我国第一个保税区——上海外高桥保税区。以后又相继成立了金桥出口加工区、张江高科技园区等。

第二节　出口管制措施

世界经济发展的一般趋势和各国对外贸实行干预的基本点是鼓励出口和限制进口，并越来越偏重于鼓励出口。然而，许多国家出于一定的政治、军事和经济上的目的，往往对某些产品特别是战略物资和高技术产品等的出口实行管制，以限制或禁止这类商品的出口。出口管制是一国对外贸易政策的一部分，尤其是发达国家往往运用出口管制作为其实行贸易歧视的重要手段。

出口管制或出口控制(Export Control)是指出口国政府通过法令和行政措施，对本国的出口贸易实行管理和控制。

一、出口管制的对象

采取出口管制政策的国家一般对以下几种商品实行管制：

战略物资和先进技术。主要是武器、军事设备、军用飞机、军舰、先进的电子计算机及相关资料在内的战略物资；以及核能矿物，可用于核武器研制的技术设备，可用于生化武器研制的原料及技术设备。

国内生产所需的各种原材料、半成品及国内市场供应不足的某些商品。例如，大多数发达国家对化学品、石油和天然气、药品、活的牲畜等实行出口许可管理，由于是国内紧缺物资，有时甚至禁止出口。

实行自动出口限制的商品。为了缓和与进口国的贸易摩擦，在进口国的要求和压力之下，不得不对某些具有很强国际竞争力的商品实行出口管制。如《国际纺织品协定》项下的商品、双边的自动限制项目下的商品。当然，一旦进口国的压力有所减缓或基本放弃，出口国政府就会相应放松管制措施。

历史文物、艺术珍品、贵金属等特殊商品。大多数国家都规定这类珍稀物品要特许出口。英国规定，古董或艺术品的生产或制作年代比出口日期早 100 年以上者，必须申领出口许可证方能出口。一般来说，这类物品出口许可证的申领特别困难，基本上等于禁止出口。

被列入对进口国或地区进行经济制裁范围的商品。各种在经济制裁范围内的贸易禁运，实际就是禁止出口。

出口国垄断的部分商品。目的在于通过国家管制，保持垄断商品的垄断高价。由于是在国际市场上占主导地位的重要商品和出口额大的商品，对发展中国家而言，出口商品的种类比较单一，出口市场较集中，实行对这类商品的出口管制尤为重要，如石油输出国组织对石油的控制，有效地提高了国际市场石油的价格。而对跨国公司而言，在国际投资和经营活动中实施“转移价格”策略，会对东道国的外贸和经济利益带来不利的影响。

二、出口管制的形式

单边出口管制，即一国根据本国的需要和外交关系的考虑，制定本国的出口管制方案，设立专门的执行机构实行出口管制。单边出口管制完全由一国自主决定，不对其他国家承担义务和责任。例如美国商务部设立贸易管制局，专门办理出口管制事务。出口管制有时是针对商品的，有时是针对国家或地区的。因此，它常常也是实施歧视性出口管制的手段。如在二战后，出于冷战的需要，美国国会在 1949 年通过了《出口管制法案》，授权美国总统“禁止和削减”全部商品和技术资料向苏联和其他社会主义国家的出口。该法案一直到 70 年代才略有放松。

多边出口管制，即两个以上国家的政府，通过一定的方式建立国际性的多边出口管制机构，商量和编制多边出口管制清单，规定管制办法，以协调彼此的出口管制政策和措施，达到共同的政治和经济目的。例如，过去的巴黎统筹委员会就是这样一个典型的国际性多边出口管制机构。

1949 年 11 月在美国倡议下成立的巴黎统筹委员会，就是一个国际性的多边出口管制机构，其总部设在巴黎，目的是执行对当时的社会主义国家的禁运政策，限制成员国对社会主义国家的出口贸易。

三、出口管制的措施

实行单边出口管制的国家通常采取以下一些措施来实现其控制目标：

(1) 国家专营。对一些敏感性商品的出口，由政府指定的专门机构和组织直接控制和管理，如澳大利亚和加拿大对小麦出口实行国家专营。

(2) 征收出口税。政府对管制范围内的产品出口课征出口税，并使关税税率保持在一个合理的水平，以达到控制的目的。

(3) 实行出口许可证制。通过许可证管理使政府能有效地控制出口商品的国别和地区、数量和价格。

(4) 实行出口配额制。结合出口许可证有效地控制出口商品规模，如美国对糖、日本对小麦都实施这种数量控制措施。

(5) 出口禁运。这是一种最严厉的控制措施，一般将国内紧缺的原材料或初级产品列入禁运之列。

一国政府所采取的出口管制措施，有的针对贸易商品，有的针对国家或地区。因此出口管制措施常常也是贸易国家实施歧视性出口政策的手段。

第三节　贸易政策的国际协调

一、贸易政策国际协调的主要方式

由于贸易利益的差异及各国经济目标的要求，运用政策调节经济贸易行为成为各国政府的主要职能。这种各自以本国经济利益为出发点的贸易政策必然产生国与国之间的利益冲突和政策的不协调，从而影响国际贸易的正常发展，各国的贸易利益也将因此而减少甚至消失。因此就需要达成贸易政策的国与国之间的协调，并形成一定的制度，以规范各国政府制定经济贸易政策的行为。区域经济一体化和世界贸易组织就是国际贸易政策制度化的产物。

贸易政策的国际协调是指国与国之间的政策协调。表现为三个不同层次：①双边的协调：旨在协调贸易伙伴之间的关系；②集团性、区域性的协调：体现经济集团或区域经济一体化的共同利益而实施的共同对外贸易政策措施，如贸易集团、关税同盟、自由贸易区；③多边的贸易政策协调：致力于全球的贸易体制，从世界贸易总体利益的角度协调和约束各国的对外贸易政策，促进世界贸易的规范化、有序化，关贸总协定和世贸组织就是全球多边贸易政策协调的典范。

贸易政策的国际协调是各国通过协商或谈判缔结的贸易条约或协定等形式，来确定有关主权国家彼此间的贸易关系，规定各自的权利和义务，协调各自的对外贸易政策。贸易条约和协定有许多不同的类型，根据重要性的程度及差异划分，主要有贸易条约、贸易协定和贸易议定书、支付协定等。

(1) 贸易条约(Trade Treaty)是全面规定缔约国间经济和贸易关系的书面协议。贸易条约的内容广泛,涉及缔约国间在经济和贸易关系方面的权利义务。贸易条约通常是以国家或国家首脑的名义签订,并经缔约方各自的立法机关讨论通过,报请国家最高权力机关批准后,才能正式生效。

(2) 贸易协定(Trade Agreement)是缔约方为调整和发展相互间的贸易关系而签订的书面协议。贸易协定的签订程序比贸易条约简单,有效期也较短,一般只需经签字国的行政首脑或其代表签署即可生效。贸易协定通常是以已签订的贸易条约为基础,是对贸易条约的进一步规定,因此,贸易条约的一切原则自然适用于贸易协定。贸易条约有时还需要贸易议定书作为补充。贸易议定书(Trade Protocol)是就缔约国发展贸易关系中具体项目达成的书面协议。例外,在签订长期贸易协定时,以议定书方式规定年度贸易具体事宜。贸易议定书的签订程序简单,内容具体,一般由签字国的有关行政部门的代表签署即可生效。

(3) 支付协定(Payment Agreement)是指规定各缔约方之间在贸易和其他方面的债权债务结算的书面协议。支付协定是外汇管制的产物,由于货币兑换性的限制,一国所拥有的债权不能用来抵偿对第三国的债务,结算被局限在双边的基础上,因此,两国间的债权债务关系就需要通过缔结支付协定来解决。这样,有助于克服外汇短缺的困难,有利于双方贸易的发展。当前,主要是部分实行外汇管制地发展中国家继续采用支付协定。

(4) 国际商品协定(International Commodity Agreement)是指商品的主要出口国(生产国)与消费国(进口国)就该项商品的购销、价格等问题,通过协商而达成的政府间的多边协定。国际商品协定的主要对象是发展中国家生产的初级产品。发展中国家以此维持合理的价格,保证生产和销售。而发达国家消费此类商品,不希望价格过高。双方存在利益矛盾,一些发达国家和发展中国家签订了诸如小麦、糖、锡、橄榄油、可可、牛肉、天然橡胶、乳制品、热带木材、黄麻及其制品等商品协定,规定了最高、最低价,同时运用缓冲存货和出口限制控制商品的供求和价格。

贸易条约和协定都依存于国际上通行的一些法律原则,这些法律原则赋予贸易条约和协定以相应的法律地位,使国与国之间的贸易政策协调有了法律依据。最惠国待遇原则和国民待遇原则是贸易条约和协定所依据的最基本的法律原则。

二、贸易制裁

各国所制定的贸易政策及其所采取的措施是为其各种经济贸易活动服务的,但有时也用来为其政治目的服务,作为对别国的政治或经济政策进行报复的手段。最典型的做法是通过进出口抵制和商品禁运等实行贸易制裁。

贸易制裁的目标是通过削减进出口造成的制裁国经济上的损失从而迫其作出某种改变。采用这种手段来实现某些政治目标的做法最早可以追溯到 15 世纪的世界贸易发展初期，但真正使用比较频繁的是自第二次世界大战之后。世界上使用贸易制裁最多的国家是美国，从 20 世纪 50 年代初开始在不同时期，美国对许多国家实行过或正在实行全面或局部领域的经济贸易制裁。

本章小结

由于各种限制进口的措施，包括关税和非关税壁垒都程度不同地在使用范围、作用力度上受到局限，并且容易招致贸易对手的反感和报复。因此，出口鼓励和各种意在促进贸易发展的经济特区措施显得更为重要。

出口鼓励措施多采用出口补贴、出口信贷、商品倾销、外汇倾销的形式。同时也通过出口管制限制战略物质和高技术产品等的出口，国与国之间通过贸易政策的国际协调来确定有关主权国家彼此间的贸易关系，规定各自的权利和义务。有时，也会通过进出口抵制和商品禁运等实行贸易制裁。从经济角度讲，贸易制裁的结果是双方都受到损失，损失的多少不等罢了。

重要概念

出口信贷　出口信贷国家担保制　出口补贴　产业政策　商品倾销　外汇倾销　经济特区　贸易政策的国际协调　贸易条约　贸易制裁　出口禁运　进口抵制

重要概念解释

复习思考题

1. 出口鼓励措施有哪些？
2. 什么是出口信贷？有哪几种形式？
3. 商品倾销有哪几种类型？倾销所致的损失可以通过什么途径来补偿？
4. 试述外汇倾销对进出口贸易的影响及其限制条件。
5. 出口管制的措施有哪些？主要对哪些商品实施出口管制？

案例分析　延伸阅读 1　延伸阅读 2　延伸阅读 3

第七章　区域经济一体化

本章导读　世界经济在地区上的发展是不平衡的。主要表现在发达国家和地区与发展中国家和地区之间的不平衡;发达国家之间或发展中国家和地区之间的发展的不平衡;以及由于地缘经济因素的作用,各地区内部经济关系与外部经济关系的不平衡。因此所有国家一并参与全面的全球经济一体化并不现实。在各个相对独立的经济区内部,由于国家较少,交往便利,经济联系更加密切,彼此差异较少,易于找到利益的共同点,从而易于达成某种协议,建立某种一体化组织。而且,在激烈的国际竞争中,地区、国家之间需要通过联合发挥地缘优势,增强自己的经济实力,提高国际竞争能力和谈判能力。可以认为,由于经济全球化在各地区之间发展不平衡而产生了区域经济一体化的趋势;区域经济一体化是世界经济全球化在当前条件下的具体表现,是经济全球化的重要补充。本章将向读者介绍区域经济一体化的含义与形式,区域经济一体化对国际贸易的影响,以及当今区域经济一体化的发展实践。

本章学习重点与教学要求

第一节　区域经济一体化的含义与形式

一、区域经济一体化的含义

综观众多区域经济一体化(Regional Economic Integration)的研究,对区域经济一体化的内涵争论较多。国外有关区域经济一体化研究中,被广泛引用并得到首肯的是美国经济学家贝拉·巴拉萨在1961年提出的:建议将经济一体化定义为既是一个过程,又是一种状态。就过程而言,它包括旨在消除各国经济单位之间差别的种种举措;就状态而言,则表现为各国间各种形式的差别待遇的消失。

经济学家弗历次·马克鲁普(Fritz Machlup)则批评说:它只说明不同国家加入

一个经济集团;事实上经济一体化可以有一国之内各个地区的,也可以有各国之间的;后者又分为区域性的和次区域性的。

保罗·斯特里坦(Paul Streeten)在1961年也指出:"一体化不应该按手段(自由贸易、统一市场、可兑换性、自由化等)定义,而是应该定义为目的、平等、自由繁荣。"皮德·罗波逊(Peter Robson)则认为"国际经济一体化是手段不是目的"。

丁伯根(Tin Bergen)从政府当局促进经济一体化的措施方面把经济一体化区分为"消极一体化"(Negative Integration)和"积极一体化"(Positive Integration)。前者指"取消各种规章制度",即消除对有关各国的物质、资金和人员流动的障碍;后者系指建立新的规章制度去纠正自由市场的错误信号,去强化自由市场正确信号的效果,从而加强自由市场的一体化力量。

我国学术界对于区域经济一体化理论概念更趋向于贝拉·巴拉萨的过程与状态的定义以及五个阶段的划分。认为区域经济一体化是指不同的具有行政主权的经济单位,通过自愿的决定和制度上的安排,部分削减自身的行政主权来形成一个较大的共同的经济单位。比如,相互之间实行自由贸易,生产要素在国家之间自由流动甚至在宏观经济政策上实现高度的统一。

二、区域经济一体化的形式

应当看到,区域经济一体化并不只是简单的国际经济联系,而需要采取相应的组织形式。按照区域一体化过程中成员国合作的紧密程度来划分,目前的区域经济一体化形式主要有以下几种。

(一) 按照一体化的程度划分

1. 优惠贸易安排(Preferential Trade Arrangement)

是指成员国之间通过协定或其他形式,对全部或部分商品规定特别的关税优惠,也可能包含小部分商品完全免税的情况。这是经济一体化的最低级和最松散的一种形式。第二次世界大战后初建的东南亚国家联盟就属于此种形式的一体化组织。

2. 自由贸易区(Free Trade Area)

组成自由贸易区的各成员国取消相互之间的贸易壁垒,各成员国制造的商品可以在区内自由流通,相互间没有关税、配额等保护措施;但是各成员国仍然保留对区外其他国家的贸易壁垒,并且贸易方面的限制政策是各自独立决定的。由于各国对外贸易政策不一致,因此,一些非成员国的商品可能会绕过高关税壁垒,而通过贸易壁垒较低的成员国进入整个自由贸易区。为了解决这个问题,自由贸易区成员国一般都制定原产地规则,即自由贸易区内保持各自的海关检查机构,对商品的原产地进行严格检查,原产地不是成员国的商品,则不允许在区内自由流通。自由贸易区是较松散的一种区域一体化组织形式,如1960年成立的欧洲自由贸易区(欧盟的初级形式),和1994年建立的北美自由贸易区(NAFTA)。

3. 关税同盟(Customs Union)

除了与上面一样在成员国之间实行自由贸易外,各成员国还要统一对区外国家的贸易政策,即建立起共同关税壁垒等。这时成员国之间的边境不需设立海关等机构。关税同盟的典型代表是比利时、卢森堡和荷兰组成的关税同盟。比利时和卢森堡早在1920年就建立了关税同盟,第二次世界大战中,荷兰加入比卢关税同盟,组成比卢荷关税同盟。

4. 共同市场(Common Market)

在共同市场内部,不仅成员国之间实行自由贸易,奉行共同的对外贸易政策,还允许生产要素(如劳动力和资本)在成员国之间实行自由流动。为实现商品、劳动力和资本的自由流动,就必须在多方面的政策和制度方面进行协调,例如,劳动力的流动:学历、技术等级的相互承认;资本的自由流入流出:需要协调筹资制度以及资本、金融市场的管理法规;商品的自由流动:协调间接税制度等。让渡的权利主要包括:进口关税制定权、国内间接税变动的约束、筹资法规的制定权、干预资本流动的权利等。

5. 经济同盟(Economic Union)

是指成员国之间不但商品与生产要素可以完全自由流动,建立对外统一关税,而且要求成员国制定并执行某些共同经济政策和社会政策,逐步消除各国在政策方面的差异,使一体化程度从商品交换,扩展到生产、分配乃至整个国家经济,形成一个庞大的经济实体。如1991年已解散的经济互助委员会。

6. 经济一体化(Complete Economic Integration)

是区域经济一体化的最高形式。完全经济一体化不仅包括经济同盟的全部特点,而且各成员国还统一所有重大的经济政策,如财政政策、货币政策、福利政策、农业政策,以及有关贸易及生产要素流动的政策,并由其相应的机构(如统一的中央银行),执行共同的对外在经济政策。这样,该集团相当于具备了完全的经济国家地位。完全经济一体化和以上几种一体化形式的主要区别在于:它拥有新的超国家的权威机构,实际上支配着各成员国的对外经济主权。1993年欧洲统一大市场以及欧盟的建立,就标志着欧共体迈向完全经济一体化阶段。

关于以上六种区域经济一体化的组织形式的特征可总结见表7-1。

表7-1　　区域经济一体化的组织形式

特征 组织形式	优惠关税待遇	内部关税取消	设立共同壁垒	对生产要素的流动不限制	统一某些经济和社会政策	统一的经济、金融、财政政策
优惠贸易安排	是	否	否	否	否	否
自由贸易区	是	是	否	否	否	否
关税同盟	是	是	是	否	否	否

（续表）

组织形式＼特征	优惠关税待遇	内部关税取消	设立共同壁垒	对生产要素的流动不限制	统一某些经济和社会政策	统一的经济、金融、财政政策
共同市场	是	是	是	是	否	否
经济同盟	是	是	是	是	是	否
完全一体化	是	是	是	是	是	是

(二) 按照一体化的范围划分

1. 部门一体化(Sectoral Integration)，指区域内各成员国的一种或几种产业(或商品)的一体化。如1952年建立的欧洲煤钢共同体与1958年建立的欧洲原子能共同体均属此类。

2. 全盘一体化(Overall Integration)，指区域内各成员国的所有经济部门加以一体化，欧洲经济共同体(欧洲联盟)就属于此类。

(三) 按照参加国的经济发展水平划分

1. 水平一体化(Horizontal Integration)，又称横向一体化，是由经济发展水平相同或接近的国家所形成的经济一体化形式。从区域经济一体化的发展实践看，现存的一体化大多属于这种形式。如欧洲经济共同体(欧盟)、中美洲共同市场等。

2. 垂直一体化(Vertical Integration)，又称纵向一体化，是由经济发展水平不同的国家所形成的一体化。如1994年1月1日成立的北美自由贸易区，将经济发展水平不同的发达国家(美国、加拿大)和发展中国家(墨西哥)联系在一起，使建立自由贸易区的国家之间在经济上具有更大的互补性。

第二节　区域经济一体化理论

区域经济一体化对整个世界以及区域内有关的各个国家都存在着重大的福利影响，这一点无疑也是推动经济一体化进程的基本动力。目前经济学理论在这方面的研究还处在起步阶段，下面主要从贸易和要素流动的角度考察区域经济一体化对国际贸易的影响。

一、关税同盟理论

美国学者J.瓦伊纳(J. Viner，1950)发表的《关税同盟问题》(*The Customs Union Issue*)被西方经济学界誉为关于经济一体化理论的第一个重要文献和关税同盟理论的代表作。该文系统地分析了关税同盟对国际贸易流量和流向的影响。

(一) 关税同盟的静态效应

1. 贸易创造效应和贸易转移效应

关税同盟的建立能产生贸易创造(Trade creation)效应和贸易转移(Trade diversion)效应。贸易创造效应是指缔结关税同盟后,成员国之间相互取消关税,导致成员国一部分原先在关税保护下由国内供应的商品被来自同盟内其他成员国的较低生产成本的进口商品所取代,于是同盟成员国之间的贸易量扩大,带来资源利用效率的改善和福利水平的提高。贸易转移效应是指缔结关税同盟后,成员国之间相互取消关税,导致贸易流向发生变化,成员国的部分进口商品供给从低成本的非成员国转移至成本较高的成员国,从而恶化世界资源配置,造成福利损失。

换言之,关税同盟的建立消除了区域内部的关税和非关税壁垒,使成员国之间增加了贸易量,此即贸易创造效应。关税同盟的建立增加了成员国之间的贸易量,但减少了与非成员国之间的贸易量,此即贸易转移效应。当"贸易创造"大于"贸易转移"时,经济一体化将提高世界经济效率和潜在福利;反之则降低世界经济效率和潜在福利。下面以图 7-1 为例来解释上述两种效应。

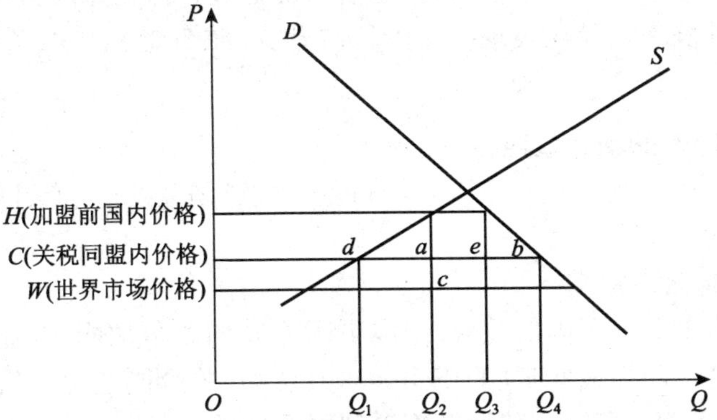

图 7-1　关税同盟对贸易的影响

图中的横轴代表商品的数量,纵轴代表价格水平。现假设参加关税联盟的国家是 A 国,进口 X 商品。D 和 S 分别是国内的需求曲线和供给曲线。A 国加入关税之前,在世界市场价格 W 之上征收 WH 的关税,于是该国进口 X 商品的数量为 Q_2Q_3。现在 A 国与 B 国组成关税同盟。这时伙伴国 B 国 X 商品的价格虽然高于世界市场,却低于 A 国征收进口税后的价格。由于 AB 两国实行自由贸易,所以 A 国将以 OC 的价格从 B 国进口 X 商品,总进口量为 Q_1Q_4。从这里可以看到:组成关税同盟以后,A 国的进口扩大。贸易数量从 Q_2Q_3 增长到 Q_1Q_4,即所谓的贸易创造效应。

由于组成关税同盟,A 国消费者剩余增加了 $a+b+d+e$ 的面积,生产者剩余减少了 d 的面积,政府少征收关税 $e+c$ 的面积。生产者剩余的减少 d 的面积和消费者剩余增加的d的面积抵消了，政府关税收入损失e的面积和消费者剩余增加的e的面积抵消了。消费者增加的剩余还有$a+b$，这就是贸易转移效应，而政府损失的关税收入c即为贸易转移带来的损失。

2. 关税同盟的净福利效应

一国参加关税同盟后，可能会面临双重影响：一是贸易创造效应所引起的福利增加；二是贸易转移效应所引起的福利损失。净福利在总量上是增加还是减少，要取决于贸易创造的利益与贸易转移的损失两者之间的比较：$[(a+b)-c]$。若$a+b>c$，则净福利增加；若$a+b<c$，则净福利减少。贸易创造效应是否大于贸易转移效应，还取决于一些现实的经济条件。

成员国在加入关税同盟前的贸易壁垒越高，则形成关税同盟后，成员国之间的贸易增量越大，即贸易创造效应越大；与之相应，若组建关税同盟后所形成的共同的对外贸易壁垒越低，其贸易转移效应会越小；成员国之间的地理位置越靠近，或者说商品运输和人员流动的成本相对低，则形成关税联盟后贸易创造的可能性越大。与之相应，组成关税联盟前成员国之间的贸易量越大，经济联系越密切，形成关税联盟后贸易转移的可能性就会相对地低，各国越有可能通过一体化来改善国民的福利水平。

关税同盟的静态效果还表现在减少行政开支、减少走私和加强集体谈判力量等方面。

(二) 关税同盟的动态效应

关税同盟的动态效果主要是指关税同盟对成员国就业、生产、国民收入、国际收支和物价水平的影响。

1. 资源使用效率提高

关税同盟由于取消了内部关税，使成员国之间的竞争加剧，专业化程度加深，资源使用效率提高。西托夫斯基(T. Scitovsky)认为，关税同盟建立后，促进了商品流通，加强了商品竞争，打破了垄断，经济福利因而提高。但也有人持相反意见，认为消除贸易壁垒后，市场扩大容易获得规模经济，反而产生垄断，使经济福利下降。

2. 获得规模经济

关税同盟建立后，成员国结为一体，自由市场扩大，可以获得专业化和规模经济的利益。巴拉萨(B. Balassa)认为，建立关税同盟后可以使生产厂商获得重大的内部与外部规模经济利益。但也有人认为，如果成员国内部生产厂商原有生产规模已经很大，再扩大的话，效率反而可能下降。

3. 刺激投资

关税同盟建立后，市场扩大，风险与不稳定性降低，从而吸引成员国新的厂商增加投资。由于竞争加剧，成员国原有厂商增加投资，以改善产品品质，降低成本。同时，同盟外的非成员国也会到成员国进行投资，以求获得同盟内交易免税的利益。

4. 促进技术进步

关税同盟建立后，壁垒取消，市场扩大，竞争加剧，投资增加，生产规模扩大，这些因素都将促使生产厂商更愿投资于研发，获得技术进步。

5. 促进生产要素流动

关税同盟建立后，市场趋于统一，生产要素可以在各成员国之间自由流动，促进其合理配置。

6. 促进经济增长

关税同盟的建立，以上各效应的获得，必将促进成员国经济的加速增长。

二、大市场理论

大市场理论是以共同市场作为分析基础的。共同市场的一体化范围比关税同盟又进了一步，关键是生产要素可以在成员国之间自由流通，将分割的小市场统一成大市场，通过大市场内的激烈竞争，实现专业化、大批量生产，使生产资源得到重新配置，提高效率，从而获得动态经济效应。大市场理论的代表人物是西托夫斯基(T. Scitovsky)和德纽(J. F. Deniau)。

大市场理论的核心是：①其目的是通过扩大市场才有可能获得规模经济，从而实现技术利益；②依靠因市场扩大化而竞争激烈的经济条件，实现上述目的。两者是目的与实现目的的手段的关系。

西托夫斯基用西欧"小市场与保守的企业家态度的恶性循环"的命题来说明大市场理论。他指出，在共同市场成立以前，由于市场狭小，价格高居不下，很多耐用消费品难以普及，因而不能批量生产，导致生产厂商陷入高利润率、高价格、低资本周转率的小规模生产的恶性循环之中。他认为，打破这种局面的办法就是通过建立共同市场或推行贸易自由化创造良好的竞争环境。激烈的竞争迫使企业停止过去的小规模生产方式，转向大规模生产，随着成本和价格的下降，消费者的实际收入水平提高，消费能力提高，因而产生如下良性循环：大市场产生—竞争激烈—大规模生产(以及其他的合理化等)—生产成本和价格下降—大众消费增加—市场进一步扩大……

德纽认为，大市场的建立导致机器设备的充分利用，大批量生产、专业化、最新技术的应用、竞争的恢复，所有这些因素都会使生产成本和消费价格下降，再加上取消关税所引起的价格下降，必然导致购买力的增加和消费水平的提高，消费的增加又导致投资的进一步增加。这样，经济就会开始滚雪球式的扩张：消费的扩大引起投资的增加，投资的增加又导致价格的下降，工资的提高，购买力的增加……

大市场理论提出了经济一体化的动态效果。但是，西托夫斯基和德纽的论述面太窄，人们对大市场理论仍存在疑问：实现规模经济这一目的与竞争激化这一手段之间是否能导致共同市场内部贸易创造和谐地扩大？因为竞争激化的结果往往是垄断，这对于共同市场的分工是不利的。

三、协议性国际分工理论

协议性国际分工理论是由日本教授小岛清提出的。他认为在经济一体化组织内部不能完全依靠传统的国际分工理论进行分工，因为按照比较优势理论，不一定能够获得规模经济的好处。这是因为，各国之间的同质竞争和发展会引起冲突和对立，比如两国同时生产一种具有规模经济效应的产品，由于产业集聚效应，就会形成以各国为单位的垄断和集中，不利于国际贸易的稳定和协调发展；因此为了各国互相都实现规模经济、和谐的扩大共同体内的贸易，就需要一种与比较优势原理不同的新的分工理论，即成本长期递减下的协议性分工原理。另外，以往的贸易和分工理论只是研究了成本递增情况下，通过比较优势来达成国际分工均衡，而对成本递减以及成本不变的情况没有研究。然而，在世界经济中成本递减（不变）的情况也是普遍存在的，经济一体化的目的也在于通过市场扩大来实现规模经济，因此有必要进行研究。

协议性国际分工的基本内容是，在成本递减的条件下，两国达成相互提供市场的协议，共同分享规模经济效益。这种协议性国际分工不能通过价格机制自动地实现，而必须通过当事国之间的某种协议来实现，即通过经济一体化的制度把协议性国际分工组织化。

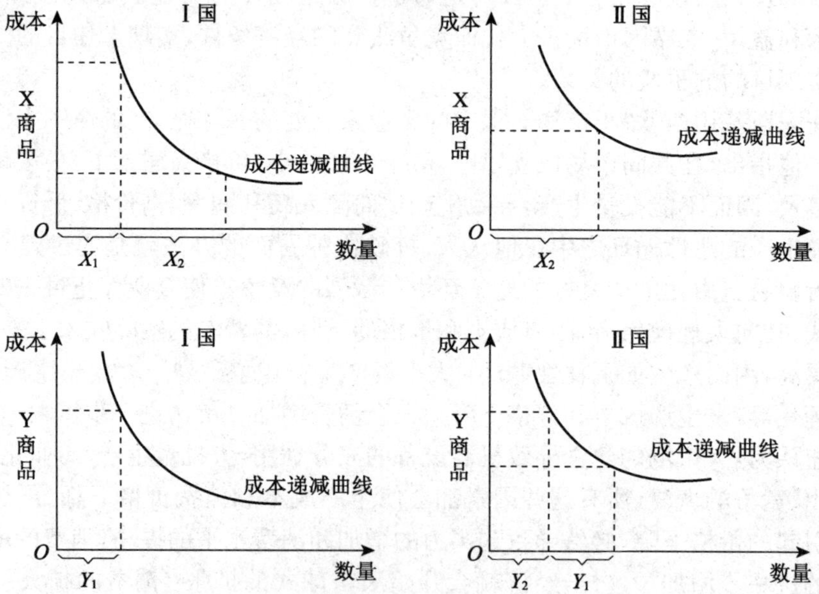

图 7-2　协议性国际分工示意图

如图 7-2 所示，假设分工之前Ⅰ国和Ⅱ国都分别生产 X 和 Y 两种商品，图中显示了两国的成本递减曲线。现假定Ⅰ国和Ⅱ国达成相互提供市场的协议，X 商品完全由Ⅰ国生产，Ⅱ国把国内 X_2 量的市场提供给Ⅰ国；Y 商品全部由Ⅱ国生产，Ⅰ国把国内 Y_1 的市场提供给Ⅱ国。两国进行这样集中生产，实行专业化后，如虚线所示，两种商品的成本都明显下降。这不仅仅是每种商品的产量等于分工前两国产量之和的情况，如果把成本、价格下降所带来的两国需求量的增加考虑进去，实际效果将更大。这里，重要的是Ⅰ国把Y商品的市场、Ⅱ国把X商品的市场分别提供给对方，即必须达成互相提供市场的协议。因此，称之为协议性分工原理。实行协议性国际分工可以使协议各方分享规模经济效益，但不是任何国家都可以进行协议性分工，需要具备以下几个条件：

各国要素禀赋条件差异不大，且生产力、工业化水平和经济发展阶段大体相同，从而保证进行协议性分工的产品可以在任何一国进行生产。此时，分工和贸易都会深化，出现贸易创造效果，这也是协议性分工理论的目标。但是，如果两国之间差异较大，那么可能由于某个国家比较成本优势较大而实行完全专业化，也即此时比较优势原理在起主导作用，因此没有进行协议性分工的必要。

分工的商品，应当能够获得规模经济效果。

对两国来说，无论生产哪种协议性分工产品，其经济利益的差异应当不大或相当，这样任何一国都不会产生太大的利益损失，即没有明显的优劣之分，容易达成协议进行分工。

以上三个条件表明，经济一体化应在同等发展阶段的国家之间建立，而不能建立在工业国和与初级产品生产国之间建立；同时，在发达工业国之间，可以进行协议性分工的商品范围较广，利益也较大。另外，生活水平和文化等类似、互相接近的地区容易达成协议，并且容易保证相互需求的均等增长。

第三节 区域经济一体化对国际贸易的影响

区域经济一体化的形成与发展，有着深刻的历史原因和社会经济基础，例如地缘关系、贸易壁垒、经济发展不平衡和科技进步等因素。此外，由于政治上的需要，通过调整区域内资源配置，以降低成本和提高产品竞争力，也是区域经济一体化建立的重要原因。区域经济一体化对国际贸易的影响主要体现在以下几方面。

一、促进了内部贸易的自由化

区域经济一体化组织成立后改变了贸易的流向。一体化组织实行内外有别的关税贸易政策，形成区域性的统一市场，加强了区域内的商品、劳务、技术、资本和劳动力的自由流动，成员国之间的贸易往来迅速增长，相互之间依赖性大大加强，在区域内的范围资源得到合理利用和配置。20世纪70年代欧共体内部市场容量不断扩大，成员国之间贸易迅速增长，大大超过与区域外的贸易的增长。

二、促进了区域内部的国际分工和生产专业化

以市场经济为基础的共同市场内部，由于取消了关税和非关税壁垒、产品自由流通、市场扩大、竞争加剧，从而促使技术革新加快、产业优化，促进了新兴工业部门的

发展。

区域内成员国之间贸易的增长说明市场扩大，并且向纵深发展。20 世纪 70 年代欧共体内部贸易中，工业品和半制成品贸易占总贸易额的比重超过 3/4，区域内成员国之间签订有关专业化生产的协定。

三、加速了组织内部的资本集中和垄断

区域内取消关税和非关税壁垒后，加剧了成员国之间的商品竞争与优胜劣汰，一些小企业在激烈的竞争中被淘汰和吞并，大企业在市场扩大和竞争加强的刺激下，力求扩大生产规模、增强资本实力，或通过并购成为更大的垄断组织，加速了资本的集中。

在激烈竞争下，为了加强本国企业的竞争力量，成员国政府运用国家垄断资本主义的政策和措施，在资本供应和税收方面给予优惠，以促进企业规模的扩大和企业之间的合作。这一切都使一体化成员国资本集中加速，垄断规模扩大。

四、改变了国际直接投资的方式和流向

区域经济一体化促进了区域内的贸易自由化和生产专业化的发展，生产规模扩大，再加上区域内跨国界投资障碍的减弱和消除、投资风险的降低，使得区域内资本首先在区域内寻找投资机会。

对于区域外的资本，由于一体化组织对外实行歧视政策，面对区域内的更好的经济前景，为了享受区域内的国民待遇，原来以商品出口的方式进入区域内市场的外国公司改以直接投资的方式进入区域内市场直接进行生产投资。在投资总量一定的情况下，对某一区域内部的投资增加，就意味着在其他地区投资的减少。

五、加强了一体化组织在国际贸易中的地位和竞争力

一体化组织成立后形成统一的大市场，成员国之间贸易、投资等联系日益密切，必然加强一体化组织在国际竞争中的地位。欧共体 1958 年建立时，6 个成员国的工业生产不到美国的一半，黄金储备只有美国的 55%，出口贸易和美国相近。到 1989 年时欧共体 9 国的 GNP 达 23 800 亿美元，已超过美国的 23 480 亿美元，出口贸易额也超过美国的 2 倍以上，黄金外汇储备比美国大 5 倍多。由于对外实行共同关税和统一政策，美国在欧共体市场的地位大大削弱。1958 年美国对原欧共体 6 国的出口约占共同体市场进口总额的 12%，1971 年下降到 9.7%，1985 年下降到 7.9%。欧共体对美贸易由逆差变为顺差，1984 年为 226 亿美元，1986 年为 264 亿美元。2011 年欧盟对美贸易顺差为 680 亿欧元，2021 年达到 1 670 亿欧元。

六、区域经济一体化有利于增加就业，促进生产

区域内市场的扩大，使其成员国的企业获得了内部市场扩大和规模效益提高，以

及从其他成员国获得廉价原材料和中间产品的好处,增加了就业和生产。

七、区域经济一体化加强了一体化的谈判力量

一体化组织的建立增强了区域组织的经济实力,加强了其对外谈判的力量,从而有利于成员国贸易条件的改善。实际中,区域经济一体化在发展中国家之间的发展落后于发达国家之间,与发达国家的贸易条件相比较,发展中国家的贸易条件非常不利,还需改善。

总之,在区域经济一体化的过程中,各区域经济集团内部都不同程度地规定了减免关税、消除贸易壁垒、保证产品在区域内自由流通的政策和措施。这有利于改善区域内成员国之间的商品贸易条件,推动区域内贸易的发展,从而促进国际贸易的增长和提高。

第四节　区域经济一体化的发展实践

第二次世界大战后,区域经济一体化出现了两次高潮,第一次出现在 20 世纪 50 年代末至 60 年代中期,第二次出现在 20 世纪 80 年代中期。近年来,区域经济一体化蓬勃发展,出现了很多新的区域经济组织,这些区域经济一体化组织跨洲合作、互相交叉,融合与竞争并存。其中最具代表性且对世界经济影响较大的是欧盟、北美自由贸易区和亚太经合组织。

一、欧洲联盟

欧洲联盟,简称欧盟(Economic Union, EU),总部设在比利时首都布鲁塞尔(Brussels),现拥有 27 个会员国。欧盟是由欧洲共同体(European Communities)发展而来的。1951 年 4 月 18 日,法国、联邦德国、意大利、荷兰、比利时和卢森堡 6 国在法国首都巴黎签订了《欧洲煤钢联营条约》,该条约翌年 7 月 25 日生效。1957 年 3 月 25 日,上述 6 国又在意大利首都罗马签订了建立《欧洲经济共同体条约》和《欧洲原子能共同体条约》,统称《罗马条约》,条约于 1958 年 1 月 1 日正式生效。1965 年 4 月 8 日,6 国签订了《布鲁塞尔条约》,决定合并 3 个共同体,统称欧洲共同体。欧洲共同体经历了两次扩大。1973 年,英国、爱尔兰和丹麦加入,1981 年希腊成为欧洲共同体的第 10 个成员国,1986 年西班牙和葡萄牙加盟,欧洲共同体成员国增至 12 个。自 1968 年 7 月 1 日起,取消内部关税,建立关税同盟;在这一时期,还实行了共同财政政策,建立了欧洲货币体系。1992 年底,正式结成“内部统一大市场”,实行了货物、服务、人员和资金的自由流动。

1991 年 12 月 9 日,欧洲共同体 12 国在荷兰马斯特里赫特召开特别首脑会议,签订了《欧洲经济和货币联盟条约》和《欧洲政治联盟条约》,统称为《马斯特里赫特条

约》。1993 年 11 月 1 日,《马斯特里赫特条约》正式生效,欧洲共同体正式更名为欧洲联盟。12 个成员国拆除了相互之间的边界,取消了海关,实行商品、服务、资本和劳动力的全部或部分流通。1995 年奥地利、芬兰和瑞典入盟。2004 年又有 10 国成为正式成员国:捷克、爱沙尼亚、塞浦路斯、拉脱维亚、立陶宛、匈牙利、马耳他、波兰、斯洛文尼亚和斯洛伐克。2007 年罗马尼亚和保加利亚加入欧盟,2013 年克罗地亚加入欧盟。原 28 个成员国中,英国 2016 年 6 月全民公投决定脱离欧洲联盟(简称"脱欧")。2020 年 1 月 30 日,欧洲联盟正式批准了英国"脱欧"。

欧洲联盟作为世界上一体化程度最高的区域性经济政治组织,体现了欧洲经济一体化独特的发展特点:第一,一体化过程具有渐进性与复杂性。欧盟从最初的"欧洲煤钢共同体"发展到政治、经济、军事一体化的区域经济组织,从最初的 6 个成员国发展成拥有 27 个成员国,历经了数十年。各种协调成就的获得是通过实施阶段性政策的结果。欧盟各种成就的获得不是一步到位的,而是有步骤、有阶段的实施结果。第二,以一套完整的超国家的组织、管理机构来进行成员国之间的相互协调。机构主要有理事会、欧盟委员会、欧洲议会、欧洲法院、欧洲审计院等机构。这一套机构保证了欧盟决议的顺利执行。此外,还组建区内中央银行,发行统一货币欧元,形成了超越主权国家而行使管理权利的组织机构。

二、北美自由贸易区

(一) 北美自由贸易区的建立

北美自由贸易区(North American Free Trade Agreement,NAFTA)由美国、加拿大和墨西哥组成。1988 年美国和加拿大建立美加自由贸易区,双方约定在 10 年内完全取消两国间的贸易壁垒。在美加自由贸易区生效一年后,美国决定将该自由贸易区扩大到墨西哥,并于 1991 年开始正式谈判。1992 年 12 月 17 日,美国、加拿大和墨西哥三国政府首脑正式签署《北美自由贸易协定》,1994 年 1 月正式生效。

美国通过北美自由贸易区的建立,能够充分利用墨西哥市场、廉价劳动力和自然资源,然而墨西哥的劳动力向美国非法移民,对美国本土劳动力市场会造成很大的负面影响。对墨西哥而言,与美国、加拿大的自由贸易意味着其产品能够顺利进入两个世界上重要的发达国家市场。在与中国及东南亚劳动密集型产品存在竞争的情况下,有利的地理位置和免税待遇,使其产品在价格和对市场的反应能力上具有极大的优势和竞争力。

北美自由贸易协定生效后不久,美国提出建立美洲自由贸易区的提议,2001 年,包括 34 个国家在内的美洲国家初步商定,2005 年前在北美自由贸易区的基础上建立美洲自由贸易区。但自 2001 年以来,美国和拉美国家关系日益恶化,拉美国家反美联盟不断扩大。2005 年 11 月在阿根廷举行的第四届美洲国家首脑会议上,由于巴西等国的反对,美国试图重启美洲自由贸易区谈判的努力遭到失败。美国政府放弃了美洲自由贸易区谈判,开始同一些拉美国家如秘鲁、哥伦比亚等签订双边自由贸易协定。

北美自由贸易区的建立具有以下特征:第一,北美自由贸易区是发达国家与发展中国家之间的区域合作,其合作的基础不是双方的经济水平一致,而是源于密切经济联系与经济互补。第二,北美自由贸易协定是一个综合经济协定,北美自由贸易区的协调范围超越了一般自由贸易区的界限,涉及商品贸易、投资、服务、金融、农业、环境保护、知识产权保护、劳工标准等领域。同时,北美自由贸易区以符合世界贸易组织为主要原则。因此,在成员国之间实现贸易自由化的同时并不提高对非成员国的关税壁垒。第三,实行有差别的消除贸易壁垒的安排。协定规定分三个阶段取消进口关税及其他贸易壁垒,实现商品劳务的自由流通。但由于墨西哥经济发展水平较低,因此,该模式采取了阶段性的消除贸易壁垒规定。比如协定中规定在第一阶段,墨西哥只对来自美国35%的商品取消关税,对来自加拿大的5%的商品取消关税,而美国和加拿大则对来自墨西哥的80%的商品免税。

(二) 美墨加协定

2017年,美国总统特朗普执政后,提出了"美国优先"战略,并以此为标准构建新的全球贸易新规则。美国退出跨太平洋伙伴关系协定(Trans-Pacific Partnership Agreement, TPP)后,随即于2017年8月重启北美自由贸易区谈判。

特朗普认为,北美自由贸易区运行以来,有利于他国而不利于美国,大量外国产品输入美国,导致美国贸易逆差加大和失业的增加,需要重新考虑三国的贸易协定。2018年11月30日,美国、墨西哥和加拿大三国签署了新协议,升级后的《北美自由贸易协定》命名为《美墨加协定》(USMCA)。

《美墨加协定》共有34章,长达1 812页。其中新协定使得加拿大对美国进一步开放乳制品和酒类市场,缓解美国农产品的出口困境。新协定对知识产权和数字贸易相关时限做出调整。USMCA将版权条款从作者有生之年加50年延长至作者有生之年加70年。延长保护药物免受仿制药竞争时间,将生物制剂的8年数据保护期调整为10年。同时,对专利和商标实行更严格保护等。

三、亚太经合组织

"亚洲和太平洋经济合作组织"(Asia Pacific Economic Community, APEC)于1989年建立。现有成员21个,即美洲的5个,加拿大、美国、墨西哥、秘鲁、智利;大洋洲的三个,澳大利亚、新西兰、巴布亚新几内亚;亚洲的12个,中国内地、日本、韩国、中国台北、中国香港、泰国、马来西亚、新加坡、印度尼西亚、菲律宾、越南和俄罗斯。

(一) APEC的三个发展阶段

1. 早期形成阶段:1989—1991年,APEC基本上属于一个高层次区域经济论坛,每年年底召开一次部长会议。1992年的部长会议决定建立知名人士小组,研究贸易前景,直接向部长报告,同年还成立了秘书处、行政预算委员会。此阶段,APEC成员达成共识:APEC应以促进区域内经济增长和发展为目的,尊重本地区不同的社会经济发展程度,并以非正式的磋商作为交换意见的基础,支持多边贸易体制,广泛开展贸易自由、投资自由、人力资源开发、技术转移等经济合作,强调私人企业参与APEC的重要性。

2. 迅速发展阶段:1993年,在西雅图第一次领导人非正式会议上,提出将贸易与投资自由化作为其主要目标。1994年的《茂物宣言》提出发达成员于2010年、发展中国家于2020年实现贸易与投资自由化的目标。1995年大阪会议确立了以贸易与投资自由化、便利化以及经济技术合作为APEC的两大支柱,并通过了执行《茂物宣言》的行动议程,即大阪行动议程。

3. 计划实施阶段:1996年苏比克会议提出《马尼拉行动计划》,汇集了各成员体的单边行动计划和集体行动计划,以及350个经济和技术合作项目的进展情况,并决定从1997年1月1日起实施马尼拉计划。1997年11月,温哥华会议重申继续推进贸易与投资自由化和经济技术合作进程,并确定9个领域(环境保护、渔业、林产品、医疗设备、能源、玩具、珠宝、化工及电讯)提前实现贸易自由化。1998年11月,吉隆坡会议再次就经济技术合作、贸易与投资自由化和电子商务等问题进行广泛磋商,通过了《走向21世纪的APEC科技产业合作议程》和《吉隆坡技能开发行动》两个文件。

(二) APEC的特点

1. APEC首开"开放的地区主义"原则之先河。不仅是经济交往中区域内障碍的实际减少,而且还是包括对非成员的区域外障碍的实际减少。在最惠国基础上内部自由化的同时,承诺继续减少其对非成员国的壁垒;在互惠基础上,愿意向非成员延展其自由化。它从根本上改变人们广泛担心的地区主义与全球主义的抗衡,也改变了地区一体化组织之间可能产生的对峙,因此它将在地区主义与全球主义之间架起桥梁。

2. APEC合作体制和原则的创新——摈弃谈判而协商一致。谈判就是讨价还价,谈判的各方都是对手。而协商一致显示了各成员特别是发达成员和发展成员在区域组织中处于平等地位,体现着不同成员间的合作精神,这就为区域内经济合作和各成员不同意见或建议的发表创造了一种宽松平和的氛围。另外,由于资料和建模技术方面的不足,各成员削减关税和削减数量限制的净效果通常不能准确地计算,而贸易与投资便利化的许多重要的部分就更难计算和比较了。而就各成员行动计划进行协商,友善地讨论,提出不足和修改建议,供有关成员参考改进。这种做法有利于行动计划按期开始执行,在执行中修改完善,可以避免因分歧众多而陷入僵局。

3. APEC区域合作体制设计是"市场+制度"模式的创新。欧洲联盟和北美自由贸易区是当今世界推行区域经济一体化较为成功的典型,它们采用的区域经济合作模式是以贝拉·巴拉萨的"市场+制度"理论为指导的,这种模式虽然强调市场的基础性作用，但更加重视制度与国家，尤其是超国家机构的调节作用。因而认为能否最终形成超国家机构，是“市场+制度”模式成功实施的关键。APEC 方式隐含的一个重要前提是，在本地区不设立超国家机构，因而 APEC 也不具备超国家权力。

因此，可以说，APEC 的性质是一个开放的、灵活的、讲求实效的经济合作论坛，是一个松散的协商机构。

四、“一带一路”倡议

“一带一路”倡议的提出，始于 2013 年习近平总书记访问哈萨克斯坦和印度尼西亚。“一带一路”是中国综合了国内国际各种因素之后，形成的一个构思体系。“一带”指丝绸之路经济带，主要包括三条走向：一是从中国西北、东北经中亚、俄罗斯至欧洲(波罗的海)；二是从中国西北经中亚、西亚至波斯湾、地中海；三是从中国至东南亚、南亚、印度洋。战略走向以中亚 5 国、中南半岛有关国家和俄罗斯、蒙古为重点，通达西亚、中东和中东欧国家。“一路”指 21 世纪海上丝绸之路，主要包括两条走向：一是从中国沿海港口过南海，经马六甲海峡到印度洋，延伸至欧洲；二是从中国沿海港口过南海，经印尼抵达南太平洋。该战略走向以东盟 10 国和斯里兰卡等南亚国家为重点，远期考虑北冰洋方向。“一带一路”涉及 65 个国家(包括中国)，总人口 44 亿，年生产总值 21 万亿美元，分别占全球的 62.5%和 28.6%。

“一带一路”是中国参与制定国际政治和经济规则的手段，涉及基础设施、经贸合作、产业投资、能源资源、金融合作、人文交流、生态环境和海上合作八大领域，目标是与沿线国家“共同打造政治互信、经济融合、文化包容的利益共同体、命运共同体和责任共同体”。“一带一路”倡议分三个阶段实施：第一阶段：到 2016 年，夯实基础，包括基础设施开工，沿线达成共识，自由贸易区(10+1，中国—海合会自贸区，RCEP，中国—斯里兰卡自贸区)建设实现突破。第二阶段：到 2024 年，一体化格局形成，包括沿线国家高标准自由贸易区网络基本形成，通往波罗的海和印度洋的战略通道安全畅通。第三阶段：到 21 世纪中叶，建成以中国为主的利益、责任和命运共同体，包括“两翼齐飞”和“五通”(政策沟通、设施互通、贸易畅通、资金融通、民心相通)基本实现，我国在周边事务和全球治理结构中将会占据主导优势，见表 7-2。

表 7-2　区域经济一体化组织概览

名称	成员国(地区)	总部(常设机构)所在地	成立时间
欧洲自由贸易联盟	奥地利、挪威、瑞典、瑞士、冰岛、芬兰、列支敦士登	日内瓦	1960.1
比荷卢经济联盟	比利时、荷兰、卢森堡	布鲁塞尔	1960.11
欧洲共同体(欧盟)	爱尔兰、比利时、丹麦、德国、法国、荷兰、卢森堡、葡萄牙、西班牙、希腊、意大利、英国、奥地利、瑞典、芬兰	布鲁塞尔	1958 (1994.1.1)

（续表）

名称	成员国(地区)	总部(常设机构)所在地	成立时间
维谢格拉德集团	匈牙利、波兰、捷克、斯洛伐克	维谢格拉德	1991.2
独联体经济联盟	亚美尼亚、白俄罗斯、哈萨克斯坦、俄罗斯、乌兹别克斯坦、吉尔吉斯斯坦、摩尔多瓦、塔吉克斯坦、阿塞拜疆	莫斯科	1993.9
欧洲经济区	爱尔兰、比利时、丹麦、德国、法国、荷兰、卢森堡、葡萄牙、西班牙、希腊、意大利、英国、奥地利、挪威、瑞典、冰岛、芬兰		1994.11
东南亚国家联盟	印度尼西亚、马来西亚、新加坡、菲律宾、泰国、文莱、越南	雅加达	1967.8
海湾合作委员会	阿联酋、阿曼、巴林、卡塔尔、科威特、沙特	利雅得	1981.5
南亚合作联盟	孟加拉国、不丹、印度、马尔代夫、尼泊尔、巴基斯坦、斯里兰卡	加德满都	1985.12
阿拉伯合作委员会	埃及、约旦、伊拉克、也门	安曼	1989.2
西非国家经济共同体	贝宁、布基纳法索、科特迪瓦、马里、毛里塔尼亚、尼日尔、塞内加尔、多哥等	瓦加杜古	1973.4
中非国家经济共同体	布隆迪、赤道几内亚、刚果、加蓬、喀麦隆、卢旺达、扎伊尔、中非、圣多美和普林西比、乍得	卢萨卡	1981.12
安第斯集团	秘鲁、玻利维亚、厄瓜多尔、哥伦比亚、委内瑞拉	利伯维尔	1983.10
加勒比共同体	多多巴斯、安提瓜和巴布达、巴哈马、伯利兹、多米尼加联邦、格林纳达、圭亚那等	乔治敦	1983.10
北美自由贸易区	美国、加拿大、墨西哥	墨西哥城	1992.12
中美自由贸易区	萨尔瓦多、洪都拉斯、危地马拉、尼加拉瓜	圣萨尔瓦多	1993.2
澳新自由贸易区	澳大利亚、新西兰	堪培拉	1990.7
亚太经济合作区(亚太经合组织)	日本、中国内地、韩国、新加坡、印尼、马来西亚、泰国、菲律宾、文莱、越南、墨西哥、加拿大、美国、澳大利亚、智利、中国香港和中国台湾	堪培拉	1994.11
跨太平洋伙伴关系协定	新西兰、智利、新加坡、文莱、美国、澳大利亚、秘鲁、越南、马来西亚、加拿大、墨西哥、日本		2002.10
跨大西洋贸易与投资伙伴关系协定	美国、欧盟各国		2013.2
“一带一路”倡议	中国等 65 国		2013
区域全面经济伙伴关系(RCEP)	东盟 10 国、中国、日本、韩国、澳大利亚、新西兰、印度(最后退出)		2020.11

本章小结

1. 经济一体化既是一个过程，又是一种状态。目前的区域经济一体化形式主要有：优惠贸易安排、自由贸易区、关税同盟、共同市场、经济联盟、经济一体化。

2. 区域经济一体化理论：关税同盟理论、大市场理论和协议性分工理论。

3. 关税同盟的静态效应和动态效应。

4. 区域经济一体化对国际贸易的影响。

5. 具有代表性的对世界经济影响较大的区域经济一体化组织是欧盟、北美自由贸易区、亚太经合组织。

重要概念

区域经济一体化　自由贸易区　关税同盟　共同市场　经济联盟　贸易创造　贸易转移　最优货币区　北美自由贸易区　欧盟　亚太经合组织　“一带一路”倡议

重要概念解释

复习思考题

1. 区域经济一体化有哪几种组织形式，各形式的特征是什么？
2. 什么是贸易创造和贸易转移？
3. 试述区域经济一体化和全球经济一体化的关系。
4. 当前区域经济一体化发展有何新特点？

案例分析 1　　案例分析 2　　延伸阅读 1　　延伸阅读 2

第八章　GATT 与 WTO

本章导读　毋庸置疑，当今世界经济发展的显著特征和必然趋势是经济的全球化。无论是从政治、经济还是文化方面来看，各国之间的相互影响和相互依存关系都在日益加强，任何一个国家都不可能孤立于世界经济和国际社会之外来寻求经济的复苏和振兴。经济全球化的含义可以从三个方面来理解：①生产的全球化。这意味着各种生产要素——资本、技术、信息与人才等在世界范围内越来越自由地流动，各国的企业可以在全球范围内寻找资源，组织生产，从而降低成本，取得市场竞争的优势。②消费的全球化。随着贸易壁垒的逐渐消除和国际贸易的发展，各国的消费者可以在世界市场上以最少的花费换得最好的商品和服务，满足其消费需要。③经济体制的一体化。当全球化发展到一定阶段后，各国企业在世界市场上进行直接的竞争，经济体制的差异就会成为经济发展中的重要问题。统一的经济体制和共同接受的规则，可以使各国企业在国际经营中减少不确定性，降低交易成本，从而扩大经济活动的深度和广度，增加所得的利益。

本章学习重点与教学要求

第一节　GATT 概述

一、世界贸易组织的前身——关贸总协定

（一）关贸总协定的产生

关贸总协定是关税与贸易总协定的简称（General Agreement on Tariffs and Trade，GATT），是世界贸易组织的前身，于 1947 年 10 月 30 日由 23 个国家在日内瓦签订，是关于调整各国在国际贸易政策方面相互权利和义务的一项多边条约。它也指执行这个协定的国际组织。它与世界银行、国际货币基金组织一起构成战后世界经济机制运行的三大支柱。

关贸总协定的产生是基于西方国家众多经济学家和政治家对两次世界大战深刻反省的结果。他们普遍认为，货币体系破坏和贸易保护主义政策是导致国际经济关系恶化、贸易秩序混乱的主要原因；同时这也会形成弱肉强食的局面，助长以邻为壑的经济民族主义思潮的泛滥，从而诱发战争。为此，必须用法律的手段建立相对稳定的国际经济关系，尤其是稳定的货币体系和开放的贸易自由化环境。

第二次世界大战结束后，美国就向联合国经社理事会提议召开世界贸易和就业会议并建立国际贸易组织。1946 年 2 月，联合国经社理事会在伦敦举行第一次会议，决定召开联合国贸易和就业会议，以便起草一个世界贸易宪章，并且根据这一决议。成立了由 19 个国家组成的贸易和就业会议筹委会。在筹委会召开会议之前，美国以其《扩大世界贸易与就业法案》为基础，提出了一项《国际贸易组织宪章草案》。1946 年 10 月，在伦敦召开了第一次筹委会，讨论美国提出的国际贸易组织宪章草案，并决定成立起草委员会对草案进行修改。1947 年 4 月，在日内瓦召开的第二次筹委会上通过了宪章草案。同年 10 月，在哈瓦那举行的联合国贸易和就业会议上，审议并通过了国际贸易宪章，即《哈瓦那宪章》，但该宪章未能得到某些国家国内立法机构的批准，因而国际贸易组织未能成为现实。

尽管如此，原先参与会议的国家认为他们仍可就相互减让关税问题进行谈判，并达成了一系列关税减让协定，原来的宪章起草委员会遂将这些协定和宪章中有关贸易政策的内容合在一起，形成了《关税与贸易总协定》，经签署“临时适用协定书”而于 1948 年 1 月 1 日开始临时实施，当时的缔约国有包括中国在内的 23 个国家。

(二) 关贸总协定的宗旨和基本原则

1. 关贸总协定的宗旨

总协定的宗旨是：缔约方政府在处理贸易和经济事务关系时，应以提高生活水平，保证充分就业，保证实际收入和有效需求的巨大持续增长，扩大世界资源的充分利用以及发展商品生产与交换为目的，通过多边贸易谈判，大幅度地削减关税和其他贸易障碍，取消国际贸易中的歧视待遇。

2. 关贸总协定的基本原则

(1) 非歧视原则。非歧视原则是总协定中最为重要的原则，这个原则是通过总协定中的最惠国待遇条款和国民待遇条款体现的。这两则条款主要是针对进出口商品与相关事项。

总协定的最惠国待遇条款是无条件的。它要求每一个缔约国应该在进出口方面以相等的方式对待所有其他缔约国，而不应该采取歧视待遇。根据总协定第一条规定：“一缔约国对来自或运往其他国家的产品所给予的利益、优待、特权或豁免，应当无条件地给予来自或运往所有其他缔约国的相同产品。”例如，一缔约方可根据最惠国待遇，享受任何缔约方通过谈判达成的所有关税减让和其他贸易上的优惠待遇。这样，最惠国待遇条款就从双边互惠推广到多边互惠。但这项条款也有若干例外，例如，最惠国待遇条款不适用于总协定签订时已经存在的特惠关税、关税同盟、自由贸易区以及毗邻国家之间对边境贸易所给予的优惠待遇。

国民待遇条款的对象局限于从外国进口的商品，不涉及外国商人的其他商业行为，要求每一缔约方对任何缔约方的产品进入本国国内市场时，在国内税或其他国内商业规章等方面应享有与本国产品同等待遇，不应受到歧视。

(2) 关税保护和关税减让原则。总协定规定缔约方只能通过关税来保护本国产品和产业，而不允许采用其他非关税措施进行保护。在实行关税保护时，总协定的缔约各方相互之间应通过关税减让的谈判逐步降低关税。关税减让的原则是各缔约方彼此作出互惠与平等的让步，达成关税减让表协议。关税减让表所达成的固定的税率，任何缔约方无权单方面予以改变，至少在一定时期内不得改变。

(3) 一般取消数量限制原则。为了保障关税作为唯一的保护手段，总协定一般禁止缔约方实行国际贸易中最为普遍的非关税措施——数量限制。但是，为了保护国内农业生产和农产品市场，为保障对外金融地位和国际收支平衡，为发展中国家的经济发展，提高其人民的一般生活水平，可以在非歧视性的基础上，经国际货币基金组织认可，实施或维持数量限制。

(4) 禁止倾销和限制出口补贴的公平贸易原则。总协定规定禁止缔约方在出口方面实行倾销和出口补贴的措施，并授权缔约方在其某项工业由于倾销或出口补贴而受到重大损害或受到重大威胁时，可以征收反倾销税或反补贴税予以抵制。

(5) 豁免与紧急行动原则。总协定有豁免承担总协定某项义务和争取保障措施的规定。因意外情况的发生或因一缔约方承担本协定义务(包括关税减让在内)而使某一产品的进口数量大为增加，对该国同类产品或直接竞争产品的生产造成重大损害或产生重大威胁时，这一缔约方可以对上述产品全部或部分地暂停实施其所承担的义务，或者撤销或修改减让。但在采取该保障措施行动之前，必须要与受影响的缔约方进行磋商，否则受影响的缔约方有权暂停实施大体上对等的关税减让或其他义务。

(6) 对发展中国家的特殊优惠待遇原则。承认发达国家与发展中国家间的非互惠原则，规定了对缔约国中发展中国家在贸易和发展方面的特殊要求。包括发展中国家遇到国际收支困难，或外汇储备下降，不足以满足经济发展规则的进口需求时，可以实行进口限制；为了建立一种新兴产业，可以实行进口限制或保持关税结构的充分的弹性；承认补贴是发展中国家规划的组成部分，允许出口补贴；允许发展中国家之间相互进行关税减让而不必同时对发达国家减让；发展中国家可以享受发达国家单方面给予的普惠制待遇等。

(7) 磋商解决原则。总协定规定了一整套争端解决机制，用以保护缔约国之间权利和义务的平衡。一旦发生争议，争议双方先协商调解，若协商不能解决争端，申诉方可以请求成立专家小组(一般 3～5 人)，由专家小组进行调查，并做出裁决，然后向总协定理事会提出报告。理事会可接受、修改或退回专家小组的报告。若理事会通过专家小组的报告，就要说服违反总协定规则的那方改变其做法，遵守规则。如败诉方拒绝执行，理事会可授权胜方进行报复。

(8) 透明度原则。透明度原则是指缔约方政府公布同进出口贸易和服务有关的法律与规章。在这些法律规章公布以前不能实施，而且有义务接受其他缔约方对实施状况的检查、纠正与监督。其目的在于，防止缔约方之间进行不公开的贸易管理，造成歧视性待遇的产生，保证缔约方真正享受权利，履行义务，维持利益平衡。

二、关贸总协定的多边贸易谈判

从《关贸总协定》诞生至 1995 年 1 月，其主要活动内容为多边贸易谈判，在总协定的主持下，共举行了 8 轮多边贸易谈判，每一轮谈判都取得了一定的成果。8 轮谈判概况见表 8-1。

表 8-1　　关贸总协定历次多边贸易谈判概况

序号	时间	地点	主要议题	主要结果	参加方/个
1	1947 年 4 月—1947 年 10 月	日内瓦 Geneva	关税减让	就 45 000 项商品达成关税减让，使发达国家 54%的进口商品平均降低关税 35% GATT 于 1948 年 1 月 1 日正式生效	23
2	1949 年 4 月—1949 年 10 月	安南西 Annecy	关税减让	就近 5 000 项商品达成新关税减让，使占应征税进口值 5.6%的商品平均降低关税 35%	33
3	1950 年 9 月—1951 年 4 月	托尔基 Torquay	关税减让	就近 8 700 项商品达成新关税减让，使占进口值 11.7%的商品平均降低关税 6%	39
4	1956 年 1 月—1956 年 5 月	日内瓦 Geneva	关税减让	就近 3 000 项商品达成新关税减让，使占进口值 16%的商品平均降低关税 15%	28
5 狄龙回合	1960 年 9 月—1962 年 7 月	日内瓦 Geneva	关税减让	就近 4 400 项商品达成新关税减让，使占进口值 20%的商品平均降低关税 20%	45
6 肯尼迪回合	1964 年 5 月—1967 年 6 月	日内瓦 Geneva	关税减让 非关税壁垒问题	就近 60 000 项商品达成新关税减让，工业品进口关税下降 35%，第一次使用线性减让关税方式，第一次涉及非关税壁垒，并制定了第一个反倾销协议，GATT 增加了第四部分	54
7 东京回合、尼克松回合	1973 年 9 月—1979 年 4 月	东京 Tokyo	关税减让 非关税壁垒问题	以一揽子关税减让方式，就影响世界贸易额 3 000 亿美元的商品削减关税 25%～33%。以瑞士公式代替线性减让。达成 9 个东京回合守则	99

（续表）

序号	时间	地点	主要议题	主要结果	参加方/个
8 乌拉圭回合	1986 年 9 月—1993 年 12 月	乌拉圭 Uruguay	货物贸易 14 个议题 服务贸易	达成了包括近 40 个协议和决定的最后文件。决定建立世界贸易组织来代替关贸总协定	128
9 多哈回合	2001 年 11 月—2009 年 11 月	多哈 Doha	贸易和发展问题	经历了 7 个回合，历时 8 年的多哈回合谈判没有打破僵局	159

从表 8-1 中所列内容可以清楚地看出，前 5 轮谈判的主要议题都是围绕关税减让，从第 6 轮开始有所改变，它第一次涉及非关税壁垒的问题，制定了第一个反倾销协议；还增加了第四部分，即“贸易和发展”，在一定程度维护了发展中国家在国际贸易中的利益；而且首次允许“中央计划经济国家”参加关贸总协定多边贸易谈判。而第 7 轮谈判则是历次以来参加方最多的，在 99 个参加方中，有 29 个是非缔约方；谈判议题已从关税扩展到了非关税壁垒，而且关税减让已让位于比较次要地位；达成了进一步给予发展中国家优惠的“授权条款”，授权范围包括普遍优惠制和其他特殊待遇。但是由于东京回合达成的协议只能以守则式的方式实施，达成共识的国家可以进行合作，而不需要所有总协定缔约方参加。

从各次谈判的情况来看，总协定的发展过程的特点有：参加总协定的国家不断增加；在历次的多边贸易谈判中，发达国家居主导地位；美国在总协定中的地位举足轻重，影响巨大，但其作用日益下降；谈判的议题扩大，内容增多，谈判时间拉长。

关贸总协定的前七轮谈判对降低关税，约束非关措施，促进贸易自由化，注重发展中国家的利益等方面发挥过巨大的作用，但其自身还存在一些局限。

（一）缺乏权威性和完整性

总协定仅是临时协议，并不是正式生效的国际公约。从传统的法律和组织来看，总协定是众多国际机构中级别较低的一个，没有自己的组织基础，仅是一个政府间行政协议。

（二）缺乏公正性

总协定中的“例外规定”和“灰色措施”是使合法与不合法的认定标准变得比较模糊；其依赖于政府间谈判而发生效用的方式，使谈判结果往往取决于各国政治、经济的强弱，难以达到应有的公正。

（三）管辖范围的局限性

总协定仅管辖货物贸易，而农产品和纺织品、服装还不受总协定自由化的约束。这与世界性产业结构向服务业、第三产业转变，国际服务贸易及投资的迅速发展不相适应，也与贸易有关的知识产权保护的要求不适应。总协定不能适应国际经贸环境的巨大变化，尤其是经济全球化和知识经济发展的要求。

三、乌拉圭回合谈判

关贸总协定于1985年9月召开特别缔约方大会，专门研讨新一轮多边贸易谈判。经过各方反复协商，于1986年9月15日—20日，在乌拉圭埃斯特角城举行总协定缔约方部长级会议，决定发动第8轮贸易谈判，即乌拉圭回合多边贸易谈判，简称“乌拉圭回合”。参加会议的国家和地区达到128个。这一轮谈判涉及的范围之广泛、议题之复杂、对世界经济的影响之深远，在总协定历史上是空前的。我国政府派代表团出席了会议并获得了全面参加这一轮各项议题谈判的资格，成为乌拉圭回合谈判的参加国。

乌拉圭回合谈判在1990年底中断，于1991年2月重新开始谈判。由于美国和欧共体之间在农产品出口补贴问题上继续存在分歧，乌拉圭回合谈判在1992年4月再次中断。后经美国和欧共体协商和让步，这轮谈判于1993年12月15日在日内瓦告一段落，于1994年4月15日正在摩洛哥马拉喀什草签了经过修改的乌拉圭回合谈判所达成的最后文件，使这个历时8年的谈判宣告正式结束。

(一) 谈判的特点

1. 参加谈判成员的广泛性

这次谈判不仅包括所有缔约方正式成员，还容纳了非正式成员，共计128个国家与地区作为谈判参加方，19个观察员、30多个国际组织，共5 000多人出席，大大超过以往任何一届的成员。

2. 谈判议题内容的多样性

这次谈判内容可分为传统货物贸易谈判和服务贸易谈判两方面，共计15个议题。其中，围绕市场准入展开的进一步实现贸易自由化的谈判议题6个，即关税、非关税壁垒、热带产品、自然资源产品、农产品贸易、纺织品和服装贸易；强化多边贸易体制及作用的议题6个，即总协定条款、保障条款、多边贸易谈判协议和安排、补贴与反补贴措施、争端解决程序、总协定体制运行；新议题3个，即与贸易有关的投资措施、知识产权保护和服务贸易。

3. 谈判各方的矛盾错综复杂性

这主要是发达国家之间在农产品贸易等问题上的矛盾；发达国家与发展中国家之间在纺织品和服装、服务贸易、保障条款、投资措施与知识产权保护等方面的矛盾；此外，不同国家之间围绕着反倾销守则修改等问题上的矛盾。

4. 谈判议题进展的不平衡性

发达国家关注的国际服务贸易、投资措施与知识产权保护谈判进程较快，已达成初步协议，而发展中国家关心的农产品贸易、热带产品贸易等谈判却相对较慢。

5. 谈判权限具有一定程度的不平等性

一些议题采取发达国家以秘密方式磋商达成初步共识后，再拿到大范围参加谈判的成员中进行讨论，发展中国家往往成为变相的受害者与局外人。

（二）谈判成果

乌拉圭回合谈判虽然是历届谈判时间最长的一次，但谈判的成果是显著的，达成了《乌拉圭回合多边贸易谈判成果的最后文件》（*The Final Act Embodying the Result of the Uruguay Round of the Multilateral Trade Negotiations*），简称《最后文件》，该文件厚达 450 页，涉及 21 个领域、28 个协议，远远超过以前历届谈判的成果。

1. 达成《建立世界贸易组织协定》，宣告总协定被世贸组织所代替，从而实现了国际多边协定向正式的国际经济组织的过渡。

2. 使发达国家和发展中国家平均关税降低三分之一，发达国家工业制成品平均关税水平降为 3.6%左右，农产品和纺织品重新回到总协定贸易自由化的轨道。

3. 修改和完善了解决争端的规则，其中有些措施是立即实施的。乌拉圭回合谈判达成的最后文件是一个一揽子文件，即必须全部接受或全部拒绝，不能接受一部分，拒绝另一部分。

4. 将服务贸易、知识产权和与贸易相关的投资措施首次纳入多边贸易协定的规则范围内，标志着世界性多边贸易体制趋于完整。分别达成《服务贸易总协定》《与贸易有关的包括冒牌货贸易的知识产权协议》和《与贸易有关的投资措施协议》。

5. 静态利益。乌拉圭回合谈判成果所产生的巨大静态利益，主要体现在世界各国货物贸易与收入的增长上。如表 8-2 所示，乌拉圭回合谈判所产生的静态利益使得到 2005 年世界货物出口增长率可达到 23.5%，世界收入的增长额可达 5 100 亿美元（以 1990 年的价格计算）。

表 8-2　　乌拉圭回合谈判的静态利益

国家（地区）	2005 年世界各国货物贸易与收入的增长	
	货物出口增长率	收入增长额（亿美元）（以 1990 年的价格计算）
美国	21.7%	1 224
加拿大	16.6%	124
欧盟	19.4%	1 635
日本	18.3%	267
澳大利亚、新西兰	24.0%	58
发展中国家	36.7%	1 161
世界合计	23.5%	5 100

资料来源：GATT《焦点》第 112 期。

第二节　WTO 概述

一、世界贸易组织的产生

由于关贸总协定的局限性，各缔约方普遍认为有必要在其基础上创立一个正式的国际经济贸易组织来协调、监督、执行乌拉圭回合谈判的成果。因此，在 1990 年初，欧共体时任主席国意大利首先提出了建立一个多边贸易组织的倡议，后来以 12 个成员国的名义正式提出，得到美国、加拿大等主要西方大国的支持。同年 12 月，乌拉圭回合布鲁塞尔部长会议正式作出决定，责成关贸总协定体制职能小组负责“多边贸易组织协定”的谈判。1993 年 1 月，乌拉圭回合结束前原则上形成了“多边贸易组织协定”。后在美国代表提议下，“多边贸易组织协定”被易名为“世界贸易组织”。1994 年 4 月 15 日，乌拉圭回合各项议题的协议在摩洛哥的马拉喀什部长级会议上均获通过，并采取“一揽子”方式和“单一整体”形式加以接受，经 104 个参加方政府代表签署，其中包括中国政府的签署。1995 年 1 月 1 日正式成立，在 1995 年与关贸总协定共存一年后，1996 年 1 月 1 日起便充当了全球贸易组织的角色，1996 年 5 月在新加坡召开世贸组织的第一次部长大会。世贸组织的成立标志着世界多边贸易体制由“GATT 时代”迈进了“WTO 时代”。

可见，世界贸易组织是根据乌拉圭回合达成的《建立世界贸易组织协议》于 1995 年 1 月 1 日建立，1996 年 1 月起取代关贸总协定，并按照乌拉圭回合多边谈判达成的最后文件所形成的一整套协定和协议的条款作为国际法律规则，对各成员之间经济贸易关系的权利和义务进行监督管理的正式国际经济组织。

二、《建立世界贸易组织协议》

《建立世界贸易组织协议》于 1994 年 4 月 15 日在摩洛哥的马拉喀什签订。它是世界贸易组织的章程性文件，共由 15 条和 1 个附件及 4 个附件目录构成。它对世界贸易组织的范围、职能、机构、地位、政策制定、预算与捐款、秘书处、与其他组织的关系、修改、原始成员方地位、新成员加入、接受、生效和保存、退出等事项作了详细规定。

（一）世界贸易组织的宗旨

根据《建立世界贸易组织协议》的规定，其宗旨如下：在发展贸易和经济关系方面应当按照提高生活水平、保证充分就业和大幅稳步提高实际收入和有效需求、并扩大生产和商品交易以及服务；为持续发展的目的而扩大对世界资源的充分利用，寻求对环境的保护和维护，并根据各自需要和不同经济发展水平情况加强采取各种相应措施；确保发展中国家尤其是最不发达国家，能获得与其经济贸易额增长需要相适应的经济发展；有必要根据互惠和互利安排，切实降低关税和其他贸易壁垒，并在国际贸易关系上消除歧视性待遇，建立一个完整的、更具有活力的和永久性的多边贸易体系，巩固原来关税与贸易协定以往为贸易自由化所作的努力和乌拉圭回合多边贸易谈判的所有成果。

（二）世界贸易组织协定的构成

世界贸易组织的法律文件由以下各部分构成：

1.《建立世界贸易组织协议》以及附件1、2和3。该部分法律文件对所有成员具有约束力。

附录1包括下列内容：附录1A：货物贸易的多边协定：1994关税与贸易总协定、农产品协议、卫生与植物检疫措施申请协议、纺织品与服装协议、贸易技术壁垒协议、与贸易有关的投资措施协议、1994年关税与贸易总协定第6条执行协议、1994年关税与贸易总协定第7条执行协议、装运前检验协议、原产地协议、进口许可证程序协议、补贴与反补贴措施协议、保障措施协议；附录1B：服务贸易协议及各附件；附录1C：与贸易有关的知识产权协议。

附录2：争议解决规则和程序谅解协议，即WTO的共同争端解决机制。

附录3：贸易政策评审机制（TPRM），其目的是监督各成员贸易政策的变化。

另外，附录4是多边贸易协议（Plurilateral Trade Agreement），适用于接受若干单项贸易协议的成员并对其具有约束力，对未接受的成员方则不具有约束力。包括以下若干单项协议：民用航空器贸易协议、政府采购协议、国际奶制品协议、国际牛肉协议。

2. 世界贸易组织的职能

（1）为《建立世界贸易组织协议》和若干单项贸易协议的执行、管理、运作和进一步为实现目标而提供方便，并对若干单项贸易协议的执行、管理、运作提供共同机构的框架。

（2）为各成员方的多边贸易关系谈判提供场所以及为部长级会议决定下的谈判结果的执行提供共同机构的框架。

（3）对争议解决规则和程序谅解协议的执行予以管理。

（4）对贸易政策评审机制予以管理。

（5）同国际货币基金组织部和国际复兴开发银行及其附属机构进行适当合作。

3. 世界贸易组织的机构

世界贸易组织总部与关贸总协定的总部一样设在瑞士日内瓦，其机构在关贸总协定秘书处的基础上改革、扩充、增设而成。根据《建立世界贸易组织的协议》，世界贸易组织主要由下列机构组成：部长级会议；常务理事会；货物贸易理事会、服务贸易理事会、与贸易有关的知识产权理事会；贸易与发展委员会、国际收支限制委员会、预算与财务及管理委员会；若干单项贸易下的工作组；秘书处。可见，世贸组织制度建设比总协定要完善得多，相应的组织结构见图8-1。

部长级会议是最高权力机构，由所有参加方代表组成，它有权对各多边贸易协定

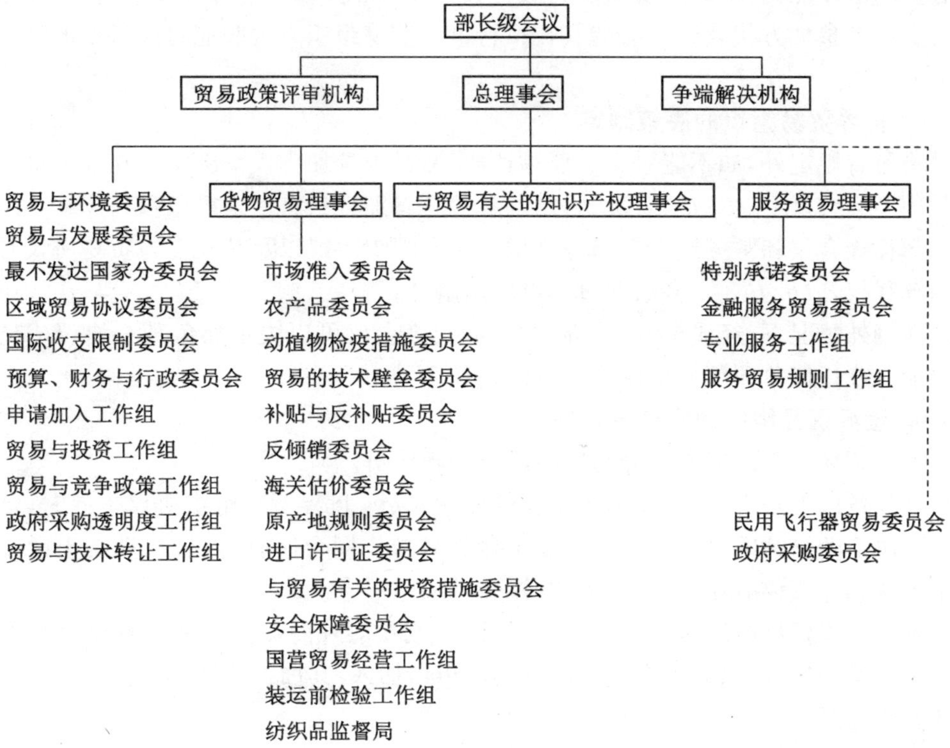

图 8-1　世贸组织结构简图

的事项作出决定。部长级会议每两年召开一次。

常务理事会由所有参加方代表组成，在适当时召开会议。负责在部长级会议休会期间执行部长级会议的各项职能以及《建立世界贸易组织协议》授予的职能。如争议解决职能、贸易政策评审职能。

货物贸易理事会、服务贸易理事会、与贸易有关的知识产权理事会在常务理事会的领导下进行工作，分别负责各相关协议的执行监督工作。上述理事会的成员从所有参加方代表中产生。

贸易与发展委员会、国际收支限制委员会、预算与财务及管理委员会在部长级会议下设立，从所有参加方代表中产生。分别负责世界贸易组织法律文件中所赋予的职责。

若干单项贸易下的工作组负责各单项贸易协议赋予的职责，并向常务理事会报告工作。

秘书处由总干事领导，总干事和秘书处根据部长级会议的规定履行职责。

4. 世界贸易组织的法律地位

世界贸易组织具有法人资格。各成员方应赋予：世界贸易组织享有执行其职能所必要的法律能力；世界贸易组织为履行其职能所必要的优惠和豁免权；世界贸易组织官员和各参加方代表应享有的其在执行世界贸易组织有关职能时所必要的特权和豁免权。

5. 世界贸易组织的决策制定

除另有规定外，如不能对某一议题达成一致，由参加方投票决定。在部长级会议上及理事会会议上，多数票表决通过，并且每一参加方只有一票投票权。

部长级会议和常务理事会对建立世界贸易组织协议以及其他多边贸易协议有绝对的解释权，成员方 3/4 多数通过即可作出解释。

在例外情况下，经成员方 3/4 同意。部长级会议可以决定豁免某一协议成员方或参加方或任何单项贸易协议成员方的责任。

6. 世界贸易组织的成员方资格

世界贸易组织的成员方分为原始成员和新成员。

凡具备以下条件，即可成为该组织的原始成员：世界贸易组织协议生效时，已是关贸总协定的缔约国；签署参加、一揽子接受乌拉圭回合所有协议；在乌拉圭回合中作出关税和非关税减让，以及服务贸易的减让。

凡在世界贸易组织协议生效后，任何国家或在对外商业关系上拥有充分自主权的单独关税地区，可以向世界贸易组织提出申请加入，其加入须经部长会议 2/3 以上多数表决通过。

三、世界贸易组织的基本原则

世界贸易组织协定在其序言部分写道，“为了保持关贸总协定的基本原则和进一步完成关贸总协定的目标，发展一个综合性的、更加有活力的、持久的多边贸易制度”而达成协定。因此，世界贸易组织取代关贸总协定后，继承了前面所述的关贸总协定的基本原则，并在其所管辖的服务贸易、与贸易有关的知识产权以及与贸易有关的投资措施等新的领域中予以适用并加以发展。概括起来，世界贸易组织的基本原则主要有：

(一) 非歧视性原则

又称无差别原则，规定各成员之间及在进口货物和国产货物之间不得采取任何歧视性措施。通过最惠国待遇（Most-Favored-Nation-Treatment）条款和国民待遇（National Treatment）条款体现出来。最惠国待遇条款要求缔约方对来自或运往其他国家的产品给予的利益、优待、特权或豁免，应当立即无条件地给予来自或运往所有其他缔约方的相同产品。但是，这一条款也有例外，最著名的有适用于关税同盟和自由贸易区的例外。国民待遇条款要求缔约方一旦货物进入一国市场就必须得到与境内生产同类货物同样的待遇。协定中还包含着其他非歧视条款的协议有关的原产地规则、装船前检验、与贸易有关的投资措施及卫生和植物检疫措施的协议。

(二) 贸易自由化原则

贸易自由化原则是指各成员方通过多边贸易谈判,限制和取消一切关税和非关税壁垒,消除国际贸易中的歧视待遇,提高本国市场准入的程度。贸易自由化实质上就是通过削减关税、弱化关税壁垒以及限制和取消各种形式的非关税壁垒措施来实现的。主要体现在关税减让原则和禁止数量限制原则两方面。

(三) 市场准入原则

所谓市场准入,是指一国允许外国的货物、服务与资本参与本国市场的程度。也即外国产品或服务进入东道国市场的"门槛",或者说是东道国为其他缔约方的产品或服务提供的可行的进入渠道。一国开放国内市场的过程,就是提高市场准入水平的过程,开放国内市场主要体现在降低总体关税水平、逐步取消非关税壁垒、减少各种内部规定、放松政府管理、营造更好的外商投资环境等各个方面。

(四) 透明度原则

通过使成员方政府难于轻易改变"游戏"规则来确定投资与贸易的市场环境具有更高的可预见性。保证贸易环境的可预见性的关键在于国内法律、规章与各种实际做法的透明度,通过贸易政策审议机制,接受其他成员方对其政策法规进行检查、监督和纠正,进一步提高了贸易政策在国内外的透明度,从而保证成员方有关法规真正符合建立世贸组织协议的规定。但世贸组织允许成员方对某些机密不予公开。

(五) 公平贸易原则

世界贸易组织并不像它有时被形容成一个"自由贸易"机构,确切地说,它是一套旨在保护公开、公平竞争的规则体系。例如,非歧视原则以及在倾销和补贴规则方面的原则都旨在保护公平的贸易环境。关于农产品、知识产权、政府采购方面的诸多多边协议都体现了这一点。具体体现在互惠原则和公平竞争原则。

(六) 允许例外和保障措施原则

世贸组织尽管首先强调的是多边贸易规则的普遍适用性和非歧视性,但考虑到各成员方的经济发展水平的不同和利益的差异,允许在某些特殊的情况之下,可以不受多边贸易规则的约束。也就是说,世贸组织成员可以不履行已承诺的义务,对进口采取一些紧急的保障措施,如提高关税、实施数量限制等。但该原则在使用的条件、手段和期限等方面都有严格的限制。

(七) 发展中国家优惠待遇原则

在世贸组织中,发展中国家成员超过 75%,并且还不断有要求加入者。为了鼓励发展中国家发展本国工业和促进经济改革,世贸组织规定:发展中国家特别是贫穷的"最不发达国家"仍被允许有一段过渡期,另外,关于帮助"最不发达国家"措施的部长决议给予这些国家在实行世界贸易组织协议方面以特别的弹性,并呼吁加快实施对这些国家出口商品的市场准入承诺以及努力增加对这些国家的技术援助。协定还鼓励工业化国家在其贸易条件中把帮助发展中成员当作一种自觉的有目的的行动，并在谈判中不要求发展中国家对其做出的减让给予互惠。

由此可见，非歧视性原则、贸易自由化原则、市场准入原则、透明度原则以及公平贸易原则反映了世贸组织规则的普适性，也称世贸组织的普遍性原则；而允许例外和保障措施原则及发展中国家优惠待遇原则是世贸组织规则灵活性的体现，也称世贸组织的灵活性原则。

四、世界贸易组织与关贸总协定的比较

世界贸易组织与关贸总协定两者都是协调国际贸易关系和解决国际贸易争端的场所，有着发展上的联系，世贸组织是关贸总协定的继承和发展。世界贸易组织是当今世界多边贸易体系的法律基础和组织基础，与关贸总协定相比，在体制上两者存在较大差异：

（一）法律健全

关贸总协定是一套规则、一个多边协定，但没有组织基础。而世贸组织管理实施的贸易协议与协定具有长期性和正式性，有国际条约的地位，在国际法上比作为多边政府协定的关贸总协定更具有效力。而且，世贸组织与其他国际组织在法律上处于平等的地位，具有法人资格，享有特权和豁免，是国际法主体。由于它不是联合国的专门机构，也不隶属于联合国体系，因此可避免联合国的各种影响，比较符合发达国家特别是贸易大国的愿望。

（二）管辖范围广

关贸总协定的规则只适用于货物贸易，而世贸组织的规则除了适用于货物贸易外，还第一次将服务贸易、知识产权与投资措施纳入多边贸易体制之中，比关贸总协定涉及商品贸易的范围要广泛得多。

（三）体制统一

世贸组织管辖着统一的一揽子协议，所有成员必须遵守，不能提出保留。而关贸总协定的许多重要协议仅对该协议的签字国生效，对少数成员没有约束力。

（四）完善争端解决机制

世贸组织的争端解决机制比关贸总协定时的更快速、自动且还有不易受阻挠的特点，执行世贸组织争端解决机构的裁决也更有保证。总之，在法律形式上更具权威性。

（五）建立了贸易政策审议机制

为了监督缔约方是否严格维护关贸总协定秩序，许多国家要求通过“乌拉圭回合”建立贸易政策审议机制。1988 年年底各缔约方就此达成协议，并于 1989 年 4 月 12 日临时生效，就其试行的结果表明，它不但能促进各国政策的透明度，而且有利于

改善缔约方之间的贸易关系。

(六) 加强了全球经济决策的协调

经济全球化的趋势在客观上要求保障全球经济决策的一致性。世贸组织通过加强与国际货币基金组织和世界银行之间的联系和协调,以使政策和行动更加和谐统一,为国际经济和贸易的发展创造更为有利的条件。

五、WTO 的发展

世界贸易组织在诞生以后取得了明显的成绩,主要体现在:①继续主持谈判,并取得一定的成果。根据关贸总协定谈判的惯例,继续进行了乌拉圭回合未能完成的谈判,如金融服务、基础电信、海运服务、政府采购及自然人流动等方面达成了一系列协议。②在调解和处理国际贸易争端方面取得了重要的成果。世贸组织在解决争端方面的权威性和“国际法院”的作用,使其对所受理的案件,尽管涉及所有的发达国家和大部分发展中国家,但每一次经其调解和裁决,都能得到很好的解决。如欧美之间的香蕉战、牛肉战、钢铁战和基因产品战等。③成员国的数量增加很快。1995 年世贸组织成立时,正式成员国有 76 个,截至 2022 年底共有 164 个缔约方,增加超一倍。而且,缔约方之间的贸易已经占整个世界贸易总量的 95%以上,显示出以世贸组织为基础的多边贸易体制的巨大吸引力。

当然世贸组织在运行过程中也反映出存在的一些问题,如在实施乌拉圭回合议题时在发达国家和发展中国家存在不平衡的发展、贸易大国操纵多边贸易体制决策过程的现象未能得到根本改善、在接纳新成员的进程方面存在偏颇、世界贸易的机构未能全面反映世界贸易的格局等。

(一) 首届世界贸易组织部部长会议

1995 年 1 月 1 日世贸组织正式成立,规定其最高权力机构是世贸组织的部长级会议,每两年召开一次。

1996 年 12 月 9 日—13 日在新加坡举行,来自 128 个成员国和 30 个申请加入世界贸易组织的观察员的 120 个部长和 23 000 名代表参加了这次会议。此次会议就关贸总协定乌拉圭回合未能如期完成的四个议题:自然人流动、金融服务、基础电信和海事运输服务进行了谈判。会议还讨论了竞争政策、贸易与劳工标准和政府采购等新课题。以美国为首的发达国家就劳工标准的主张在会上遭到了包括东盟在内的发展中国家的强烈反对。

此次会议发表了针对信息技术产品贸易自由化的“新加坡部长宣言”,要建立一个更加公平、开放、在规则基础上的自由贸易体制。

(二) 世界贸易组织第二次部长会议

1998 年 5 月 18 日至 20 日在日内瓦举行,132 个成员代表参加了此次会议。会议主要围绕乌拉圭回合各项协议执行情况、亚洲金融危机、下一次部长会议的议程以及发动新一轮多边贸易谈判的准备工作等展开讨论。

(三) 西雅图会议

1999 年 11 月 30 日在美国的西雅图召开世贸组织第三次部长级会议，主要研究启动新一轮的多边贸易谈判，但由于成员各方在一系列重大问题上的意见分歧，以及非政府组织的示威游行和干扰所产生的压力，致使会议无法顺利进行，最后只能草草收场。原定于 2000 年 1 月开始的"千年回合"谈判也未能按时启动，直到多哈会议召开。

世贸组织成立后，大家对西雅图会议的召开期待了很久，但实际是这次会议未能取得预期的效果，其症结主要在哪儿呢?

1. 发达国家与发展中国家的矛盾全面爆发。在历次的多边贸易谈判中，发展中国家的问题和要求常常因谈判技巧和发达国家的阻力而得不到解决。在乌拉圭回合中美欧牢牢占据主动权，使发展中国家的利益得不到保证，因此对西雅图会议不抱什么希望，而且一直反对将劳工和环保标准与贸易联系起来，印度、埃及等发展中大国主张应优先实施既定协议。而以美国为首的发达国家则坚持要把贸易与劳工标准挂钩(劳工标准：SA8000 社会责任管理体系；环保标准：ISO14000)，并表示对违反劳工标准的国家要实行经济制裁，坚决不作让步，从而导致有关的磋商以失败而告终。

2. 发达国家内部的严重分歧。美国、欧盟成员国、日本和加拿大等发达国家在涉及农业、反倾销等一系列问题上存在严重分歧，美国主张严格限制谈判范围，而欧盟和日本则主张要全面谈判，将多边投资规范纳入新回合的谈判之中。美国、澳大利亚等农业强国与欧盟在削减农业关税和对农业的补贴方面的持续争论以及美日贸易中的冲突和矛盾就是突出的例子。

3. 来自美国内部的不和谐声音。美国国内的政治气氛使得美国政府在谈判中经常左右摇摆，在一些重大问题上不得不对国内进行妥协，会议期间，美国西雅图爆发了自 20 世纪 60 年代以来的最大规模的抗议示威活动，给美国政府带来了极大的压力。

另外，在关税与投资问题上，亚洲国家与欧盟国家之间也存在严重的分歧。

(四) 多哈回合

2001 年 11 月 9 日—13 日，在"911"阴影的笼罩下，世贸组织在卡塔尔首都多哈召开了第四次部长级会议，启动了新一轮的多边贸易谈判——"多哈发展议程"(Doha Development Agenda，DDA)或"多哈回合"。这一轮谈判确定了八个谈判领域，即农业、非农业市场准入、服务、知识产权、规则、争端解决、贸易与环境以及贸易和发展问题。并且还决定这一轮多边贸易谈判应于 2005 年 1 月 1 日前结束。

2003 年 9 月 10 日—14 日，世贸组织第五次部长级会议在墨西哥坎昆举行。坎昆会议主要是对"多哈回合"作中期评估。来自世贸组织 146 个成员的近 5 000 名代表以及非政府组织出席了这次会议。由于与会各方对此前大会主席提交的《部长宣言草案》存在巨大分歧，大会未能取得实质性成果，这也是世贸组织近四年来第二次没有取得成果的会议。坎昆会议的焦点是农产品贸易自由化。由于美欧在这一问题上已经达成了妥协，发达国家能够继续保留大部分的补贴，而发展中国家根本没有能力对农业进行大规模的补贴，依然处于不平等竞争地位，因此，争议就变成发达国家与发展中国家的对立。

在坎昆会议的后期，以欧盟、日本为首的发达国家又提出了正式启动"新加坡问题"谈判的议案，并作为一揽子谈判的前提，由此受到发展中国家的普遍反对，致使该问题成为坎昆会议最终失败的直接导火线。

2004 年 8 月 1 日，世贸组织 147 个成员就"多哈回合"的主要议题达成框架性协议，从而打破了坎昆会议失败后的僵局。在框架协议中，包括美国、欧盟和日本在内的发达成员承诺在农业问题上，最终取消出口补贴，大幅度削减国内支持，实质性改善市场准入条件；但同时要求在电脑、小汽车等工业品方面有更多的贸易机会。框架协议内容还涉及非农产品市场准入、服务贸易、贸易自由化和发展等，但"新加坡议题"不在本轮会谈范围之内。框架协议达成后，世贸组织成员将在此基础上继续就谈判模式和具体内容进行磋商，以最终完成"多哈回合"谈判。

2005 年 12 月 13 日，本次重点是推进世贸多哈回合谈判，使之能够在 2006 年年底最后期限前结束。但是由于各方利益的冲突和矛盾，2006 年 7 月 27 号，多哈回合谈判全面中止。

2007 年 1 月，谈判再次恢复，但依旧无果而终，这不禁让人们担心本次多哈回合谈判能否走出困境。甚至有分析人士认为，如果 2008 年年底前无法达成协议，多哈回合谈判将面临被长期搁置的风险。

2008 年 7 月 21 日，来自 35 个主要世贸组织成员的贸易和农业部长在日内瓦聚会，试图在一周时间内就多哈回合谈判农业和非农产品市场准入问题取得突破。但谈判数日仍难以取得进展，原定一周的会期被迫延长。旨在寻求多哈回合谈判关键性突破的世界贸易组织小型部长会议在经过 9 天的讨价还价后，7 月 29 日还是以失败告终。

世贸组织第七届部长级会议于 2009 年 11 月 30 日在瑞士日内瓦拉开序幕，这是继 2005 年香港会议之后世贸组织所有 153 个成员的最高贸易官员 4 年来首次聚首。历时 8 年的多哈回合谈判依然没有打破僵局，全球贸易因为经济危机出现了二战以来最严重的萎缩；鉴于多哈回合谈判毫无起色，在避谈多哈回合的同时，这次的世贸组织部长级会议将重点放在了审视自身，会议的主题被选定为"世贸组织、多边贸易体系和当前全球经济形势"。

综上所述，"多哈回合"谈判主要有以下几个特点：第一，世贸组织促进世界经济贸易自由化的宗旨不变。第二，充分重视发展中国家的利益。继续关注发展中国家和欠发达地区的市场准入步伐；制定双方利益平衡的规则；确立有效的发展目标；继续给予金融改革以技术援助;制定提升发展中国家的计划和能力建设。第三,对乌拉圭回合的某些协议做出了补充。在药品的保护即公共健康问题上,知识产权的限制被打破。

六、WTO对世界贸易的影响

世界贸易组织是一个统一完整的多边贸易体制,一个永久性机构,具有法律上的正式性,比关贸总协定更能有效地、有保障地促进世界经济贸易的发展。世贸组织统辖着国际贸易中货物、服务、与贸易有关的知识产权以及与贸易有关的投资措施等领域的规则,通过贸易政策审议机制、争端解决机制、补贴自律、可持续发展、服务贸易自由化、知识产权保护等手段将协调管理从边境措施延伸到国内决策与立法领域,监督职能空前强化,行使着一个"世界经济组织"的职能,对世界经济贸易的影响日益突出,主要表现在下面几个方面:

(一) 保障和促进世界经济一体化的发展

通过国际贸易和外国直接投资的流动,加上在运输与通讯领域发生的革命性变化使世界各国商品的流通更加便利、快捷和安全,使世界成为一个地球村的设想成为可能。

(二) 加速了大多数国家和地区的经济贸易政策的变化

全球经济一体化增强了各国之间在经济上的相互依赖,各国政府都意识到,经济贸易政策的制定必须要以市场为导向,并不断地做出与世界经济形势相适应的调整。

货物和服务贸易的自由化有助于加强各成员国之间的经济贸易合作。世贸组织通过多边贸易谈判逐步取消各种贸易壁垒,各成员国可以更自由地开展贸易,相互之间更加信任与合作,通过分工与贸易提高各成员国人民的生活水平、增加就业,实现经济繁荣。

(三) 争端解决机制为世界经济稳定发展提供保障

随着贸易规模的扩大和可供交换的货物、服务的增多,参与贸易的国家、地区和相关企业的不断增加,贸易争端在所难免。世贸组织较为完善的争端解决机制有助于各成员国在公平的基础上解决贸易争端,避免在双边条件下可能导致的国家间的严重冲突,使各成员国的经济贸易得以顺利发展。

世贸组织中发展中国家成员不断增多,而且自20世纪90年代以来,发展中国家的出口增长速度已远远超过发达国家,在国际经济舞台上扮演着越来越重要的角色。发展中国家可以充分利用世贸组织的有关规定,享受相应的权利和优惠,或借助其争端解决机制维护自身的合理利益。

(四) 知识产权保护为技术扩散创造良好条件

世贸组织《与贸易有关的知识产权协定》的实施,对扩大技术和知识产权的国际交换、加快新产品的开发、推动科学技术的进步均有积极的作用。而货物贸易逆差国可以通过对知识产权的保护，扩大无形贸易的出口，减少甚至扭转货物贸易逆差。

（五）良好的竞争环境有利于各成员国提高经济效率、降低经济运行成本，提高国际竞争力

世贸组织的一些基本原则使各成员国的企业可以在一个更为公平、公正、客观和透明的竞争环境中开展生产、经营和贸易，从而为一国生产要素在国内外市场上进行合理配置创造了条件，有利于提高经济效率、降低生产成本。此外，世贸组织有助于一国政府从本国全局和长远的利益出发，参与世贸组织的有关活动，平衡国内利益集团的利益，提高其国际竞争能力。

（六）协调了各成员国之间的经贸关系

世贸组织的一整套规则，既减少了各成员国之间的贸易壁垒，促进了世界贸易自由化，增加了各成员国的福祉，又通过争端解决机制为成员国提供了解决贸易摩擦与矛盾的依据和场所，减少了贸易战。

当然，世贸组织体制在运行过程中出现的一些不正常现象对其作用的充分发挥产生了一定的消极影响。因此，世贸组织应采取有效措施制止和纠正各种不正常想象，解决所存在的各种问题，使世贸组织体制按既定目标正常运行，以促进贸易和投资的自由化发展，最大限度地推动世界经济贸易的发展。

本章小结

经济全球化是消费全球化、生产全球化和经济体制的一体化，是世界经济发展和国际分工深化的必然结果。在这过程中，各国的经济贸易政策需要国际性的协调，这种协调可以是双边的，也可以是多边的。关贸总协定和世贸组织就是一种多边性的经济贸易政策的国际协调方式。从关贸总协定发展成为世贸组织，说明该国际经济组织的地位和作用在加强。关贸总协定从创立起主持了八轮降低关税和非关税贸易壁垒的多边谈判。世贸组织在关贸总协定的基础上制定了非歧视性原则、贸易自由化原则、关税保护原则、透明度原则、公平竞争原则、市场准入原则、对发展中国家的优惠待遇原则，这些原则有力地保证了实现自由贸易和提高世界福利水平。但是，对这些原则所做的例外规定则无疑削弱了其作用的发挥。世贸组织对关贸总协定在管理范围、成员国承担义务的统一性、贸易政策审议、争端解决等方面的完善和发展，将有力地推动国际贸易的发展。

重要概念

关税与贸易总协定　世界贸易组织　多边贸易谈判　乌拉圭回合　市场准入　最惠国待遇　国民待遇　多哈回合

重要概念解释

复习思考题

1. 关贸总协定的基本原则包括哪些内容？
2. 简述乌拉圭回合谈判的特点和成果。
3. 世贸组织与关贸总协定相比有哪些特点？
4. 试述中国入世给本国经济带来的机遇和挑战。
5. 何谓最惠国待遇，在中美贸易关系中为什么如此重要？
6. 怎样看待“全球化是美国经济称霸世界的结果”这一说法？

案例分析

延伸阅读 1

延伸阅读 2

第九章　交易前的准备、交易磋商与合同订立

本章导读　学习国际贸易实务，就是要掌握关于国际货物买卖的知识和技巧，熟悉国际贸易从交易准备、洽商、签订合同到履行合同的整个交易过程所涉及的原理、知识和规则，其中的核心和重点内容是合同中交易条款的解读与拟定。一笔国际货物买卖业务的程序通常都包括三个阶段，即交易前的准备、贸易磋商与合同订立、履行合同。其中，交易前的准备包括国际市场调研和制定国际贸易计划。只有在交易前充分做好准备才能保证以后的贸易业务顺利、安全地进行。贸易磋商是国际货物买卖交易的起始，磋商成功与否直接关系到贸易合同是否能够订立，而且磋商的整个过程与内容也会作为以后合同订立和履行的依据，因此贸易磋商这一环节十分重要。因此，在学习本章内容，需要有一定的知识铺垫，了解国际贸易与国内贸易的异同，通过学习，可以了解进出口的基本程序，了解磋商和订立贸易合同过程，了解贸易合同的基本格式等。

本章学习重点与教学要求

国际贸易实务是指世界各国(或地区)的实体之间进行的货物、服务和技术交换的活动，其中货物贸易是最早发展起来的，也是最基本的国际贸易形式。国际贸易实务的研究对象就是国家(或地区)之间货物交换的具体操作过程，包括国家(或地区)之间货物买卖的程序、操作方法和技巧，以及应遵循的有关法律和国际惯例等，是一门具有涉外特点的实践性和操作性很强的综合性应用学科，涉及国际贸易理论与政策、国际金融、国际运输与保险等学科的基本知识的运用。

在国际贸易实践中，国际贸易交易的开展是按照一定的业务操作程序来进行的。为了便于学习，首先需要对国际贸易实务的操作程序有一个整体的、梗概的了解。以出口交易为例，如图 9-1 所示，出口交易的一般业务流程。

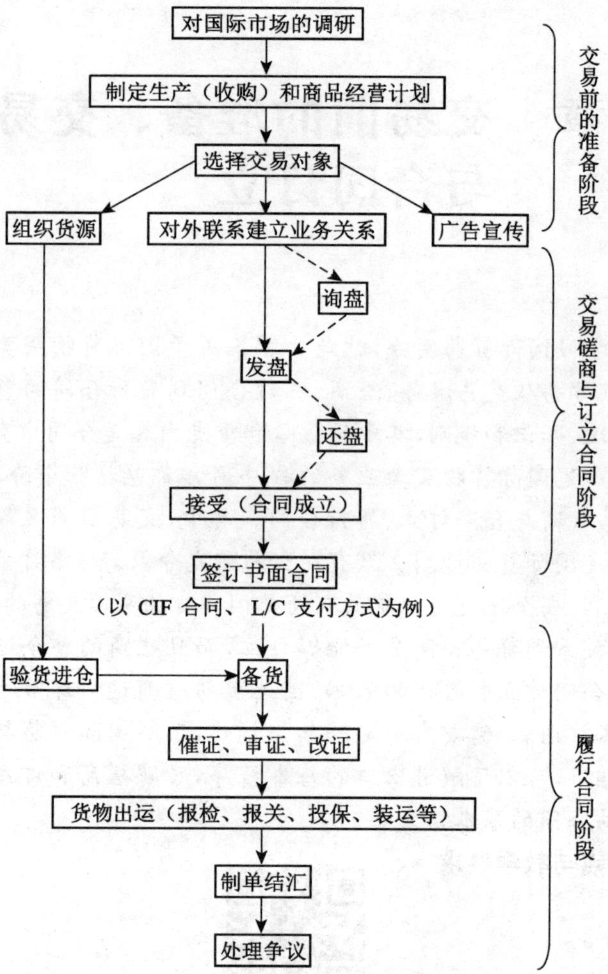

图 9-1　出口贸易的一般业务程序

第一节　交易前的准备

出口交易开展之前的准备工作是为出口交易磋商做好充分的准备,以便在交易磋商中做到知己知彼,应付自如,公平合理地达成交易。出口交易磋商之前的准备工作包括以下四个方面。

一、对国际市场的调查研究

在出口交易前的市场调研非常重要,即使是面对熟悉的市场和老客户也需要对该出口市场的新形势进行跟踪了解。这里需要：对原有市场销售和服务情况的调查研究；对潜在市场需求的调查研究；对买方资信情况的调查研究。

二、制定出口经营计划

出口企业在一系列调查研究的基础上，根据国家的出口政策和企业经营目标，制定出将产品出口到目标市场的实施计划。

出口经营计划主要包括出口商品价格的制定、出口销售渠道的建立、促销手段的设计和销售服务的组织等。

三、选择交易对象

对可能的各交易对象进行调研，从中选择资信情况良好、经营能力较强、对本方友好并且没有偏见的客户作为交易对象。

四、确定货源

在制定商品的出口经营计划之前或同时，联系组织货源。基于供货单位或生产部门落实货物的收购、生产和调运，在保证货源的前提下，制定可行的出口商品经营方案，在此基础上进行对外合同磋商，以确保出口交货的顺利完成。

在国际贸易的实践中，出口交易磋商之前的市场调研阶段，同时要多渠道多方面地进行广告宣传，以便能更快更顺利地达成交易。

第二节　交易磋商与订立合同

交易磋商是买卖双方就商品的各项交易条件进行谈判，以期达成交易的过程。在国际贸易中，交易磋商有明确的内容和程序。交易磋商的过程，是双方通过发盘和接受，确立合同关系的过程。

一、交易磋商的一般程序

交易磋商可以是口头的，也可以是书面的。交易磋商的过程可分成询盘、发盘、还盘和接受四个环节，其中发盘和接受是必不可少的，是达成交易、合同成立的必经法律步骤。《联合国国际货物销售合同公约》第 23 条规定："合同于按照本公约的规定对发盘的接受生效时成立。"我国《合同法》第 25 条亦规定："承诺生效时合同成立。"

(一) 询盘

询盘(Inquiry)是交易的一方向对方探询交易条件，表示交易愿望的一种行为。它对双方不具有法律约束力。询盘多由买方作出，也可由卖方作出。如买方询盘："请报凤凰牌自行车最优惠价。"

询盘在我国《合同法》中称为要约邀请，是希望他人向自己发出要约的意思表示。寄送价目表、发放商业广告等为要约邀请。

询盘虽是交易的第一步，但不是每笔交易磋商必经的程序。若交易双方彼此了解情况，可不经对方询盘而直接向对方发盘。

(二) 发盘

发盘(Offer)也称发价，是指交易的一方向另一方提出各项交易条件，并愿意按这些条件达成交易的一种行为。发盘的内容必须是足以构成合同成立的主要交易条件。发盘一经受盘人接受，合同即告成立。因此，发盘是一种具有法律约束力的行为。

发盘多由卖方提出(Selling Offer)，也可由买方提出(Buying Offer)。发盘在我国《合同法》中称为要约，是希望和他人订立合同的意思表示。

(三) 还盘

还盘(Counter Offer)是指受盘人不同意发盘中的某些交易条件而提出修改或变更的意见的一种行为。在我国《合同法》中，还盘被称为新要约。因为还盘实际上是收盘人以发盘人的地位发出的一个新盘。原发盘人成为新盘的受盘人。

还盘的性质是对发盘的拒绝，使原发盘失去效力。

还盘可以在双方之间反复进行。但还盘也不是交易磋商的必经步骤。有时，发盘后受盘人没有还盘，而是直接表示接受。

(四) 接受

接受(Acceptance)，是指受盘人在发盘的有效期，无条件地同意发盘中提出的各项交易条件，愿意按这些条件与对方达成交易的一种表示。在我国《合同法》中，接受称为“承诺”，并规定承诺生效时，合同成立。

需要注意的是，发盘与接受、发盘人与受盘人这两对概念都是相对的而非固定不变的。当甲向乙发出发盘时，甲是发盘人，乙是收盘人。如果乙不接受甲的发盘而还盘，则乙的还盘就构成了一个新的发盘即反发盘，这时，乙就是新的发盘人，而甲是收盘人。

二、合同的形式与内容

合同的形式可以是书面的、口头的和其他形式的。

采用口头形式订立合同是指当事人之间通过面谈或电话方式达成协议、订立合同。由于无书面证据，在发生争议时很难找到证明和依据，影响合同履行。

其他形式包括，当买卖双方当事人具有长期的贸易往来从而形成了一定的交易习惯，可以直接以某种特定的行为方式表示接受而与对方订立合同。

书面合同的形式和内容并无统一规定。书面形式可以包括合同书、信件和数据电文(如电传、传真、电子数据交换、电子邮件等)。书面合同是最为广泛的合同形式，可以采用正式的合同、确认书、协议,也可采用备忘录、订单等形式,其中合同和确认书最为常用。

(一) 书面合同的形式

1. 合同(Contract)

合同的特点是内容较全面,对双方的权利和义务以及发生争议后如何处理,均有较详细的规定。大宗商品或成交额较大的交易,多采用此种形式的合同。

2. 确认书(Confirmation)

确认书属于一种简式合同,它所包括的条款比合同简单。一般适用于金额不大、批次较多的商品交易。

3. 协议(Agreement)

协议和合同在法律上具有相同的含义。只要协议的内容对买卖双方的权利和义务都作了明确的规定,它就与合同一样对买卖双方具有法律约束力。

4. 订单(Order)

订单是进口商或实际买家拟制的货物定购单。若买方将其订单寄至卖方,要求卖方会签,这种做法相当于买卖双方签订了一份购货合同或购货确认书。

(二) 书面合同的内容

合同的内容有繁有简,并没有统一的格式。根据我国《合同法》第十二条规定,合同的内容由当事人约定,一般包括当事人的名称或姓名和住所、标的、数量、质量、价款或报酬、履行期限、地点和方式、违约责任、解决争议的方法八项条款。

概括起来,书面合同内容通常包括三个部分:

1. 约首

包括合同的名称、编号以及双方当事人名称、地址、电话或传真号码等。

2. 本文

合同条款,即对各项交易条件的具体规定,包括品名品质、数量、包装、价格、运输、支付等六个必须条款以及保险、检验、索赔、不可抗力和仲裁等条款。

3. 约尾

订约日期、地点和双方有权签字人的签署。

本章小结

国际商品市场调研包括市场环境和市场行情调研。企业进入国际市场的渠道多种多样,归纳起来主要有三种,即间接出口、直接出口和国外生产。为了更有效地做好交易前的准备工作,使对外洽商交易有所依据,一般都需事先制定经营方案,并通过相关渠道对交易客户进行必要的资信调查,以保证经营意图的贯彻和实施。

交易磋商是指买卖双方通过一定程序就交易的各项条件进行洽商的全过程。交易磋商在形式上可分为口头和书面两种。交易的一般程序包括邀请发盘、发盘、还盘、接受和签订合同等环节，其中发盘和接受是交易成立的基本环节，也是合同成立的必要条件。

国际货物买卖合同成立应具备必要的条件。在我国对外贸易业务中，主要采用的书面合同是正式合同、确认书两种。电子商务与传统交易有很大的不同，属于一种新的交易形式。

重要概念

国际贸易实务　交易磋商　询盘　发盘　还盘　接受　合同

重要概念解释

复习思考题

1. 出口贸易业务的基本流程包括哪些环节？在各个环节应注意哪些事项？
2. 为什么要进行国际市场调研？国际市场调研包括哪些内容？
3. 交易磋商包括哪些环节？为什么发盘和接受是其中不可缺少的基本环节？
4. 何谓发盘与接受？构成有效的发盘和接受应具备哪些条件？
5. 国际货物买卖合同的成立应具备哪些条件？

案例分析 1　案例分析 2　延伸阅读 1　延伸阅读 2

第十章　出口交易磋商的主要内容

本章导读　交易磋商是一项十分复杂和细致的工作，是交易中非常关键的环节。国际市场的形势瞬息万变，市场机会稍纵即逝，得与失、盈与亏可能取决于一念之差、一字之别，稍一疏忽就可能导致数十万、数百万元的经济损失。然而，交易磋商又是一种获得经济利益的极好机会，处理得好，会有较好的经济效果。因此要使交易磋商达到预期目标，必须要求参与磋商的商务谈判人员不仅要严格执行国家的有关法律和政策，而且还要具有专业技术知识和较高的交易磋商技巧。通过本章的学习，了解出口交易磋商的基本内容，一般包括商品的品质、规格、数量、包装、价格、装运、保险、支付、商检、异议、索赔、仲裁和不可抗力等各项交易条件，也就是合同中的各项条款。

本章学习重点与教学要求

依据国际货物买卖合同，交易磋商的基本内容，一般包括商品的品质、规格、数量、包装、价格、装运、保险、支付、商检、异议、索赔、仲裁和不可抗力等各项交易条件，也就是合同中的各项条款。在任何一笔出口交易的磋商中，都需要与国外的客户就这些交易条件进行具体的磋商。

在实际交易磋商中，要注意各项主要交易条件的完整性，正确掌握和灵活运用各种交易磋商方法，以求达到预期的磋商目的。但是，由于与一些老客户在长期交易中已经形成了一些习惯做法，特别是在采用函电洽谈交易时，对某些交易条件已经形成过协议，不必在每次函电往来中都列入重新磋商的交易条款。这类交易条件被称为“一般交易条件”(general terms and conditions)。有时，“一般交易条件”还有另外一层意义，那就是一方出售或购买商品时提出的每批交易都是用的一些基本交易条件。在交易磋商之前，某一方将“一般交易条件”事先拟妥，于交易磋商前向对方提出，作为双方交易磋商的基础。采用“一般交易条件”的做法如果运用得好，可以大大简化磋商内容，节约达成交易的时间和费用，有利于加速达成协议和提高协议的质量。

我国对外交易磋商时，通常将印有“一般交易条件”的合同初稿递交给对方，供对方参考，经对方同意后就可作为以后双方进行交易的共同基础。这些条件通常包括品质、数量、支付方式、异议、索赔、仲裁和不可抗力等条款。一旦交易达成，双方都同意的“一般交易条件”就成为正式的合同条款了。

第一节　商品的品质、数量和包装

一、商品的品质

商品的品质(quality of goods)包括商品的品名(name of commodity)与品质。商品的品名也称商品的名称，是构成国际货物买卖合同的必要条件。正确的品名关系到买卖双方的权益，是买卖双方能够顺利进行交易的前提。在订立国际货物买卖合同时，买卖双方在规定商品的品名时应注意商品的品名必须明确、具体，尽可能使用国际上通行的称呼，同时还应当考虑相关的运费和有关国家的海关税则。

商品的品质是指商品的外观形态和内在质量的综合。商品的内在质量表现为商品的物理性能、生物特征、化学成分等；货物的外观形态表现为商品的大小、形状、款式、颜色、质量等。商品的品质从根本上决定了价格的高低，品质条件是合同的主要交易条件。

在国际货物买卖中，由于商品的种类、特点、交易习惯的不同，表示商品品质的方法有很多，概括起来，主要有以实物来表示和凭文字说明来表示两种方法。

以实物来表示商品品质的方法是指以成交商品或以代表商品品质的样品来表示商品的品质。具体有看货成交(sale by quality)和凭样销售(sale by sample)两种方式。

凭文字说明来表示(sale by description)商品品质的方法，不仅包括采用文字说明，还包括用图片、照片等来规定产品的质量。具体有凭规格买卖(sale by specification)、凭等级买卖(sale by grade)、凭标准买卖(sale by standard)、凭商标或牌名买卖(sale by trade mark or brand)、凭产地名称买卖(sale by name of origin)以及凭说明书和图样买卖(sale by description and illustration)。

上述表示商品品质的方法，既可以单独使用，也可以将两种或两种以上的方法结合使用。但一般情况下，签订合同时，卖方在凭实物表示和凭文字说明来表示这两种方法中最好只选择一种，即使二者结合，也应以文字说明的方法为主，否则就可能要承担交货品质既要符合文字说明又要符合样品的责任。

在国际贸易中，由于商品品种不同，表示品质的方法也不一样，因此，国际货物买卖合同中的品质条款也有很大的不同，其具体内容要视表示品质的方法而定。

对于一些难以保证交货品质与合同规定完全一致的货物(如农副产品)，贸易双方——尤其是卖方，在订立合同时，在品质条款的表达要注意科学性和灵活性，可以规定品质机动幅度或品质公差。品质机动幅度(quality latitude)是指允许卖方所交货物的品质指标可以在一定的幅度范围内变动。品质公差(quality tolerance)是指国际上行业公认的允许产品品质出现的误差。

卖方如果在品质机动幅度或品质公差允许的范围内交货,一般情况下,商品的价格就按合同价格计算,但有时国际货物买卖合同中也规定有品质增减价条款,即按交货时的品质状况调整商品的价格。

二、商品的数量

在进出口交易中,商品的数量(quantity of goods)是国际货物买卖合同中的主要条件之一。商品的数量不仅决定着交易的总金额,还一定程度上影响着商品单价的高低。此外,某些商品的数量可能会受到进口国政府的某些进口限制措施(如配额)的影响,可见交易双方都应正确把握成交数量,制定合理的数量条款。

由于各国的度量衡制度不同,在国际贸易中使用的计量单位和方法也存在差异,所以在进出口交易洽谈的过程中,买卖双方对此首先必须要就商品的计量单位和采用的计量方法达成一致意见。

国际贸易实践中常用的度量衡制度有公制(Metric System)、英制(British System)、美制(U.S. System)和国际单位制(International System of Units)。我国采用国际单位制,但有时在合同中也可以采用对方指定的其他度量衡制度。实践中采用的计量方法比较复杂,很多商品都采用按重量进行计算,并且大部分是以净重来计价的,但对于有些单位价值不高的商品经常采用按毛重计价的方式,这种计量方法称为“以毛作净”(Gross for Net)。

国际货物买卖合同中的数量条款一般包括数量和计量单位。有时为了避免实际交货的数量和合同规定的数量不一致的情况,保证彼此间的利益,买卖双方往往在合同中列明数量机动幅度,通常有两种方法来规定:

(一) 规定“约”数

即在合同的数量条款中加上“约”字。约量条款虽然增加了交货数量的灵活性,但国际上对“约”字的解释不一,很容易产生纠纷。《跟单信用证统一惯例》(国际商会第600号出版物)第30条规定:“‘约’或‘大约’用于信用证金额或信用证规定的数量或单价时,应解释为允许有关金额或数量或单价有不超过10%的增减幅度。”而有的国家认为约量为5%的增减幅度。因此,约量条款在进出口合同中不宜采用,买卖双方可用溢短装条款来代替约量条款。如果一定要使用该条款,双方也应该在合同中列明约量的具体值。

(二) 溢短装条款(More or Less Clause)

即在买卖合同中规定具体数量的同时,还规定允许增减的百分比。当然买卖双方也最好同时规定该增减百分比是由卖方决定,还是由买方决定,或是由船方来决定。

如果卖方的交货数量是在机动幅度内，多装或少装部分的货款一般按合同价格结算。但是，在溢短装上有选择权的卖方可根据市场行情选择多装或少装货物，这对交易对方很不公平。因此，买卖双方可以在合同中规定，多装或少装货物的货款按装船时的市价来结算。

三、商品的包装

国际贸易中的大部分商品都有包装，只有少数散装货(Bulk Cargo)和裸装货(Nude Cargo)没有包装。除这两类货物之外的其他货物，都必须加包装才能进入市场，因此被称为包装货物(Packed Cargo)。

好的包装不仅能保护商品，方便商品的储存、运输、销售和使用，还能美化、宣传商品，扩大销路，提高商品的售价。此外，包装还是货物说明的组成部分。根据《联合国国际货物销售合同公约》第 35 条的规定，卖方必须按照合同规定的方式装箱或包装，否则就构成违约。因此，包装条件是合同中的主要交易条件之一。为了明确双方当事人的责任，买卖合同中对商品包装的规定必须明确具体。

(一) 包装的种类

按照商品包装在流通过程中的作用，可以分为运输包装和销售包装两类。

运输包装(Transport Packing)又称外包装(Outer Packing)或大包装，其主要作用是保护商品、方便运输、储存和计数等。常见的有单件运输包装(如箱、包、桶、袋、瓶等)和集合运输包装(如集装箱、集装袋、托盘等)。

销售包装(Selling Packing)又称内包装(Inner Packing)或小包装，其主要作用除保护商品、便于储存外，还有美化、介绍和促销商品的功能。目前市场上的小包装花样繁多，有便携式包装、透明式包装、配套型包装和礼盒型包装等。

另外，在国际贸易实践中，销售商为了打破进口国实行的各种关税和非关税壁垒，中性包装已成为国际贸易中的一种习惯做法。所谓中性包装(Neutral Packing)，是指一种不注明生产国别、地名、厂名的货物包装形式。常见的有在货物上注明买方指定的商标或牌号，而不注明生产国别标志的定牌中性包装；和在货物上既不注明商标或牌号，也不注明生产国别的无牌中性包装。

(二) 包装的标志

包装标志是指在货物的运输包装上用文字、图形和数字标示的特定记号和说明事项，便于在装卸、运输、仓储和交接过程中识别货物。一般可分为运输标志、指示性标志和警告性标志三种。

运输标志(Shipping Mark)，俗称“唛头”，包括三部分内容：收/发货人的名称代号、目的港(地)名称和件号。此外，根据需要，买卖双方还可协商决定在运输标志中加列合同号、信用证号、产地、货名、型号等。需要注意的是在相关的出口单据上也须注明运输标志。然而，由于集装箱运输在国际货运中的广泛使用，在商品的外包装上也可以不使用运输标志，但须在相关的出口单据上标注“N/M”的字样，说明不使用唛头（No Mark）。

指示性标志（Indicative Mark）是根据商品得某些特性，以图形和文字表示的用来提示人们在装卸、运输和保管过程中需注意事项的标志，故而有人称其为注意标志。

警告性标志（Warning Mark）又称危险品标志（Dangerous Cargo Mark），是指对一些易燃易爆品、有毒品、腐蚀性物品、放射性物品等在运输包装上醒目地标明危险性质的标志，以示警告，使装卸、运输和保管人员按货物特性采取相应的防护措施，以保护物品和人生的安全。

合同中的包装条款一般包括包装材料、包装方式、包装规格、包装标志和包装费用的负担等内容。买卖双方在商订包装条款时，要注意考虑商品的特点和不同的运输方式的有要求；要注意不宜采用“海运包装”和“习惯包装”之类的术语；要注意明确包装费用由谁来负担，是否包含于货价之中等问题。

第二节 货物的装运

国际贸易是各国之间有关货物的交换，进出口双方相隔两地，货物的传递必须通过国际间一定方式的运输才能实现。此外，依据国际贸易的特点，买卖双方还需在订立合同时，对交货的时间、地点达成一致的意见。《联合国国际货物销售合同公约》明确指出：卖方必须根据约定的时间、地点和方式交付货物，否则买方有权要求赔偿损失。因此，在订立合同时，运输方式、交货时间和交货地点的确定是至关重要的。

一、交货方式

依照国际贸易的实践，货物的交付方式即运输方式，有多种多样。目前，国际货物运输的方式主要有海洋运输、航空运输、铁路运输、邮政运输、联合运输、集装箱运输等。在国际贸易中，要根据货物的特点、运量的大小、运输路线的长短、市场需要的缓急、运输费用的高低、途中的风险程度、装卸地的情况和气候条件，并结合国际的政治、经济的变化和运输技术的发展等因素，选择适当的运输方式。

（一）海洋运输（Ocean Transport）

海洋运输是国际贸易中使用最广的一种运输方式，它有运费成本低、运量大等优点，也有速度慢、受自然条件影响大的缺点。按海上运输经营方式不同，有租船运输和班轮运输两种。

1. 租船运输（Charter Transport）

租船运输又称不定期船运输，租船是指租船人向船东租赁船只用于运输货物的方式。可以租赁整船也可以租赁部分舱位。在交付大宗货物如粮油、煤炭等商品时租整船比较合适。

租船可分为定期租船和定程租船。

(1) 定程租船(Voyage Charter)

又称航次租船或程租船,是指船舶按照租船协议,按时到装运港装货后驶往目的港卸货。租船是不定期的,租船方和出租方需签订租船合同。内容主要包括装运港、目的港、受载日期、货名、数量、装卸时间、装卸费、运费以及收货人、发货人、租船经纪人的名称和船名、船级等。

(2) 定期租船(Time Charter)

又称期租船,是指船舶在一定时期内由承租人使用的租船方式。运费是以租船期的长短来确定的。租船期间,船舶的使用权归承租人。在签订租船合同时,内容比定程租船大为简化,货物名称、数量、装卸港都不必写明。此外,还有一种光船租船,也属定期租船,但租赁期间,由承租人自己配船员,办理船舶营运。

2. 班轮运输(Liner Transport)

班轮运输是目前海洋运输中使用最广泛的运输方式。班轮运输是指船舶在固定航线上,在固定的靠挂港口,按固定时间开航的船舶运输。为便于货主根据船期安排货物,及时办理订舱手续,班轮公司通常都将船期表(sailing schedule)公布在报刊上,或印发给货主。

1) 班轮运输的特点

(1) 四固定:航行时间、航线、停靠港口和基本运费相对固定。

(2) 一负责:船方的收费包括了装卸费用,货物配载由承运人负责,简化了托运、装卸手续。

(3) 能满足各种货物特别是一般杂货和小额贸易货物的运输。

(4) 承运人的责任以签发的班轮提单为依据。

2) 班轮运费

班轮运费一般以每公吨或每立方米为单位计算的,称为基本运费率。在一定时期内具有稳定性。但由于班轮停靠港口多且复杂,货物的性能又各不相同,因此还要规定各种附加费来弥补基本费率的不足,班轮运费包括基本运费和附加费用两部分。

基本运费的计算方法,主要有下列六种:

(1) 按毛重计,即以重量吨为计算单位,通常以一公吨为起点标准。在班轮运价表中货物名称后面注有"W"字样的均按此标准收费。

(2) 按尺码计,即以尺码吨为计算单位,通常以一立方米为起点标准。此方法收费,班轮运价表中的货物名称后面注由"M"字样。

以上两种方法统称为运费吨,如果两种货物装运港和目的港相同,那么一公吨和一立方米货物的基本运费率是相等的。

(3) 从价计,即以货物的FOB总值的一定百分率收费,有些贵重商品体积、重量均不大，但价值高，承运人风险较大，因此采用从价收费比较合理。此方法收费，运价表中的货物后面注有"A.V"字样。

（4）按重量或体积计，即在货物的重量吨或尺码吨两种计算标准中从高收费。例如：某商品毛重 10 公吨，体积为 11 立方米，运费按 11 立方米计收。在运价表中的货物后面注有"W/M"字样。

（5）按货物件数计，如汽车按辆，活牲畜按头。

（6）货主和船公司临时议定，主要用于承运粮食、矿石等运量较大、货价较低、装卸速度快的农副产品和矿产品。临时议定的运费率一般都比较低。

班轮的基本费率包括海上的运费和装卸等费用。附加费则有燃料附加费、港口拥挤附加费、直航附加费、变更装卸港附加费、货币贬值附加费、超长超重附加费等。在对外出口商品核算中必须加以注意。

计算运费前，熟悉班轮运价表是必要的。班轮运价表的结构一般包括货物分级表、航线费率表、附加费率表、冷藏货及活牲畜费率表等。在计算中，首先根据货物的英文名称在货物分级表中查出该商品的等级和计费标准，再根据商品的等级、计费标准在航线费率表中查出这一商品的基本费率，然后查出所经航线和港口的各种附加费率。基本费率与附加费率相加即为该商品的每一运费吨的单位运价。最后以该商品的计费重量或尺码乘以单位运价即得总运费金额。如果是从价运费，则按规定的百分率乘以 FOB 货值即可。

当附加费为绝对值时：

$$班轮运费=运费吨\times等级运费率+附加费$$

当附加费为百分比时：

$$班轮运费=运费吨\times等级运费率+(1+附加费百分比)$$

（二）铁路、航空、邮包和管道运输

我国的进出口货物，除通过海洋运输外，还有通过铁路、公路、航空、邮包等运输方式。

1. 铁路运输(Rail Transport)

在国际货运中，铁路运输的地位仅次于海洋运输。它具有运量大、成本低、时间准和连续性强等优点，但也有受制于轨道差异，非邻国之间需通过第三国过境等局限。我国对外贸易铁路运输主要包括国铁路货物联运和对香港特别行政区铁路货物运输（下简称对港铁路运输）两部分。

（1）国际铁路货物联运

国际铁路货物联运指使用一份统一的国际联运单据，由铁路部门负责经过两国或者两国以上铁路的全程运送，并且由一国铁路当局向另一国移交货物时，不需发货人和收货人参加。国际铁路货物联运的单据主要是铁路运单和运单副本，它是铁路运输承运人签发的货运单据，是收、发货人同铁路之间的运输契约。运单正本随同货

物到达终点站交收货人作为提货通知，运单副本交托运人作为收到托运货物的收据。铁路运单只是运输合约和货物收据，而非物权凭证。在托收和信用证支付方式下，托运人可凭运单副本办理托收和议付。

为加深和沿线国家经贸合作，2011 年首列中欧班列（CHINA RAILWAY Express，CR Express）开始运行。中欧班列是由中国铁路总公司组织，按照固定车次、线路、班期和全程运行时刻开行，运行于中国与欧洲以及“一带一路”沿线国家间的集装箱等铁路国际联运列车。随着“一带一路”建设的推进，中欧班列开通了西中东 3 条通道运行线：西部通道由我国中西部经阿拉山口（霍尔果斯）出境，中部通道由我国华北地区经二连浩特出境，东部通道由中国东北地区经满洲里（绥芬河）出境。国铁集团数据显示，2022 年开行中欧班列 1.6 万列、发送 160 万标箱，同比分别增长 9%、10%。

（2）对港铁路运输

对港铁路运输由内地段运输和港段运输两部分组成。供应港澳地区的物资经铁路运往深圳为内地铁路运输部分；货车到达深圳后，要过轨至香港，继续运送至九龙车站，这段为港段铁路运输。各地外运分公司以运输承运人的身份向发货单位提供经深圳中转香港的承运货物收据，并以此作为向银行办理结汇的凭证。

对港铁路运输的费用，按内地段铁路运输和港段铁路运输分别计算，内地段按人民币计算，港段按港币计算。内地段运费包括铁路运费、深圳过轨租车费和深圳外运公司劳务费。港段运费包括铁路运费、港段终点站卸货费、港段调车费及劳务费等。

2. 航空运输（Air Transport）

航空运输是一种现代化的运输方式，与海洋运输、铁路运输相比较，具有交货快、安全、准时和包装简单、手续简便、减少保管和储存费用、不受地面条件限制等优点，但运量较小，运价较高。在国际贸易中，航空运输特别适合于易腐商品、鲜活商品和季节性强的商品的运输，被称为“桌到桌快递服务”（desk to desk express service）。航空运输有班机运输、包机运输、集中托运和航空急件传送等方式。

3. 邮包运输（Post Transport）

邮包运输是一种比较简便的运输方式，发货人将邮包交给邮局并取得邮包收据后，即作为完成交货义务。邮政运输对邮包的重量和体积都有一定的限制，较适合重量轻、体积小的商品，如精密仪器、工具、药品和服装样品等。

近年来，特快专递业务迅速发展。目前快递业务主要有国际特快专递（EMS）和信使专递（DHL）。

4. 管道运输（Pipeline Transportation）

管道运输是一种特殊的运输方式。它是货物在管道内借助于高压气泵的压力输往目的地的一种运输方式，主要适用于运输液体和气体货物，具有固定投资大、建成后运输成本低的特点。

目前，在世界上各类运输管道干线中，输气管道占 50%以上，输油管道占 40%左右。美国、俄罗斯和石油输出国组织的成员国的管道运输最发达。

(三) 集装箱运输、大陆桥运输与国际多式联运

集装箱运输、大陆桥运输与国际多式联运是目前国际货物运输使用较多的三种运输方式。

1. 集装箱运输(Container Transport)

集装箱运输是以集装箱作为运输单位进行货物运输的一种现代化运输方式。可适合于海洋运输、铁路运输、公路运输、内河运输与国际多式联运等。航空运输也有使用集装箱的。

在当今运输中,集装箱运输因其明显的优点而被广泛使用,是目前发展最快的一种运输方式。集装箱运输方式可以采用如下的交货方式:

门到门(Door to Door),由承运人在发货人工厂或仓库接货,在收货人工厂或仓库交货。

门到场(Door to CY),由承运人在发货人工厂或仓库接货,在目的地的集装箱堆场交货。

门到站(Door to CFS),由承运人在发货人工厂或仓库接货,在目的地的集装箱货运站交货。

此外,还有场到门(CY to Door)、场到场(CY to CY)、场到站(CY to CFS)、站到门(CFS to Door)、站到场(CFS to CY)、站到站(CFS to CFS)等方式。

在集装箱运输中,承运人还可按托运的货物数量不同和交接货物的地点不同,采用整装箱和拼装箱的方法。整装箱一般由发货人在工厂或仓库装箱,然后直接运到集装箱堆场待运,货抵目的港后直接交给收货人;拼装箱则指数量不足一整箱时,由托运人将货送到集装箱货运站,再由承运人负责将不同货主的货拼装在一个箱内,货到目的港后,承运人拆箱分拨给不同的收货人。

2. 大陆桥运输(Landing Bridge Transport)

大陆桥运输是指利用集装箱的优势,将横贯大陆的铁路或公路运输系统作为桥梁,把大陆两端的海洋运输连接起来的连贯式运输方式。从形式上看,是海/陆/海的连贯运输。它能大大缩短运输距离,节省营运时间和费用,但有增加装卸次数的问题。现在较有影响的大陆桥运输有两条:

(1) 西伯利亚大陆桥。此线东起俄罗斯的纳霍德卡港,西到西欧各大口岸,海上连接日本、韩国和中国香港、中国台湾等地,是目前最长的大陆桥运输线,主要由铁路与铁路、铁路与公路和铁路与海运相联合的方式组成。我国利用西伯利亚大陆桥进行货物运输,一般是通过满洲里或二连出境,运往欧洲各国的铁路运输。

(2) 新欧亚大陆桥。开通于1992年,东起中国连云港市,西至荷兰的鹿特丹,全长10 800公里,途经俄罗斯、波兰、法国等国的许多城市。新欧亚大陆桥连接了30多个国家和地区,并把世界上著名的大港如新加坡、香港、高雄、神户、釜山和鹿特丹连接起来,大大方便了国际贸易的货物运输,也有助于推动我国沿海地区和中西部地

区经济贸易的发展。与西伯利亚大陆桥相比，新欧亚大陆桥的陆上运输缩短了3 000多公里，深受国际贸易界的重视与欢迎。

此外，还有一种“OCP”运输方式。“OCP”即“Over-land Common Point”的缩写，意为“内陆地区”。它以美国落基山脉为界，界东即为内陆地区，凡海运到美国西海岸港口再以陆路运往内陆地区的货物，如提单上标明按OCP条款运输，可享受比直达西海岸港口费率较低的优惠，陆运的运费率也可降低5%左右。这种优惠只适用于货物的最终目的地在OCP地区，而且必须经美国西海岸港口中转。

3. 国际多式联运(International Multimodal Transport; International Combined Transport)

国际多式联运是指按一份多式联运合同，以至少两种不同运输方式组成，由一个多式联运经营人负责将货物从一国境内接受货物的地点运至另一国境内指定交货地点的运输方式。国际多式联运大多以集装箱为媒介，把多种运输方式有机的结合起来，构成一种连贯的运输，是实现门到门运输的有效方式。国际多式联运的特点是：

有一个多式联运经营人。与一般联运的具体承运人不同，多式联运经营人可以不承担具体的运输，但必须对发货人承担全程运输的责任。

有一份多式联运合同，内容包括多式联运经营人与托运人之间的权利、义务。

有一份包括全程的多式联运单据，单据证明多式联运合同以及多式联运经营人接管货物并负责交付货物。

多式联运至少应包括两种以上的不同运输方式的运输，但第一程运输可以是任何一种运输方式。

多式联运的运费费率是全程单一的。

使用多式联运，发货人只要将货物交给多式联运经营人或其指定的具体承运人，取得多式联运单据后，便可凭单向有关银行议付结汇，以后一切事宜和风险均由多式联运经营人负责，它具有简化手续，方便运费计算，安全准确，减少风险，缩短发货人收回货款时间等优点。

二、装运条款

国际货物买卖合同中的装运条款通常包括交货时间、地点和交货方式，是否允许分批装运和转运、装运通知、滞期和速遣条款等内容。签订此类合同时，应严格遵循有关国际公约和惯例。

(一) 交货时间

交货时间是指卖方按约定的地点和方式向买方交付货物的期限，是买卖合同的主要条件。交货时间的确定对买卖双方都十分重要。如果卖方违反这一条件，买方有权拒收货物、中止合同或提出赔偿要求。

在国际贸易中交货的方式分两种，一种为实际交货(physical delivery; actual delivery)，即指卖方必须将货物交给买方，置于其实际控制之下，如EXW、DES、

DEQ 等条件的合同；另一种为推定交货（constructive delivery），又称象征性交货（symbolic delivery），是指卖方只要在装运地（港）将货物装上运输工具，就算完成交货义务，以后由卖方将包括提单在内的全套合格单据交给买方，无需保证到货，CIF、CPT 等条件的合同均属此类交货。在象征性交货方式的合同中，存在这两个不同的时间界限，装运货物的时间和交付单据的时间。在贸易实践中，通常习惯以货物装运的时间即运输单据的出单日期作为卖方交货的时间。在这里，"装运"和"交货"成了相同的概念，交货时间即装运时间，交货地点即装运地点，装运方式即交货方式。但是在实际交货贸易术语中，"装运"和"交货"是两个截然不同的概念，决不能相互代替使用，以免引起纠纷。

贸易合同中关于装运时间的规定，可用以下方式：

明确规定具体的装运时间。一般不确定在某一个日期，而是确定在一段时间内。这种规定方法，期限具体，含义明确，在国际货物买卖合同中采用较为普遍。

规定收到信用证后若干天内装运。为了防止买方不按时履行合同而造成损失，卖方可采用收到信用证后一定时间内装运的方法来确定装运时间。卖方的装运期限视对方开证时间而定，早开立早装运，晚开立晚装运。这种方法的缺点在于卖方的生产安排和装运受买方的约束比较大，比较被动。为此，可在合同中增添有关信用证开到期限的规定加以弥补。

收到货款后若干天装运。这种方法表明买方需要预付货款，因此这种方式对卖方最有利。

注意，对于装运时间的规定应尽量避免采用"立即装运"（immediate shipment）、"即期装运"（prompt shipment）、"尽快装运"（shipment as soon as possible）等词语，在信用证支付方式下，如使用这类词语，银行将不予置理。如使用了"于或约于"及类似词语，银行将解释为于规定的所述日期前后各 5 天内装运，起讫日期包括在内。为了避免误解引起争议，在合同中一般不宜使用。

总之，交货或装运时间的规定应根据市场的需要，商品的性质和当时的运输条件、生产供应的可能和买卖双方的特定情况和要求等，进行全面考虑，慎重对待。

（二）交货地点

交货地点关系到如何履行交货义务、风险转移、费用分担、租用运输工具等责任，双方都很重视。交货地点与所采用的贸易术语有密切联系。目前国际法规关于交货地点的规定大致是相同的，都视为合同指定的地点。由于目前合同大都采用 FOB、CFR、CIF 条件成交，涉及运输，通常在合同中明确装运港和目的港。

1. 规定装运港和起运地的方法

装运港和起运地通常由卖方根据便利货物装运出口的条件提出，经买方认可后确定。通常只规定一个，便于货物的集中出运，但也可以规定几个装运港，须在装运前由卖方最后选定后告知买方。尤其做 FOB 出口合同，卖方应将详细的装运港告诉买方，以便买方能租船顺利装运。在订立出口合同时，选定装运港时要考虑下列因素：

(1) 选定的装运港尽量靠近货源所在地，不仅装运方便，而且有利于节省国内运输费用。

(2) 对FOB成交合同，选定的装运港应考虑到港口条件是否符合买方来船的要求。

(3) 要考虑国内和对外的运输条件和费用水平。

2. 规定目的港和目的地的方法

目的港和目的地的选择一般由买方提出，经卖方同意后确定。目的港和目的地通常也只规定一个，如有必要也可规定两个，但在合同中应明确在规定的日期以前由买方选定最后目的港或目的地后通知卖方。在出口合同中规定目的港时，下列几点不应忽视：

(1) 目的港必须是船舶可以安全停靠的港口。

(2) 对于自我国港口发运没有直达船或虽有直达船但航次很少的目的港，合同中应明确规定"允许转船"条款，以利安排运输。

(3) 在合同订立时，买方尚未选定最终目的港的，应允许采用"选择港"的方法，即允许买方在运输途中在规定的港口中任选一个作为目的港，但在选择港确定时应根据国际惯例行事，即：选择港最多不超过三个港口；这些港口必须是同一条航线上并且班轮一般都停靠的港口；核定运费计入出口价格时，应按备选港中最高的费率和附加费计算，并在合同中注明，额外的费用由买方承担；在船只抵达第一个备选港之前，买方应将最后选定的目的港通知船公司或代理人，以便到时卸货。

(三) 分批装运和转运

分批装运(partial shipment)是指一个合同项下的货物分若干批先后装运。根据《跟单信用证统一惯例》规定，同一船只、同一航次中多次装运货物，即使提单上显示不同的装船日期和/或不同的装运港口，也不作为分批装运处理。在大宗货物交易中，买卖双方可以根据交货数量、货源、运输条件和资金等因素，在合同中规定分批装运条款。

转运(transshipment)是指货物从装运港/地到目的港/地的运输过程中，从一运输工具卸下，再装上同一运输方式的另一运输工具；或者在不同的运输方式下，从一种方式的运输工具卸下，再装上另一种方式的运输工具的行为。在国际贸易中凡目的港没有直达船停靠，或虽有直达船，但无固定船期以及港口条件差的，应当在出口合同中订明"允许转船"条款。

分批装运和转运条款，直接关系到买卖双方的利益，能否分批装运和转运，应在合同中明确订明。根据《跟单信用证统一惯例》规定：除非信用证另有规定，分批支款及/或装运均被允许。按此规定，不允许分批装运的，必须在信用证上注明，如信用证未明示分批装运，卖方有权分批装运。我国在签订合同时，一般都具体规定是否允许分批装运，有两种方法：一是合同中订明"允许分批装运"而未具体规定每批装运时间和数量。二是合同中明确规定分批装运的次数以及每批交货的时间和数量。

(四) 装运通知

买卖双方为了互相配合，共同搞好车、船、货的衔接和办理货运保险，不论采用何种贸易术语成交，交易双方都要承担互相通知的义务。因此，装运通知（Advice of Shipment）也是装运条款的一项重要内容。

如按 FOB、CFR 和 CIF 术语签订的合同，卖方应在货物装船后，按约定的时间，将合同、货物的品名、件数、重量、发票金额、船名及装船日期等项内容电告买方；如按 FCA、CPT 和 CIP 术语签订的合同，卖方应在把货物交付承运人接管后，将交付货物的具体情况及交付日期电告买方，以便买方办理保险并做好接卸货物的准备，及时办理进口报关手续。

需特别强调的是，买卖双方按 CFR 和 CPT 条件成交时，卖方交货后，及时发出装运通知，具有更为重要的意义。

(五) 滞期、速遣条款

在国际贸易中，大宗商品大多使用程租船运输。由于装卸时间的长短和装卸效率的高低直接关系到船方的利害得失，故船方在出租船舶时，如果装卸货物由租船人负责，船方都要求在程租船合同中规定装卸时间、装卸率，并规定延误装卸时间和提前完成装卸任务的罚款与奖励办法，以约束租船人。

1. 装卸时间

装卸时间是指允许完成装卸任务所约定的时间，它一般以天数或小时数来表示。装卸时间的规定方法很多，其中主要有下列几种：

(1) 日(Days)或连续日(Running Days, Consecutive days)

所谓日，是指午夜至午夜连续 24 小时的时间，也就是日历日数，就是总的装货或卸货时间。在此期间内，不论是实际不可能进行装卸作业的时间（如雨天，施工或其他不可抗力）还是星期日或节假日，都应计为装卸时间。这种规定对租船人很不利。

(2) 累计 24 小时好天气工作日(Weather Working Days of 24 Hours)

这是指在好天气情况下，不论港口习惯作业为几小时，均以累计 24 小时作为一个工作日。如果港口规定每天作业 8 小时，则一个工作日便跨及几天的时间。这种规定对租船人有利，而对船方不利。

(3) 连续 24 小时好天气工作日(Weather Working Days of 24 Consecutive Hours)

这是指在好天气情况下，连续作业 24 小时算一个工作日，中间因坏天气影响而不能作业的时间应予扣除。这种方法一般适用于昼夜作业的港口。当前，国际上采用这种规定的较为普遍，我国一般都采用此种规定办法。

由于各国港口习惯和规定不同，在采用此种规定办法时，对星期日和节假日是否计算也应具体订明。

为了计算装卸时间，合同中还必须对装卸时间的起算和止算时间加以约定。关于装卸时间的起算时间，各国法律规定或习惯并不完全一致。一般规定在船长向承租人或其代理人递交了“装卸准备就绪通知书”(Notice of Readiness, N/R)以后，经过一定的规定时间后，开始计算。关于止算时间，现在世界各国习惯上都以货物装完或卸完的时间，作为装卸时间的止算时间。

2. 装卸率

所谓装卸率，即指每日装卸货物的数量。装卸率的具体确定，一般应按照港口习惯的正常装卸速度，掌握实事求是的原则。装卸率的高低，关系到完成装卸任务的时间和运费水平，装卸率规定过高或过低都不合适。规定过高，完不成装卸任务，要承担滞期费的损失，反之，规定过低，虽能提前完成装卸任务，可得到船方的速遣费，但船方会因装卸率低，船舶在港时间长而增加运费，致使租船人得不偿失。因此，装卸率的规定应当适当。

3. 滞期费和速遣费

滞期费(Demurrage)是指在规定的装卸期限内，租船人未完成装卸作业，给船方造成经济损失，租船人对超过的时间应向船方支付的一定罚金。速遣费(Despatch Money)是指在规定的装卸期限内，租船人提前完成装卸作业，使船方节省了船舶在港的费用开支，船方应向租船人就可节省的时间支付一定的奖金。按惯例，速遣费一般为滞期费的一半。滞期费和速遣费通常约定为每天若干金额，不足一天者，按比例计算。

三、运输单据

在国际贸易运输中，托运人将货物托运后，取得相关的运输单据是至关重要的。运输单据是指证明货物已经装船或已发运或已由承运人接管的单据。有些运输单据还是货物所有权的凭证和运输契约的证明。在象征性交易中，运输单据通常还是证明出口商已完成交货义务，并有权向进口商收取货款的主要单据。

根据运输方式不同，运输单据有海运提单、铁路运单(或承运收据)、航空货运单、邮包收据以及多式联运单据等。

(一) 海运提单(Ocean Bill of Lading, B/L)

海运提单简称提单，是由船长或承运人签发的、证明货物已由承运人接管或已装船，并允诺将该货物运至目的港交付收货人的一种书面凭证。海运提单是出口人结汇收款的主要单据。

1. 海运提单的性质和作用

海运提单的性质和作用可概括为三个方面：

(1) 提单是承运人签发的货物收据，表明托运人已将货物交给了承运人。

(2) 提单是货物所有权的凭证，提单持有人可凭提单领取货物，也可通过背书转让提单从而转移货物所有权。

(3) 提单是托运人与承运人之间签订的运输合同的证明，是处理承运人与托运人运输方面争议的法律依据。

2. 海运提单的种类

海运提单可以根据不同角度进行分类。

(1) 根据货物是否已装船,分为“已装船提单”和“备运提单”。

“已装船提单“(On Board B/L)是指货物装船完毕后由承运人签发的提单,提单签发的日期为装船后的日期。提单必须写明装货的船名,由于它是货在装上船后才签发的,因此货到达目的港的时间比较确定,进口方多要求提供此提单。

“备运提单”(Received for Shipment B/L)是承运人签发的已收到货等待装船的提单。托运人只要在合同规定的交货期内将货交给承运人即完成交货义务,无需保证货物一定装上船。

在采用象征性交货方式合同中,卖方有义务提交已装船提单。

(2) 根据提单上对货物外表状况有无不良批注,分为“清洁提单”和“不清洁提单”。

“清洁提单”(Clean B/L)是指货物在装船时,承运人没有发现货物受损或包装不良,在提单上不写任何不良文字或批注的提单。

“不清洁提单”(Unclean B/L)是指货物在装船时,承运人发现货物或包装有缺陷并加以批注的提单。如“两箱包装破损”等。

国际贸易中,卖方有义务提供清洁提单。

(3) 根据提单收货人抬头不同或是否可流通分为“记名提单”和“指示提单”。

记名提单(Straight B/L)又称“收货人抬头提单”,是指提单上填写特定收货人名称,非提单特定收货人不能持单提货,记名提单不能转让。

“指示提单”(Order B/L)是指提单收货人栏内填写“凭指示”(to order)或“凭发货人指示”(to order of shipper)字样的提单,在发货人背书转让之前,物权归属发货人,但经过背书可以转让。背书可分为“空白背书”和“记名背书”。“空白背书”只有背书人在提单反面签名,无需注明被背书人名称;“记名背书”则除背书人签名外,还需注明被背书人名称方能转让。目前在国际贸易业务中以“凭指示”并经空白背书的提单居多,称为“空白抬头、空白背书”提单。

(4) 根据运输方式不同,可分为“直达提单”“转船提单”和“联运提单”。

“直达提单”(Direct B/L)是指货物装船后,承运人保证货船直驶目的港而中途不再转船所签发的提单。对于合同或信用证规定直运的,必须使用直达提单。

“转船提单”(Transshipment B/L)是指货物装上船后,中途需经换船再驶往目的港所签发的提单,一般需注明“在某港”转船字样。

“联运提单”(Through B/L)是指货物需经两种或两种以上运输方式才能抵达目的地,而由第一程承运人签发的,包括运输全程并能在目的港凭以提货的提单。

此外,还有班轮提单、租船提单、全式提单、略式提单等。

(二) 其他运输单据

1. 海运单

海运单(Sea Waybill, Ocean Waybill)是承运人收到货物的收据,是承运人和托运人之间的运输契约的证明。与海运提单的区别在于，它不是物权凭证，不能提货，不能向银行押款，也不可转让，因此又称“不可转让海运单”(Non-negotiable Sea Waybill)。

由于EDI技术在国际贸易中的广泛使用，不可转让海运单更适用于电子数据交换信息。再加上海运单能方便进口商及时提货，简化手续，节省费用，还可以在一定程度上减少以假单据进行诈骗的现象，所以在部分地区被越来越多地使用。

2. 铁路运输单据

铁路运单和运单副本是国际联运的主要运输单据，它是收、发货人与铁路部门之间的运输契约，对收、发货人和铁路部门都具有法律效力。当发货人向始发站提交全部货物，并付清由发货人支付的一切费用，经始发站在运单和运单副本上加盖始发站日期章证明货物已被接受承运，即认为运输契约已经生效。运单随同货物自始发站至终到站运送，最后在终到站由收货人付清应由收货人支付的运杂费后，连同货物由铁路部门交给收货人，运单副本则是发货人凭以向银行办理结算的主要单据。

3. 航空运单

航空运单(Air Waybill)是航空运输货物的主要单据，它是航空承运人与托运人之间缔结的运输合同，也是承运人或其代理人接受货物的收据，但不是货物所有权的凭证。货物运到目的地后，收货人凭承运人的到货通知提取货物。

4. 多式联运单据

多式联运单据(Multimodal Transport Documents, MTD)是多式联运合同的证明，也是多式联运经营人收到货物的收据和凭以交付货物的凭证。根据发货人的要求，它可以做成可转让，也可做成不可转让的。在航运界，一些船公司如中国远洋运输公司制定了一种“联合运输提单”(Combined Transport Bill of Lading)，它可以用于一般港到港的运输，也可用于海运与其他运输方式的联运。

5. 邮政收据

邮政收据(Parcel Post Receipt)是邮政运输的主要单据，它既是邮局收到寄件人的邮包后所签发的凭证，也是收件人凭以提取邮件的凭证，当邮包发生损坏或丢失时，它还可以作为索赔和理赔的依据，但不是物权凭证。

第三节　货物的运输保险

在国际贸易中，成交的货物从卖方交到买方的手中，一般都要经过长途运输、装卸和存储等环节，货物可能会遇到自然灾害或意外事故的风险而遭受损失。买方或卖方为了转嫁风险，就需要办理货物运输保险。

货物运输保险属于财产保险的范畴，是以运输过程中的货物作为标的，被保险人向保险人按一定的投保金额投保一定的险别，支付保险费并取得保险单据。如果货物在运输过程中遭受了约定范围内的损失，保险人按规定给予被保险人经济补偿。

运输方式的不同，货物运输保险的种类也不同，其中包括海上货物运输保险、陆上货物运输保险（公路和铁路）、航空运输保险和邮包运输保险。海上运输保险起源最早，历史最久，应用最广。其他的都是在海运保险的基础上发展起来的。尽管各种不同运输方式保险的承保责任有所不同，但是所保障的基本原则和范围却是一致的。这里重点介绍海上货物运输保险。

一、海上货物运输保险承保的范围

海上货物运输保险承保的范围包括风险和损失。

（一）风险

海上货物运输承保的风险分为海上风险和外来风险。

海上风险（Perils of the Sea）又称海难，是指货物与船舶在海上运输中或附随海上运输中所发生的风险。它包括由于自然界的变异而产生的破坏力量所造成的自然灾害（Natural Calamity）和由于偶然的不可预料的原因所造成的意外事故（Fortuitous Accidents）。

注意，海运保险仅指恶劣气候、雷电、海啸、地震和洪水等人力不可抗拒的自然灾害。海运保险所指的意外事故不同于一般事故，专指船舶搁浅、触礁、沉没、火灾、爆炸、碰撞、失踪或其他类似的意外事故。

外来风险（Extraneous Risks）是指由于外来原因所引起的风险，它包括一般外来风险和特殊外来风险。一般外来风险通常是指偷窃、破碎、雨淋、短量、受潮、受热、渗漏、沾污、串味、钩损和锈损等一般外来原因引起的风险。特殊外来风险通常是指战争、敌对行为、罢工等特殊外来原因引起的风险。

（二）损失

被保险货物在海洋运输中遇到风险而受到的损失通常可分为海上损失和费用损失。按照海运保险业务的习惯做法，海上损失也应包括与海运相连接的陆上或内河运输所发生的损失。

海上损失按照被保险货物遭受损失的程度，可分为全部损失和部分损失。

1. 全部损失（Total Loss）简称全损，是指被保险货物遭受全部损失。全损又可分为实际全损和推定全损。

实际全损（Actual Total Loss）是指被保险货物完全灭失、完全变质或货物不可能归还被保险人。如货物沉入海中，食品经海水浸泡变质，船舶失踪等。

推定全损（Constructive Total Loss）是指被保险货物受损后，实际全损已不可避免，或为了避免实际全损，但恢复、修复、施救受损货物并将其运送至目的地的费用之和将超过保险价值。

2. 部分损失（Partial Loss）是指不属于实际全损和推定全损的损失，即没有达到全部损失程度的损失。部分损失可分为共同海损和单独海损。

共同海损(General Average)是指在海运途中,载货船舶遇到了危及船、货的共同危险,船方为了维护船、货的共同安全或使航程继续完成,有意识地、合理地采取某些措施而作出特殊牺牲或支付的特殊费用。构成共同海损应具备下列条件:

(1) 必须是确实遭遇到危及全船的危险。

(2) 措施必须是有意识的和合理的,是为了船、货共同安全的。

(3) 牺牲或费用支出必须是非常性质的,所做的牺牲具有特殊性,支出的费用是额外的。

(4) 共同海损是为了船舶、货物等各方共同利益而做出的牺牲或支出的费用。它应该由各方按最后获救价值的多少按比例进行分摊。这种分摊称为共同海损分摊。

单独海损(Particular Average)是指除共同海损之外的部分损失,这种损失只涉及某一方的利益,只能由受损方自身承担。

单独海损与共同海损的主要区别为:

(1) 造成的原因不同。单独海损是承保风险所直接导致的损失,而共同的海损,则是由因采取人为的故意的措施所导致的损失。

(2) 承担的责任不同。单独海损的损失由受损方自行承担,而共同海损的损失则由各受益方按受益大小的比例共同分摊。

费用损失是指为营救被保险货物而支付的费用。这种费用,保险人也给予赔偿。它可分为施救费用和救助费用。

施救费用(Sue and Labor Expenses)是指当被保险货物遭遇保险责任范围内的灾害事故时,被保险人或他的代理人、雇佣人员和保险单受让人等为防止损失的扩大而采取抢救措施所支出的费用。

救助费用(Salvage Charges)是指被保险货物遭遇保险责任范围内的灾害事故时,由保险人和被保险人以外的第三者采取救助行动而向其支付的费用。

二、海运货物保险条款

(一) 我国海洋运输货物保险条款与险别

保险险别是保险人对风险和损失的承包责任范围,它是保险人与被保险人履行权利与义务的基础,也是保险人承包责任大小和被保险人缴付保险费的依据。中国人民保险公司制定"中国保险条款"(China Insurance Clauses, C.I.C.),将海运货物保险险别分为基本险和附加险两大类。

1. 基本险别

海运货物保险的基本险别可分为平安险、水渍险和一切险三种。

(1) 平安险(Free from Particular Average, F.P.A.)

平安险的英文原意是"不负单独海损责任"。其责任范围包括:由于自然灾害所造成的货物的全部损失；由于运输工具遭遇意外事故所导致的货物的全部或部分损失；由于运输工具遭遇意外事故的情况下，货物在此前后又在海上遭受自然灾害所造成的部分损失；在装卸转船过程中，一件或数件整体货物落海所造成的全部或部分损失；共同海损的牺牲和救助、施救费用等。

(2) 水渍险(With Average 或 With Particular Average, W.A.或 W.P.A.)

水渍险责任范围包括：除了上述平安险的各项责任外，还负责被保险货物由于恶劣气候、雷电、海啸、地震和洪水自然灾害所造成的部分损失。

(3) 一切险(All Risks)

一切险责任范围包括：除了平安险和水渍险的各项责任外，还负责被保险货物在运输途中由于一般外来原因所造成的全部或部分损失。

投保人可根据货物的特点在这三种险别中选择其中的一种来投保。

我国《海洋运输货物保险条款》除主要列有上述的基本险别责任范围外，还分别列有保险人的除外责任；责任的起讫(包括“仓至仓”条款)；被保险人的义务和索赔时效四方面的内容。

条款规定承保责任起讫采用国际保险业中惯用的“仓至仓”条款(Warehouse to Warehouse Clause)，即从被保险货物运离保险单所载明的起运地发货人仓库开始，包括正常运输中的海上、陆上、内河和驳船运输在内，直至到达保险单所载明的目的地收货人仓库或储存处所或被保险人用作分配，分派或非正常运输的其他储存处所为止。若货物未抵达仓库，是以货物在目的港全部卸离海轮后满 60 天保险责任终止。

索赔时效从被保险货物在最后卸货港全部卸离海轮后，不超过 2 年为限。

2. 附加险别

附加险是基本险的补充和扩大，附加险只能在投保一种基本险的基础上才可加保。附加险种类很多，中国人民保险公司承保的海运附加险有一般附加险和特殊附加险两类。

(1) 一般附加险(General Additional Risk)

一般附加险是承保由于一般外来风险所造成的损失。需要注意的是一般附加险已包含在一切险的责任范围内，如投保了一切险，就不需要加保一般附加险。一般附加险共有 11 个险别：偷窃提货不着险(T.P.N.D.)、淡水雨淋险、短量险、混杂、沾污险、渗漏险、碰损破碎险、串味险、受潮受热险、钩损险、包装破裂险和锈损险。

(2) 特殊附加险(Special Additional Risk)

特殊附加险是承保由于特殊外来风险所造成的损失。包括：战争险、罢工险、舱面险、进口关税险、拒收险、黄曲霉素险、交货不到险以及出口货物到香港、澳门存仓火险责任扩展条款。

(二) 伦敦保险协会海运货物险条款

英国伦敦保险协会制订的“协会货物险条款”(Institute Cargo Clauses, I.C.C.)

对世界各国的影响很大，目前仍被大部分国家所采用。此条款包括：

(1) 协会货物险条款(A)[Institute Cargo Clauses A, I.C.C.(A)]；

(2) 协会货物险条款(B)[Institute Cargo Clauses B, I.C.C.(B)]；

(3) 协会货物险条款(C)[Institute Cargo Clauses C, I.C.C.(C)]；

(4) 协会战争险条款(货物)(Institute War Clauses-Cargo)；

(5) 协会罢工险条款(货物)(Institute Strikes Clauses-Cargo)；

(6) 恶意损害险条款(Malicious Damage Clauses)。

其中前三种为基本险，后三种为附加险。前五种险别可以单独投保，并且按条款的性质统一划分为承包范围、除外责任、保险期限、索赔、保险利益、减少损失、防止延迟和法律与惯例八项内容。

(三) 其他货物运输保险条款

在国际保险业务中，除了海洋运输货物需要保险外，陆上运输、航空运输和邮包运输也需要办理货运保险。中国人民保险公司分别制订了陆上运输货物保险条款、航空运输货物保险条款和邮包运输保险条款。

三、货运保险的基本做法

(一) 合同中的保险条款

保险条款是进出口合同中的一个重要组成部分，涉及买卖双方的利益。一般情况下，保险条款应包含保险金额、投保险别、保险费、投保加成、保险单证和保险适用条款等内容。订立保险条款时，应注意以下几方面的问题：

保险金额是被保险人对被保险货物的实际投保金额，也是保险人依据保险合同应承担的最高赔偿金额和计算保险费的基础。

如前所述，国际上通常以 CIF 价格作为计算保险金额的基础，这表明不仅是货物本身，而且连运费和保险费也作为保险标的，即保险所要保障的对象一起加成投保。投保加成率一般为 10%。货物保险金额的计算公式为：

$$\text{保险金额}=\text{CIF 价格}\times(1+\text{投保加成率})$$

如果原来的货价为 FOB 或 CFR 价，则需要把它们转化为 CIF 价后，再作计算。换算的公式为：

$$\text{CIF 价}=\frac{\text{CFR 价(或 FOB 价}+\text{运费)}}{1-[\text{保险费率}\times(1+\text{投保加成率})]}$$

保险费是保险人向被保险人收取的费用。它是保险合同生效的前提条件，也是保险人经营业务的基本收入。保险费的计算公式为：

$$\text{保险费}=\text{保险金额}\times\text{保险费率}$$

(二) 保险单据

保险单据是保险人和投保人之间的保险合同,也是保险人对投保人的承保证明。在国际货物贸易中,保险单据可以背书转让。保险单据通常可分为以下几种:

(1) 保险单(Insurance Policy)。俗称大保单,是应用最广、形式最为正规的投保人与保险人之间的保险合同。它通常承保一个指定航程内某一批货物的运输保险。目前,我国国内的保险公司大多出具这种保单。

(2) 保险凭证(Insurance Certificate)。俗称小保单,是一种简化的保险单。在使用上,保险凭证与保险单具有同等效力。

(3) 联合凭证(Combined Certificate)。联合凭证是一种比保险凭证更为简化的保险单据。保险人仅将有关的承保内容,如承保险别、保险金额、保险编号等加注在投保人的发票上,其他项目以发票所列明的为准。

(4) 预约保险单(Open Policy)。预约保险单是承保一定时期内分批出运的货物所出具的保险单,是被保险人与保险人之间订立的预约保险总合同。在一定时期内,货物一经起运,保险公司即自动按预约保险单所订立的条件承保,既简化保险手续,又防止因漏保和迟保造成的损失。

(三) 保险索赔

保险索赔是指被保险货物在保险责任有效期内发生属于保险责任范围内的损失,被保险人可向保险人提出赔偿要求。

当被保险人获悉或发现被保险货物已遭受责任范围内的损失,应立即通知保险公司或其代理人,由其采取相应措施,出具检验报告。同时备妥有关索赔文件,通常有保险单正本、运输单据(海运提单等)、发票、装箱单、检验报告、货损货差证明、向第三者责任方请求赔偿的文件、索赔清单等向保险公司或其代理人提出索赔。

索赔工作中应注意发生的货损是否属于所保险别的除外责任范围。投保的货物有否免赔率的规定等。保险公司在履行了赔偿责任之后,一般要求取代被保险人地位或以被保险人名义向第三者责任方要求相应的赔偿的权利,这称为代位追偿权(The Right of Subrogation)以防止被保险人双重获益。

第四节　商品的价格

国际贸易业务,往往是围绕着商品价格这个中心进行的。价格是买卖双方交易磋商的主要内容,价格条款也是货物买卖合同中最主要的条款之一,关系到交易双方的根本利益。国际贸易中商品价格的规定比国内贸易要复杂得多,它除了规定商品的单价和数量外,还要规定所使用的货币名称和贸易术语等。

一、贸易术语的含义

国际贸易术语(trade terms),又叫“价格术语”“交货条件”,是在国际贸易实践中逐渐形成的用以确定买卖标的物的价格、买卖双方各自承担的费用、风险、责任范围的以英文缩写表示的专门术语。

贸易术语具有两方面的含义:一方面表示交货条件;另一方面,表示价格的构成,特别是货价中所包含的从属费用。每种贸易术语有着特定的含义,表示其应承担的交货条件和价格构成。在国际货物买卖业务中,贸易术语与商品价格往往是结合在一起使用的,成为价格的一个重要组成部分。使用贸易术语可以缩短交易磋商的过程和简化买卖合同的内容,节省磋商的时间和费用,有利于推动国际贸易的发展。

二、有关贸易术语的国际贸易惯例

国际贸易业务中反复实践的习惯做法与行为规范,只有经国际组织加以编纂与解释,才形成国际贸易惯例。国际贸易惯例的适用是以当事人的意思自治为基础的,因为,惯例本身不是法律,它对贸易双方不具有强制性,故买卖双方有权在合同中做出与某项惯例不符的规定。但是,国际贸易惯例对贸易实践仍具有重要的指导作用。

目前,国际上有较大影响的有关贸易术语的国际贸易惯例主要有以下三种。

(一)《1932 年华沙-牛津规则》(Warsaw-Oxford Rules 1932)

1928 年国际法协会曾在波兰华沙开会,以英国贸易习惯为基础,制定了有关 CIF 买卖合同统一规则,称为《1928 年华沙规则》。在 1932 年牛津会议上将华沙规则进行了修订,定名为《1932 年华沙-牛津规则》。全文共 21 条。这一规则对于 CIF 合同的性质、买卖双方所承担的风险、责任和费用的划分等问题作了比较详细的解释。

(二)《1941 年美国对外贸易定义修正本》(Revised American Foreign Trade Definition 1941)

1919 年美国九个商业团体在纽约制定了《美国出口报价及其缩写条例》。1941 年又对它作了修订,改称为《1941 年美国对外贸易定义修正本》,并经美国商会、美国进出口商协会和全国对外贸易协会所组成的联合委员会通过,由全国对外贸易协会予以公布。它对六种贸易术语了解释,分别为:

(1) Ex(Point of Origin)　产地交货。

(2) FOB(Free on Board)　在运输工具上交货。

(3) FAS(Free Along Side)　在运输工具旁交货。

(4) C&F(Cost and Freight)　成本加运费。

(5) CIF(Cost ,Insurance and Freight)　成本加保险费、运费。

(6) Ex Dock(Named Port of Impcrtation)　目的港码头交货。

该修正本多为一些美洲国家所采用。由于其解释在某些方面与其他惯例有所不同,特别是 FOB 术语又细分为六种,因此,与美洲国家进行交易时应加以注意。

(三) 2000 年国际贸易术语解释通则(International Rules for the Interpretation of Trade Terms ,INCOTERMS 2000)

《国际贸易术语解释通则》(International Rules for the Interpretation of Trade Terms),是由国际商会制定并进行过多次修订而成的。为进入 21 世纪后,使贸易术语更进一步适应世界上无关税区的发展、交易中使用电子信息的增多以及运输方式的变化,国际商会再次对《通则》进行修订,并于 1999 年 7 月公布《2000 年国际贸易术语解释通则》,简称 INCOTERMS 2000(以下简称《2000 年通则》)。《2000 年通则》于 2000 年 1 月 1 日起生效。

(四) 2010 国际贸易术语解释通则(International Rules for the Interpretation of Trade Terms ,INCOTERMS 2010)

相对 2000 通则,2010 通则主要有以下变化。

(1) 13 种贸易术语变为 11 种;

(2) 贸易术语分类由四级变为两类;

(3) 使用范围的扩大至国内贸易合同;

(4) 电子通信方式被 2010 通则赋予完全等同的功效。

(五) 2020 国际贸易术语解释通则(简称《Incoterms® 2020》)

2020 国际贸易术语解释通则于 2019 年 9 月 10 日由国际商会在法国巴黎正式向全球发布,该规则于 2020 年 1 月 1 日正式生效。为了适应国际贸易的不断发展和变化,国际商会每十年就会做一次修订。最新版的《国际贸易术语解释通则® 2020》(Incoterms® 2020)中新增了一个术语 DPU,删除了原来的 DAT 术语。一增一减之后仍然保持 11 个术语,并且仍然按照各术语适用的不同运输方式分为两组。分别是:第一组:适用于所有运输方式的七个术语:EXW、FCA、CPT、CIP、DAP、DPU、DDP,第二组:只能适用于水上运输方式的 FAS、FOB、CFR 和 CIF。

三、六种常用的贸易术语

在我国对外贸易中,经常使用的主要贸易术语为 FOB、CFR 和 CIF 三种。近年来,随着集装箱运输和国际多式联运的发展,采用 FCA、CPT 和 CIP 贸易术语的也日渐增多。因此,首先应对这几种主要贸易术语的解释和运用有所了解。

《2020 年通则》中共有的 11 个贸易术语,其中使用最多的是装运港交货的 3 种术语:FOB、CFR 和 CIF。这三种贸易术语,都只适用于海运和内河运输,买卖双方在货物交接和责任、费用、风险划分中所承担的义务基本一致,只是在运输和保险的责任上有所区别。

FOB——Free on Board (... named port of shipment),即装运港船上交货(……指定装运港)。此术语是指卖方在约定的装运港将货物交到买方指定的船上。此术语只能适用于海运和内河航运。按照国际商会对FOB的解释,卖方必须在合同规定的装运期内,在指定的装运港将货物装上买方指定的船上,并及时通知买方。货物在装运港越过船舷时完成交货,风险即由卖方转移至买方。

CFR——Cost and Freight(... named port of destination),即成本加运费(……指定目的港)。此术语是指卖方必须负担货物运至约定目的港所需的成本和费用。这里所指的成本相当于FOB价,故CFR术语是在FOB价的基础上加上装运港至目的港的通常运费。货物在装运港越过船弦时完成交货。卖方应注意及时发出装船通知。按CFR条件成交时,由卖方安排运输,由买方办理货运保险。如卖方不及时发出装船通知,则买方就无法及时办理货运保险,甚至有可能出现漏保货运险的情况。

CIF——Cost, Insurance and Freight(... named port of destination),即成本、保险费加运费(……指定目的港)。此术语是指卖方必须支付将货物运至目的港所需的成本和运费,并办理货运保险,支付保险费,货物在装运港越过船弦时完成交货。按《2020年通则》对CIF术语的规定:卖方只需按最低责任的保险险别取得保险。在实际业务操作中,双方若以CIF术语成交,应在合同中具体规定保险金额、保险险别和适用的保险条款。

三种向承运人交货的贸易术语:FCA、CPT和CIP,适用于包括多式联运在内的各种运输方式。

FCA——Free Carrier(... named Place)货交承运人(……指定地),此术语是指卖方在指定地点将经出口清关的货物,交付给买方指定的承运人,完成交货,并承担货物交由承运人监管为止的一切费用和风险。最新版本的《Incoterms® 2020》在FCA术语A6/B6中增加了一个附加选项,即:买卖双方可以约定“买方有义务指示其承运人在货物装船后向卖方签发已装船提单”,卖方随后方才有义务向买方(通过银行)提交已装船提单。这个新增的附加选项可以确保卖方在货物装船后能顺利取得已装船提单,卖方通过这种约定就能够保障自己的正当权益。这一新增的附加规定是对买方作为合同托运人时对卖方(实际托运人)的一种保护措施,卖方应该善加运用。

CPT——Carriage Paid to (... named place of destination)运费付至(……指定目的地)。此术语是指卖方将经出口清关的货物交付给由他指定的承运人,并支付货物运至指定目的地的运费。卖方应订立运输合同并支付正常的运费;承担货交承运人之前的一切费用和风险,若在多式联运的情况下,则风险自货物交至第一承运人时转移。

CIP——Carriage and Insurance Paid to(... named place of destination)运费、保

险费付至(……指定目的地)。此术语是指卖方除了必须承担在CPT术语下同样的义务外,还应为买方办理货运保险,并支付保险费。在《Incoterms® 2020》规则中对于CIP术语,则变更为卖方必须投保符合《协会货物保险条款》ICC(A)承保范围的保险,但当事人可以协商选择更低级别的险种。

可见,FCA、CPT、CIP三种贸易术语是分别从FOB、CFR、CIF贸易术语的基础上发展而成的,它们除了有分别类似的地方之外,也有不同之处。主要表现在:适用的运输方式不同;交货和风险转移地点不同;装卸费用负担不同;使用的运输单据不同。

四、其余五种贸易术语

EXW——Ex Works(... named place)工厂交货(……指定地)。此术语是指卖方在其所在处所(工厂、工场、仓库等)将货物提供给买方时,即履行了交货义务。按EXW术语的解释,卖方既不承担即货物装上买方备妥的运输工具,也不负责办理货物出口清关手续。除另有约定外,买方应承担自卖方的所在地受领货物的全部费用和风险。因此,EXW术语是卖方承担责任、费用和风险最小的一种贸易术语。EXW术语适用于各种运输方式。

FAS——Free Alongside Ship(... named port shipment)船边交货(……指定装运港)。此术语是指卖方把货物运到指定的装运港船边,即履行了交货义务。买卖双方负担的风险和费用均以船边为界。该术语仅适用于海运或内河运输。

DDP——Delivered Duty Paid(... named place of destination)完税后交货(……指定目的地)。此术语是指卖方在指定目的地将货物交付给买方,并负责办理货物进口清关,但不负责任何运输方式下的卸货义务。卖方必须承担货物运至该处的一切费用和风险(包括办理进口清关手续的责任、风险和费用,支付关税、税捐和其他费用)。DDP术语适用于各种运输方式。与EXW相反,DDP是卖方负担义务最多的术语。

DAP——Delivered at Place即目的地交货,是指卖方已经用运输工具把货物运送到达买方指定的目的地后,将装在运输工具上的货物(不用卸载)交由买方处置,即完成交货。《2010年国际贸易术语解释通则》删去了《2000年国际贸易术语解释通则》4个术语:DAF(Delivered at Frontier)边境交货、DES(Delivered Ex Ship)目的港船上交货、DEQ(Delivered Ex Quay)目的港码头交货、DDU(Delivered Duty Unpaid)未完税交货,新增了2个术语:DAT(delivered at terminal)在指定目的地或目的港的集散站交货、DAP(delivered at place)在指定目的地交货。即用DAP取代了DAF、DES和DDU三个术语,DAT取代了DEQ,且扩展至适用于一切运输方式。

DPU——Delivered at Place Unloaded(目的地交货并卸货)术语,并且将它置于DAP之后。在《Incoterms® 2020》中国际商会去掉了DAT术语,新增了DPU。国际商会强调这里的Place(目的地)可以是任何地方而不仅仅是“运输终端”,这一改变更加符合买卖双方的交易习惯和表达。新的排序也使卖方的责任递进更加一目了然：DAP→DPU→DDP，卖方的责任层层递进，非常容易接受和理解。并且 DAP 和 DPU 的区别从术语的英文全称及缩写都可以清晰辨别，不容易混淆。

五、商品的价格

商品价格是国际货物买卖的主要交易条件，价格条款是买卖合同中必不可少的条款。在国际贸易的业务中，正确掌握进出口商品的价格，选择合理的作价方法和计价货币，适当运用佣金和折扣，订好合同中的价格条款，对于提高外贸的经济效益具有重要的意义。

(一) 进出口商品的作价原则

商品价格确定的原则是：依据平等互利的精神，按照国际市场价格水平，结合国别政策和自己的销售意图，来确定适当的价格。在确定进出口商品价格时，了解和掌握市场供求关系变化和国际市场价格涨落的趋势是十分重要的。同时，还要根据不同的商品，充分考虑影响价格的各种因素。如商品质量的优劣，成交数量的大小，运输距离的远近，季节性需求的变化，商品交货条件与货款支付条件的不同以及汇率变动的风险等。

(二) 商品作价方法

国际货物买卖的作价方法，可以根据不同情况，分别选用不同的作价方法：

(1) 固定价格，是指在交易磋商、签订合同中，明确规定具体价格，事后双方按照该价格结算货款。固定价格在国际货物买卖中，是一种最常用的作价方法。

采用固定价格意味着买卖双方承担从签约到交货付款时可能产生的价格变动风险。

(2) 非固定价格，即一般业务上所说的“活价”。某些商品因其国际市场价格变化频繁或各种货币汇价动荡等原因，双方签约时，也会采用非固定价格的方法。具体可以有暂不固定价格、暂定价格以及部分固定部分非固定价格的作价方法。

(三) 外销价格的换算

在国际贸易业务中，不同的贸易术语表示了其不同的价格构成。在最常用的 FOB、CFR、CIF 三种术语中，当确定了一种后，很容易对其他两种进行换算。这可以方便我们对外报价。

1. 以 FOB 价换算为其他价

$$\text{CFR 价} = \text{FOB 价} + \text{运费}$$

$$\text{CIF 价} = \frac{\text{FOB 价} + \text{运费}}{1 - (1 + \text{投保加成率}) \times \text{保险费率}}$$

2. 以 CFR 价换算为其他价

$$\text{FOB 价}=\text{CFR 价}-\text{运费}$$

$$\text{CIF 价}=\frac{\text{CFR 价}}{1-(1+\text{投保加成率})\times\text{保险费率}}$$

3. 以 CIF 价换算为其他价

$$\text{FOB 价}=\text{CIF 价}\times[1-(1+\text{投保加成率})\times\text{保险费率}]-\text{运费}$$

$$\text{CFR 价}=\text{CIF 价}\times[1-(1+\text{投保加成率})\times\text{保险费率}]$$

(四) 佣金和折扣

佣金(Commission)是指中间商因介绍交易或代买代卖而收取的报酬。在进出口业务中,如交易的对象是中间商,往往会涉及佣金。

凡价格中包含佣金的称为含佣价。含佣价中明确规定佣金百分比的,称为明佣。含佣价中不标示佣金及百分比的,称为暗佣,由双方当事人另行暗中约定。含有明佣的价格一般在货物买卖合同中加以标示。例如:

每打 150 美元 CIF 横滨包括佣金 5%

USD150/DOZ. CIFC5 YOKOHAMA

佣金一般是由卖方在收到货款后另行付给中间商的。

佣金的计算公式为:

$$\text{佣金}=\text{含佣价}\times\text{佣金率}$$

价格中不含佣金的称为净价,含佣价与净价之间的计算公式为:

$$\text{净价}=\text{含佣金}-\text{佣金}=\text{含佣价}\times(1-\text{佣金率})$$

折扣(Discount)是指卖方按原价给予买方以一定的减让。折扣一般在货物买卖合同中加以标示。折扣可用文字说明,例如:

每套 200 美元 CIF 温哥华减 2%折扣

USD200 PER SET CIF VANCOUVER LESS 2% DISCOUNT

折扣一般是在买方支付货款时预先予以扣除的。

六、合同中的价格条款

价格条款是买卖合同中必不可少的内容。它主要包括单价(Unit Price)和总值(Total Amount)两项内容。此外,像佣金与折扣的运用,也属价格条款的内容。

单价由计量单位、单位价格金额、计价货币和贸易术语四部分所组成。例如:

每公吨 1 000 美元 CIF 新加坡

USD1 000 PER METRIC TON CIF SINGAPORE

总值是单价和成交数量的乘积,即货款的总金额。

在规定价格条款时，除了合理地确定商品的单价外，一般还应注意计价货币和贸易术语的选择、合同规定的品质公差或数量溢短装条款等。

第五节　货款的收付

现代国际贸易货款的收付，大多采用非现金结算来了结买卖双方的债权债务关系。货款的收付关系到买卖双方的切身利益。如何收付将直接影响双方的资金周转和融通，以及承担的费用和风险。买卖双方在交易磋商时，都力争约定对自己有利的收付条件，货款收付是双方洽谈的一个重点问题。因此，货款收付条款是合同中的一项必不可少的重要条款。

贸易货款的收付，一般是通过外汇来结算的，货款的收付主要涉及支付工具、支付时间和支付方式等问题。

一、支付工具

对于支付工具要考虑两个方面，一是货币，二是票据。

对于货币，在国际贸易业务中，要选择自由可兑换货币来进行结算，结合进出口业务的情况注意选择"硬货币"还是"软货币"，以及是选择本国货币、对方国家的货币还是第三国的货币。

对于票据，在现代国际贸易业务中，基本上都采用票据作为主要结算工具。票据是流通转让的债权凭证，主要有汇票、本票和支票，其中以汇票为主。

(一) 汇票

1. 汇票的概念与内容

汇票(Draft, Bill of Exchange)是一个人向另一个人签发的，要求在见票时或将来某时，对某人或其指定人或持票人支付一定金额的无条件的书面支付命令。这是国际货款支付中使用最多的一种票据。

汇票的基本内容必须记载下列事项："汇票"字样；无条件支付的委托；确定的金额；付款人名称；收款人名称；出票日期；出票人签章。汇票上未记载前款规定事项之一的，汇票无效。

汇票有三个基本当事人，即出票人、受票人和收款人。

出票人(Drawer)是写成并交付汇票的人。在汇票付款以前是主债务人。如果汇票遭到拒付或拒绝承兑，出票人应向持票人或背书人偿付票款。

受票人(Drawee)是接受汇票的人。也就是接受出票人的委托，为其付款的人，所以也称付款人(Payer)。就汇票上所体现的法律关系而言，付款人在汇票上签名之前，不是汇票的债务人，也不承担汇票一定付款的责任。

收款人(Payee)是收取汇票票款的人。也是汇票的第一持票人。收款人享有汇票的权利，成为汇票的主债权人。他可以凭汇票取得票款，也可以将汇票背书后转让给其他人。

汇票在流通时，可能还涉及其他当事人，如背书人(Endorser)、被背书人(Endorsee)和保证人(Guarantor)等。

2. 汇票的种类

汇票可以从不同的角度进行分类：

(1) 按出票人不同划分，汇票分为银行汇票和商业汇票

银行汇票(Banker's Draft)是由银行签发的汇票，出票人和付款人都是银行。在国际货款结算中，银行汇票签发后交给汇款人，由汇款人寄给国外收款人向指定付款银行取款。

商业汇票(Commercial Draft)是由企业和个人签发的汇票，付款人可以是银行，也可以是企业或个人。在国际货款结算中，商业汇票一般由出口方签发，向进口方或银行收取货款。商业汇票一般都附有货运单据。

(2) 按付款时间不同划分，汇票分为即期汇票和远期汇票

即期汇票(Sight Draft)。根据我国票据法的规定，付款日期为见票即付的汇票。即付款人见票时应立即付款。

远期汇票(Usance Draft, Time Draft)是在固定的或可能确定的未来某一日期付款的汇票。付款日期为未来某一日期付款的汇票。根据我国票据法的规定，定日付款、出票后定期付款、见票后定期付款三种记载付款日期的为远期汇票。

(3) 按是否有货运单据划分，汇票分为光票和跟单汇票

光票(Clean Draft)是出票人开立的不附带货运单据的汇票。银行汇票多为光票。在国际货款结算中，一般用于支付货款尾数、贸易从属费用和佣金等。

跟单汇票(Documentary Draft)是附带有货运单据的汇票。其付款要以附交货运单据，如海运提单、保险单、发票等为条件。商业汇票多为跟单汇票。在国际货款结算中，货款的收付大多采用跟单汇票作为结算工具。

(4) 按承兑人不同划分，汇票分为商业承兑汇票和银行承兑汇票

商业承兑汇票(Commercial Acceptance Draft)是由企业或个人承兑的远期汇票，是建立在商业信用基本上，其出票人通常也是企业和个人。

银行承兑汇票(Banker's Acceptance Draft)是由银行承兑的远期汇票，通常是企业和个人签发的远期商业汇票，银行对其承兑后成为汇票的主债务人。它是建立在银行信用基础上，汇票易于流通贴现。

3. 汇票行为

汇票行为是指汇票在流通过程中，围绕汇票所发生的，以确立一定权利义务关系为目的的行为。汇票行为包括出票、提示、承兑、付款、背书、追索和保证等。

出票(Issue)是指出票人签发票据并将其交给受票人的票据行为。

提示(Presentation)是指持票人向付款人出示汇票要求付款或承兑的行为。

承兑(Acceptance)是指汇票付款人承诺在汇票到期日支付汇票金额的行为,承兑时由付款人在汇票正面记载“承兑”字样和承兑日期并签章。

付款(Payment)是指汇票的付款人向持票人支付汇票金额的行为。

背书(Endorsement)是转让票据权利的行为,即持票人在汇票背面签章并交付给受让人。背书后,原持票人成为背书人(Endorser),称为前手,受让人为被背书人(Endorsee),称为后手。

追索(Recourse)是指汇票遭到拒付的,持票人对其前手背书人、出票人等行使追索权,即要求其偿还汇票金额、利息及费用的权利。汇票遭拒付(Dishonour),就是受票人拒绝付款或拒绝承兑。

保证(Guarantee, Avail)是指非汇票债务人对所发生的汇票债务承担保证责任。汇票的出票人、背书人和承兑人均可作为被保证人。

(二) 本票

本票(Promissory Note)是出票人签发的,承诺自己在见票时无条件支付确定的金额给收款人或者持票人的票据。

本票和汇票的区别主要在于:

本票的当事人有两个,即出票人和收款人;汇票的当事人有三个,即出票人、付款人和收款人。

本票的出票人就是付款人,远期本票无须承兑;远期汇票则要办理承兑手续;

本票的出票人是绝对的主债务人;远期汇票的主债务人,在汇票承兑前是出票人,承兑后则是承兑人。

(三) 支票

支票(Cheque, Check)是出票人签发的,委托办理支票存款业务的银行或者其他金融机构在见票时无条件支付确定的金额给收款人或者持票人的票据。换言之,支票是以银行为付款人的即期汇票。支票的出票人和付款人的关系,实际上就是储户和开户银行的关系。

二、支付方式

国际贸易中,货款资金的转移一定伴随着支付工具(即票据)的转移,从资金的流向与支付工具的传递方向来看,支付方式可以分为顺汇和逆汇两种方法。货款结算方式主要有汇付、托收、信用证三种。

(一) 汇付

汇付(Remittance)又称汇款,是付款人通过银行,将款项以某种方式付给收款人的结算方式。汇付是一种比较简单的国际货款收付方式,货运单据一般由收款人(卖方)自行寄送付款人(买方)。除票汇方式的汇付外,银行也不处理票据。汇付方式由于其资金流向与结算凭证传送方向相同,即付款人通过银行主动向收款人清偿债务,故称为顺汇法。

汇付方式有四个基本当事人：即汇款人(Remitter)，即付款人，通常是进口方；汇出行(Remitting Bank)，即是接受汇款人的委托，汇出款项的银行；汇入行(Receiving Bank)，又称解付行，是接受汇出行的委托，解付金额给收款人的银行；收款人(Payee)，即受益人，通常是出口方。

采用汇付方式，汇款人需要向汇出行递交汇款申请书，并支付所汇的款项和汇费。汇出行按照申请书的要求，以约定的方式通知汇入行。汇入行根据汇出行的指示，向收款人解付款项。

根据不同的汇款方式，汇付有电汇、信汇和票汇三种方式。

信汇和电汇的业务程序如图 10-1 所示。

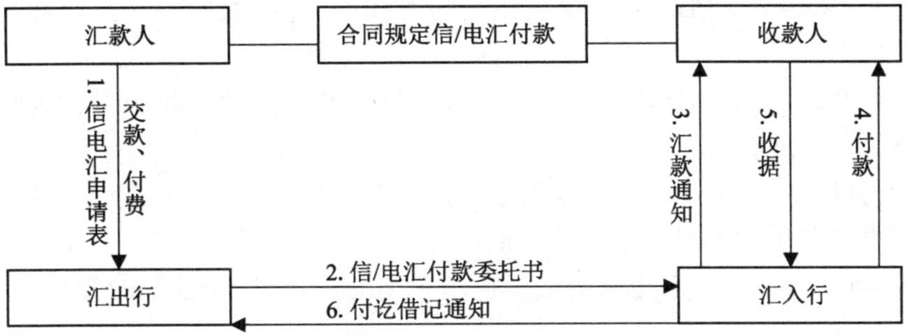

图 10-1 信汇、电汇业务程序

票汇的业务程序如图 10-2 所示。

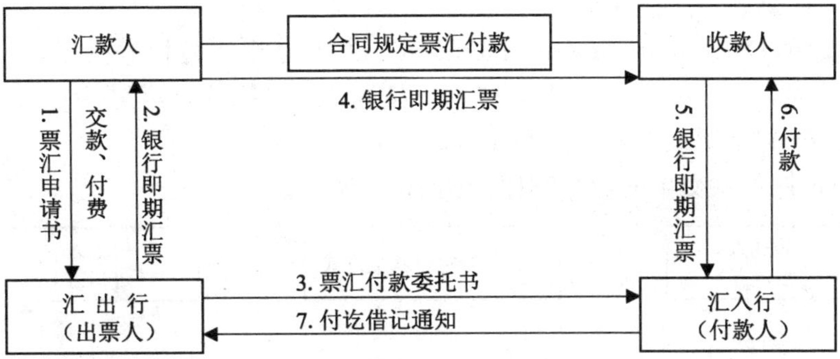

图 10-2 票汇业务程序

可见，汇付属于商业信用性质，提供信用的一方需要承担很大的风险。若预付货款，进口方向出口方提供信用，进口方需承担出口方不按时发货或不发货的风险；若货到付款，又称赊账交易(Open Account Trade ,O/A)。出口方向进口方提供信用，出口方需承担进口方不按时付款或不付款的风险；也有采用部分预付货款、部分货到付款方式，则双方都承担风险。在外贸实践中，汇付方式除对本公司境外分支机构和国外可靠的贸易伙伴等使用外，一般用来支付小额货款、定金、佣金和费用等。

（二）托收

托收(Collection)是国际货款的收付中常用的一种方式。托收是出口方开立汇票或连同货运单据委托银行向进口方收款的一种结算方式。国际贸易结算中，大多使用跟单托收。托收方式由于其资金流向与结算凭证传送方向相反，即收款人开立汇票通过银行向付款人托收货款，故称为逆汇法。

托收方式有五个基本的当事人：

委托人(Principal)。委托银行办理托收的一方。是开立汇票的出票人。通常是出口方。

托收行(Remitting Bank)。受委托人的委托，办理托收的银行。通常是出口地银行。

代收行(Collecting Bank)。接受托收行委托，参与办理托收向付款人收款的银行。通常为进口地银行。

提示行(Presenting Bank)。向付款人提示单据的代收行。一般是代收行本身或受代收行委托向付款人提示单据的其他银行。

付款人(Payer)。根据托收指示被提示单据的人，是接受汇票的受票人，通常是进口方。

托收结算方式按照托收汇票是否附有货运单据，可分为跟单托收和光票托收。

1. 跟单托收

跟单托收按照交单条件的不同，分为付款交单和承兑交单。

(1) 付款交单

付款交单(Documents against Payment, D/P)是指银行根据指示，只有在付款人付清货款时，才能向其交出货运单据。按付款时间不同，可分为即期付款交单(D/P at Sight)和远期付款交单(D/P after Sight)。

即期/远期付款交单的业务程序如图 10-3 所示。

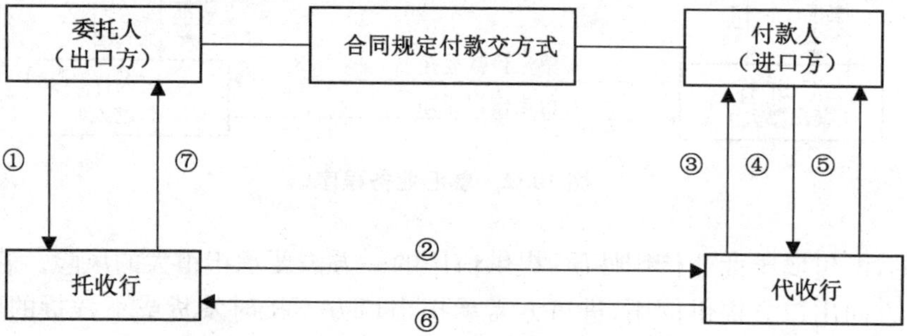

图 10-3　即期/远期付款交单的业务程序

图 10-3 中，① 出口方发货后，填写托收申请书，开立即期/远期汇票，连同货运单据，交托收行委托收款。

② 托收行接受委托后，缮制托收委托书连同汇票、货运单据寄交代收行。

③ 即期付款交单：收代行按照托收指示向付款人提示汇票和单据。

远期付款交单：代收行按照托收指示向付款人提示汇票和单据。

④ 付款人审单无误后，在汇票上承兑，代收行收回汇票和单据。

⑤ 即期付款交单：付款人审单无误后付款。

远期付款交单：付款人到期付款。

代收行向付款人交单。

⑥ 代收行办理转账，向托收行发送贷记通知书。

⑦ 托收行向出口方付款。

（2）承兑交单（Documents against Acceptance，D/A）是指银行根据指示，在付款人承兑远期汇票后，便把货运单据交给付款人，并于汇票到期日由付款人履行付款义务。承兑交单只用于远期汇票的托收。

承兑交单的业务程序如图 10-4 所示。

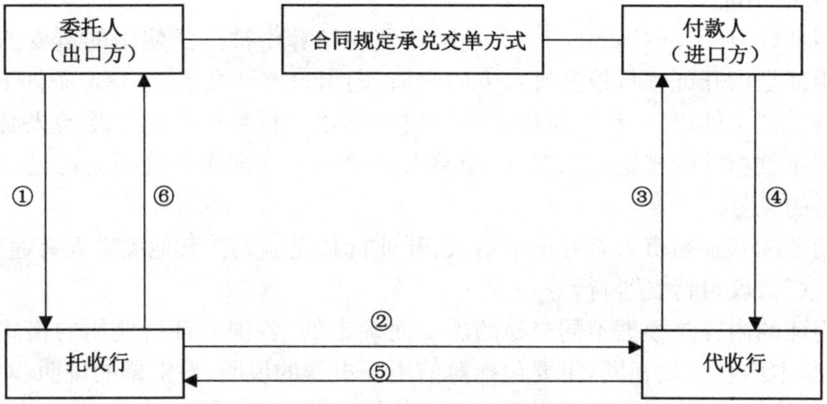

图 10-4　承兑交单业务程序

图 10-4 中，① 出口方发货后，填写托收申请书，开立远期汇票连同货运单据，交托收行委托收款。

② 托收行接受委托后，缮制托收委托书连同汇票、货运单据寄交代收行。

③ 代收行按照托收指示向付款人提示汇票和单据。付款人审单无误后，在汇票上承兑。代收行收回汇票，将单据交给付款人。

④ 付款人到期付款。

⑤ 代收行办理转账，向托收行发送贷记通知书。

⑥ 托收行向出口方付款。

2. 光票托收

光票托收是出口方开立汇票而不附带货运单据的托收。即使附有一些非货运单据，如发票、垫款清单等，也属于光票托收。

在国际货款收付中，光票托收通常只用于收取货款的尾数、样品费、佣金、代垫费用或其他贸易从属费用等。光票托收的汇票可以是即期汇票或远期汇票。实际业务中，光票托收的金额一般都不大，所以大都使用即期汇票。

在国际贸易结算中采用托收方式，银行只提供代收货款和代为交单的服务，而能否按时付款则取决于付款人的信用，银行对此不负责任。托收与汇付一样，也属于商业信用性质。

托收方式下，出口方的风险比较大。只要进口方不按合同履行付款义务，出口方将蒙受损失。该方式对进口方比较有利，因出口方先行发货，进口方无收货的风险，一般不需要垫付资金，也无需支付托收费用。如果采用承兑交单，则还能利用出口方的资金，风险也更小。即使是远期付款交单，进口方往往会在付款前，开立信托收据(Trust Receipt，T/R)向代收行借出货运单据，提取货物，即利用托收进口押汇方式向代收行融通资金。

(三) 信用证

信用证(Letter of Credit，L/C)是国际贸易结算中被广泛使用的重要的收付方式。信用证是指开证银行根据进口方的申请，向出口方开立的，在一定条件下保证付款的银行保证文件，是一种有条件的银行付款承诺。付款的前提是受益人必须提交与信用证条款相符的规定的单据，即受益人以单据形式向银行证明自己已经履行银行所规定的义务。

信用证的基本当事人有开证申请人、开证行和受益人。其他关系人有通知行、保兑行、付款行、议付行、偿付行等。

信用证的内容是根据不同交易的需要而确定的，各国开证行使用的格式也不尽相同，但基本内容大致相同，主要包括对信用证本身的说明、对汇票的说明、对货物的说明、对运输的说明、对单据的说明以及其他规定等。

实践中根据不同类型的信用证，信用证收付方式的业务程序也会有所不同。但一般都经过申请、开证、通知、议付、索偿、偿付和赎单这几个基本环节。由于其资金流向与结算凭证传送方向相反，故属逆汇法。

信用证方式的业务程序如图 10-5 所示。

信用证的种类很多，在国际贸易结算中常用的有：

1. 可撤销信用证和不可撤销信用证

可撤销信用证(Revocable L/C)指开证行对所开立的信用证可以不征求受益人的同意，随时修改或撤销的信用证。这种信用证对受益人没有保障，出口方一般不愿接受。

不可撤销信用证(Irrevocable L/C)指信用证一经开出，未征得受益人同意，开证

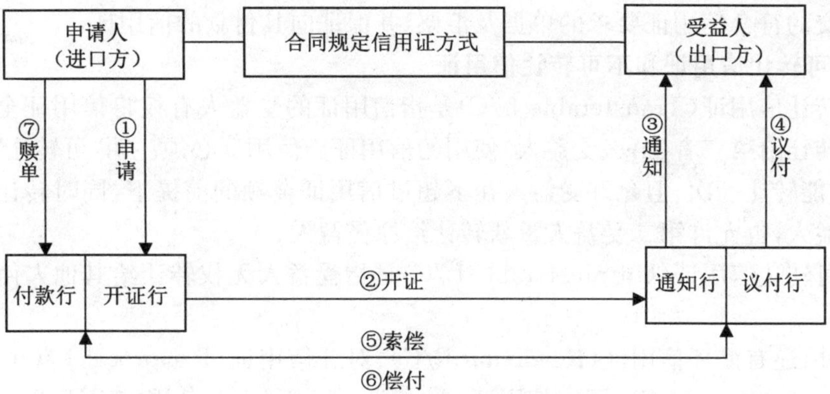

图 10-5　信用证方式业务程序图

行既不能修改也不能撤销的信用证。这种信用证构成了开证行确定的付款保证。只要受益人提供的单据与信用证条款相符，开证行必须履行付款义务，这对受益人是有保障的。国际贸易中基本使用这种信用证。

2. 跟单信用证和光票信用证

跟单信用证（Documentary L/C）是指凭跟单汇票和所附单据或仅凭单据付款的信用证。单据必须包括货运单据，因为它是物权凭证并可以转让或证明货物已经装运。其他单据还有发票、装箱单、保险单等。国际贸易结算中大都使用跟单信用证。

光票信用证（Clean L/C）是指凭汇票或简单收据而不附带货运单据付款的信用证。

3. 保兑信用证和不保兑信用证

保兑信用证（Confirmed L/C）是指开证行要求另一家银行对其所开立的信用证加以保兑的信用证。保兑行只对不可撤销信用证加具保兑，它所承担的责任相当于开证行。保兑信用证有双重付款保证。

不保兑信用证（Unconfirmed L/C）是指未经保兑的不可撤销信用证。

4. 即期付款信用证、延期付款信用证、承兑信用证和议付信用证

即期付款信用证（Sight Payment L/C）是指开证行或付款行收到与信用证条款相符的单据后立即付款的信用证。这类信用证可以规定开立即期汇票也可以不需要汇票，凭货运单据付款。

延期付款信用证（Deferred Payment L/C）是指开证行或付款行在受益人交单一定时期后，保证付款的信用证。它的付款日期确定在提交单据后的若干天或提单出单后的若干天。这种信用证不使用汇票，因此受益人无法进行贴现业务。

承兑信用证（Acceptance L/C）是指开证行或付款行在收到受益人开立的远期汇票和单据时，先在汇票上履行承兑手续，在确定的到期日再行付款的信用证。它又称为银行承兑信用证。受益人若急需资金，可要求银行将承兑的汇票贴现。

议付信用证(Negotiation L/C)是指开证行在信用证中,邀请其他银行买入受益人所提交的符合信用证要求的单据及汇票,并保证向其付款的信用证。

5. 可转让信用证和不可转让信用证

可转让信用证(Transferable L/C)是指信用证的受益人有权将信用证全部或部分金额转让给第三者(第二受益人)使用的信用证。信用证必须注明"可转让"才能转让,且只能转让一次,但允许受益人在不超过信用证金额的前提下,同时转让给数个第二受益人,也允许第二受益人重新转让给原受益人。

不可转让信用证(Untransferable L/C)是指受益人无权转让给其他人使用的信用证。

此外,还有循环信用证(Revolving L/C)、对开信用证(Reciprocal L/C)、对背信用证(Back to Back L/C)、预支信用证(Anticipatory L/C)和备用信用证(Standby L/C)等。

信用证的性质属于银行信用。对出口方来讲,与进口方签订了货物买卖合同,得到了商业信用保证,当银行开立信用证后,增加了银行信用保证。

信用证业务的处理有以下几个特点:①开证行负首要的付款责任。只要受益人交来的单据符合信用证条款的要求,不管开证申请人是否能够付款,开证行必须付款给受益人。②信用证是一项独立的条件。信用证是以买卖合同为依据开立的,内容应与合同一致,但不依附于合同。③信用证是处理单据的业务。银行在处理信用证业务时,只凭单据办事,而不问货物真实情况。

三、合同中的支付条款

货物支付条款是国际货物买卖合同中一项必不可少的重要条款。订立买卖合同中的支付条款首先要选定国际贸易的结算方式。据此,可以订立汇付条款、托收条款、信用证条款,或者是信用证与汇付、信用证与托收结合使用的支付条款。例如:

买方应不迟于 2010 年 6 月底将全部货款用电汇方式预付给卖方。

The Buyer shall pay the total value to the Seller in advance by T/T not later than the end of June 2010.

买方应凭卖方开具的即期跟单汇票于见票时立即付款,付款后交单。

Upon first presentation, the Buyer shall pay against documentary draft drawn by the Seller at sight .The shipping documents are to be delivered against payment only.

买方应及时开立 100%不可撤销即期信用证,并在 2010 年 6 月 30 日前到达卖方,该信用证在装运日期后 15 天内在上海议付有效。

By 100% Irrevocable Sight Letter of Credit to be opened by the Buyer in time should reach the Seller not later than June 30, 2010 and be available for negotiation in Shanghai until the 15th day after the date of shipment.

第六节　商品的检验、索赔与仲裁

一、商品的检验

商品检验(Commodity Inspection)是指在国际货物买卖过程中，对卖方所交付货物的品质、数量和包装等方面实施检验，以确定其是否符合合同的要求。商品检验还包括对装运技术条件、运输工具和货物在运输装卸过程中残损状况进行检验；根据一国法律或规定，确定某些货物是否符合安全、卫生等要求，以及对动植物及产品实施病虫害检疫等。它是对外贸易业务中一项不可缺少的重要的内容。

国际贸易中的商品检验工作，一般都由国内外专业性官方和非官方的检验机构办理。我国由中华人民共和国出入境检验检疫局(State Administration of Exit and Entry Inspection and Quarantine of the People's Republic of China，SAIQ)负责办理进出口商品的检验。

进出口商品经过商检机构的检验后，要由检验机构根据不同的检验或鉴定项目，签发相应的检验证书。国际贸易中常见的检验证书主要有：品质检验证书、重量检验证书、数量检验证书、价值检验证书、兽医检验证书、卫生检验证书、消毒检验证书、残损检验证书、船舱检验证书、货载衡量证书、产地检验证书等。

商品检验的时间和地点与合同所采用的贸易术语、商品与其包装的性质、行业惯例和国家法令等有密切关系。根据国际上的习惯做法，检验时间与地点通常可以规定：

(一) 在出口国检验

在出口国检验可分为产地检验和装运港检验。

1. 产地检验

在货物离开产地(工厂、仓库等)之前，由卖方或其委托的检验人员或买方的验收人员对货物进行验收。卖方承担货物离开产地前的责任。这便于卖方发现问题，就地立即解决。

2. 装运港检验

货物在装运前或装运时，由双方约定的商检机构检验后出具的有关商检证书作为决定交货品质、重量等的最后依据。称之为离岸品质、离岸重量(Shipping Quality Weight)。这种方法多用于E组或F组贸易术语签订的合同。

(二) 在进口国检验

在进口国检验通常指在进口国目的港检验。货物到达目的港卸船后，由双方约定的商检机构进行检验，并出具有关的商检证书作为决定交货品质、数量等的最后依据。称之为到岸品质、到岸重量(Landing Quality and Weight)。这种方法多用于D组贸易术语签订的合同。

(三) 装运港检验重量、目的港检验品质

这种检验方法的特点是把品质和重(数)量分别处理。交货的重量或数量以卖方委托装运港的商检机构出具的重量或数量证明书为最后依据。货到目的港后,由买方委托的商检机构对货物的品质进行检验,并以出具的品质证明书作为确定质量或提出索赔的依据。称之为离岸重量、到岸品质(Shipping Weight and Landing Quality)。

(四) 出口国装运港检验、进口国目的港复验

这种方法以出口国装运港的商检证书作为卖方向银行议付货款的依据。货物到达目的港后,买方有复验权,由双方约定的商检机构对货物进行复验。如有不符又确属卖方责任时,买方有权向卖方提出异议和索赔。

综上所述,前两种方法都在于以当事人一方提供的检验证书为准,则分别有利于卖方和买方;第三种方法把品质和重量分别处理,容易产生片面性;第四种方法则对买卖双方比较方便和公平合理,容易被双方所接受,因此,在国际贸易中应用也比较广泛。

国际货物买卖合同中商品的检验条款应包括:有关检验权的规定,检验或复验的时间和地点,检验机构,检验证书等。有时还规定商品的检验标准、买方对不符货物向卖方索赔事宜等。

二、索赔

在国际贸易活动中贸易双方必须遵循一定的惯例、法律规范和双方的约定。任何一方或双方违反了习惯、法规和约定,导致双方在权利和义务方面引起争议,必须予以解决。

违约(Breach of Contract)是指买卖双方中的任何一方不履行或不完全履行合同义务的行为,在法律上就称为违约行为,由违约行为引起的法律责任,构成违约责任。

我国合同法规定,当事人一方不履行合同义务或者履行合同义务不符合约定的应当承担违约责任;当事人一方迟延履行主要债务,经催告后在合理期限内仍未履行,当事人一方迟延履行债务或者有其他违约行为致使不能实现合同目的,当事人可解除合同;而合同终止,不影响合同中结算和清理条款的效力,当事人有权要求赔偿损失。

索赔是指买卖合同的一方不能全部或部分履行合同的规定,而给另一方造成经济损失,受损失方向违约方提出赔偿经济损失的行为。

理赔是违约方对受损失方提出的索赔要求采取一定措施以决定是否赔偿或如何赔偿,以便合理地处理的行为。

索赔和理赔都要以事实为依据,分清责任,并正确运用合同所适用的法律和国际贸易的惯例。买卖双方为了使索赔和理赔有据可依，应在合同中订立索赔条款（Claim Clause）。索赔条款一般有两种规定方法，一种是异议和索赔条款，另一种是罚金条款。

异议和索赔条款（Discrepancy and Claim Clause）是针对卖方交货的品质、数量或包装不符合规定而订立的。索赔条款的内容应包括：索赔依据、索赔期限、索赔方法和索赔金额等。

罚金条款（Penalty Clause）也称违约金条款，适用于卖方延期交货或买方延期接货或延期付款的行为。它是预先在合同中规定罚金的百分率，一般使用于连续分批交货的大宗货物买卖合同和机械设备一类的商品的合同。

对于我国合同法规定的不能预见，不能避免并不能克服的客观的不可抗力（Force majeure）事件，《联合国国际货物销售合同公约》认为：不可抗力事件是指非当事人所能控制，而且没有理由预期他在订立合同时所能考虑到或能避免或克服它而使其不履行合同义务的障碍。按有关国家法律规定和国际惯例，不可抗力事件发生后，合同无法全部、部分或如期履行，有关当事人可依据法律或合同的规定免除其相应的责任。

国际货物买卖合同中的不可抗力条款主要是规定不可抗力事件的范围，对不可抗力事件的处理原则的方法，不可抗力事件发生后通知对方的方法和期限，以及出具证明文件的机构等。

三、仲裁

在国际贸易实践中，如果买卖双方发生了争议，一般通过协商、调解来解决，若未成功而又不愿诉诸法院解决的，则可采用仲裁方式解决。

仲裁是争议双方约定将其争议提交第三者即仲裁机构或仲裁庭来公断并作出裁决，裁决对双方具有约束力。被用于解决国际商事争议的仲裁即为国际商事仲裁。

仲裁有临时仲裁和机构仲裁。前者是指发生争议的双方将争议的事项交给双方共同指定的仲裁员，由他自行组织临时仲裁庭进行仲裁，案件审理完毕后，仲裁庭即自动解散。机构仲裁是指发生争议的双方向一个常设的仲裁机构申请仲裁，并按照这个机构的仲裁规则或双方当事人约定的仲裁规则进行仲裁。国际商事仲裁主要采用机构仲裁。

许多国家有常设的仲裁机构。我国常设的涉外仲裁机构是中国国际经济贸易仲裁委员会和中国海事仲裁委员会，前者也称为中国国际商会仲裁法院。

争议的各方当事人必须签订书面的仲裁协议，表示愿意将他们之间的争议提交仲裁机构仲裁。仲裁机构必须有当事人的仲裁协议，才能进行仲裁，对争议案件才具有管辖权。凡当事人已经就争议事项订有仲裁协议，法院就无权审理案件。即使一方当事人违反协议向法院提起诉讼，法院也不能立案受理，更不能强制管辖。仲裁机构或仲裁庭作出的裁决为终局裁决。

国际货物买卖合同中的仲裁条款一般明确规定仲裁地点、仲裁机构、仲裁规则和裁决的效力等，其中仲裁地点的规定是重要的内容。在我国对外签订出口贸易合同中，应争取规定在我国仲裁。仲裁条款中还可以规定在被申请方的所在国家仲裁或者规定在双方同意的第三国仲裁。

仲裁裁决是终局性的，当事人应当自动履行。如一方当事人不履行，另一方当事人可以依法向法院申请强制执行。

本章小结

1. 合同的标的及相关条款是买卖合同中的不可取少的主要交易条件。品名是买卖双方交接货物的重要依据。品质是决定商品价格高低的重要因素。在国际贸易中，表示品质的方法有两大类：以实物表示品质和以说明表示品质。为了便于交货，可加列公差条款或品质机动幅度条款。数量条件是买卖双方交接货物的依据。统一度量衡对买卖双方非常重要。为了便于交货，对于某些商品，在合同中订立溢短装条款。商品包装是商品生产的继续。包装根据其在流通领域中的作用可分为运输包装和销售包装。运输包装上的标志可分为识别标志、指示性标志和警告性标志。

2. 国际货物运输是国际贸易不可缺少的重要环节。海洋运输是运用最广泛的一种运输方式，有班轮运输和租船运输两种。常用的运输方式还包括铁路运输、航空货物运输、集装箱运输、国际多式联运、邮包运输以及公路、内河、大陆桥、邮政和管道运输等。对于合同中的装运条款，买卖双方必须就交货时间、装运地和目的地、能否分批装运和转船、转运等问题作出明确规定。运输单据是承运人收到承运货物签发给出口商的证明文件，它是交接货物、处理争议、向银行结算货款的重要单据。运输单据主要有海运提单、海运单、铁路运单、航空运单、多式联运单据、邮政收据等。

3. 货物在海上运输过程中，可能会遭受各种风险，而海运保险人主要承保海上风险和外来风险所造成的损失与费用。海损按损失程度可分为全部损失和部分损失；按性质可分为共同海损和单独海损。海上货物保险保障的费用包括施救费用和救助费用。我国海洋货物运输保险条款包括三种基本险别，即平安险、水渍险和一切险。附加险别包括一般附加险、特殊附加险和特别附加险。

4. 贸易术语源于国际贸易惯例。目前国际上最有影响的是《2020 通则》。共有 11 种贸易术语。E 组术语只有 EXW，是卖方义务最小的贸易术语；F 组贸易术语主运费未付，买方办理主运输；C 组贸易术语主运费已付，卖方办理主运输；D 组贸易术语是到达类的贸易术语。在确定进出口商品价格时，必须充分考虑影响价格的种种因素。合同中的价格条款一般包括商品的单价和总值两项基本内容。商品的单价由计量单位、单位价格金额、计价货币和贸易术语四部分组成。佣金是代理人或经纪人为委托人进行交易而收取的报酬。折扣是指卖方按原价给予买方一定比例的减让。

5. 国际货款的结算主要使用汇票。货款结算方式有商业信用的汇付和托收，银行信用的信用证。在国际贸易业务中，一笔交易的货款结算可以只使用一种结算方式，也可根据需要，将两种以上的结算方式结合使用，从而有利于促成交易和及时收汇等。

6. 在国际贸易中，引起争议的原因可归纳为卖方违约、买方违约、买卖双方均负有违约责任。可根据异议和索赔条款或罚金条款来处理。不可抗力是一项免责条款。解决贸易争议的方式包括友好协商、调解、仲裁和司法诉讼。仲裁的使用最为广泛。

重要概念

凭样销售　品质机动幅度　品质公差　以毛作净　溢短装条款　运输标志　中性包装　贸易术语　价格　佣金　折扣　班轮运输　国际多式联运　大陆桥运输　转运　分批装运　海运提单　海上风险　推定全损　共同海损　单独海损　平安险　水渍险　一切险　仓至仓条款　汇付　托收　信用证　汇票　承兑　违约　索赔　仲裁　D/P　D/A

重要概念解释

复习思考题

1. 表示商品品质的方法有哪些？试从法律角度说明品质条款的重要性。

2. 何谓溢短装条款？为什么在某些商品的买卖合同中要规定溢短装条款？

3. 在选择进出口货物的运输方式时，应考虑哪些因素？

4. 合同中规定装运期的方法有哪些？什么情况下应规定在收到信用证后若干天装运，为什么？

5. 什么是海运提单？其性质和作用怎样？

6. 在海运货物保险中，保险公司承担的损失和费用有哪些？

7. 共同海损与单独海损的区别是什么？

8. 什么是汇票？有哪几种类型？汇票的票据行为有哪些？

9. 什么是托收？采用托收结算方式时应注意哪些方面？有哪几种交单方式？

10. 何谓信用证？有何特点？跟单信用证的结算程序怎样？

11. 在国际货物买卖合同中，关于进出口商品的检验时间和地点通常有哪几种规定方法？

12. 为什么说仲裁是解决国际贸易争议的重要方式？合同中的仲裁条款应包括哪些内容？

案例分析　　延伸阅读 1　　延伸阅读 2　　延伸阅读 3

第十一章 合同的履行

本章导读 在国际贸易中，一项交易经过买卖双方磋商，签订进出口合同后，买卖双方就必须按照合同的规定履行各自的义务。这不仅是关系到买卖双方自身利益和对外信誉的问题，同时合同一经有效成立就具有法律约束力，所以履行合同也是各国法律的要求。如《联合国国际货物销售合同公约》第三十条就规定了卖方的义务是按照合同和该公约的规定交付货物，移交一切与货物有关的单据并转移货物所有权；第五十三条规定，买方的义务是支付货物价款和收取货物。我国《民法典》第三篇合同中第509条规定：当事人应当按照约定全面履行自己的义务；当事人应当遵循诚信原则，根据合同的性质、目的和交易习惯履行通知、协助、保密等义务。本章将对出口合同履行和进口合同履行中的具体程序，以及违约及其处理加以阐述。

本章学习重点与教学要求

合同签订后，买卖双方当事人应当履行合同义务。只有履行了所订立的合同，才能实现双方当事人各自的经济目的。但是，履行合同既是经济行为，又是法律行为。按照我国和各国法律的一般规则，凡依法成立的合同，对有关当事人均具有法律约束力，当事人应严格履行合同规定的义务。因此，买卖双方中的任何一方不得擅自更改或解除合同，否则即构成违约行为，并要承担由此产生的法律责任。按照合同的签订来分，可以分为进口合同与出口合同的履行。

第一节 出口合同的履行

出口合同的履行，即卖方需要交付货物或商品，移交一切与货物有关的单据和转移货物的所有权；买方需要按合同规定支付货款和收取货物。

我国的货物出口合同，大多采用CIF条件和CFR条件，并广泛采取信用证付款方式。在履行这类合同时，必须切实做好备货、催证、审证、改证、托运、报验、报关、保险、装船和制单结汇等环节的工作。而在这些环节中，以货（备货）、证（催证、审证、改证）、运（托运、保险、报关）、款（制单结汇）四个环节的工作最为重要。

一、备货

备货是指卖方根据出口合同的规定，按时、按质、按量准备好约定应交的货物以便及时装运。它是履行合同的首要环节。备货阶段所需做的工作主要是向生产部门或供货单位安排生产或催交货物，核实应交货物的品质、规格、数量以及进行包装、刷制唛头，并办理申报检验和领证等。

二、催证、审证、改证

在凭信用证支付的交易中，落实信用证是履行出口合同不可缺少的重要环节。落实信用证通常包括催证、审证和改证三项内容。

催证是指卖方以一定通讯方式敦促买方按时开出信用证，以便及时履行交货义务的一种行为。催证不是履行每个出口合同都必须做的工作。为了避免产生时间上的分歧，一般在合同中都明确规定买方的开证时间。

审证是指卖方应根据合同，对买方开来的信用证进行认真审查核对。从理论上讲，信用证是以合同为依据而开列的，其条款应当与合同条款相符合。但在实际业务中，信用证条款有时并不完全符合合同条款，个别的甚至是大相径庭，所以出口方对信用证要进行认真审核。除非事先征得出口方的同意，在信用证中不得增减或改变合同条款的内容。出口方银行会对信用证开证行的资信、付款责任等情况进行审核。

在信用证业务中，修改信用证是常有的事。但修改信用证内容直接关系到有关当事人的权利和义务的改变。当同一信用证有多处修改时，原则上应一次提出，以节约时间和费用。如果对方银行开来的修改通知书包括多项内容的，出口方只能全部接受或全部拒绝，不能接受其中一部分内容而拒绝另一部分内容。但凡要求买方（开证申请人）修改信用证的，卖方（受益人）应在收到开证行的修改通知书后，才能装运交货，防止对方言行不一而造成被动损失。

三、托运、保险和报关

在备妥货物和落实信用证后，出口方应按合同和信用证的规定，对外履行装运货物的义务。安排装运货物涉及的工作环节甚多，必须做好货物的托运、保险和报关等工作。

托运是指出口方委托船公司或其他有权受理对外装运业务的单位向承运人或其代理人办理出口货物的运输业务。按照CIF条件和CFR条件成立的出口合同，托运工作均由卖方负责。船公司或其代理人在接受托运人的托运申请后，发给托运人装货单(shipping order),凭以办理装船手续。货物装船后,由船长或大副签发"大副收据"(mate's receipt),载明收货情况,托运人凭此收据向船公司或其代理人换取正式海运提单,并结算运费。

按照CIF价格成交的合同,出口方须在装船前向保险公司办理保险手续,取得保险单据。对出口商品,一般是逐笔办理投保手续。投保人投保时,应将投保人名称、货物名称、投保金额、投保险别、运输工具、运输路线、开航日期等一一列明。按照CFR条件和FOB条件成交的,货物保险由买方办理,卖方在货物装船后应及时向买方发出装运通知,以便买方及时办理货运保险。

报关是指发货人在出口货物出运前须向海关申报的手续。出口通关是指出口人向海关如实申报出口,交验有关单据和证件,接受海关对货物的查验,在出口货物的发货人缴清税款或提供担保后,由海关签印放行的一整套手续,通常包括申报、审单、验货、征税、放行等。

四、制单结汇

制单结汇指出口货物装船后,卖方需按信用证的要求正确制备各种单据,在信用证有效期和交单期内送交银行办理结汇手续。制单时需要注意单据与信用证相符合,即"单证一致"和"单单一致"。

(一) 出口结汇的方式

我国的出口业务中,较多使用议付信用证结算方式,这种信用证的结汇方式主要有收妥结汇、出口押汇、定期结汇三种。

收妥结汇,又称先收后结,即议付行审查认定出口方交付的单证一致后,将全套单据寄交国外开证行或付款行,在收到对方付款后,才将款项交付给出口方。在这种结汇方法下,银行不承担风险,不垫付资金,出口方收汇较慢。

出口押汇,又称买单结汇,是指出口地银行在审单无误后,按信用证的条款买入出口方的全套单据和汇票,按票面金额扣付从付款日至估计收到票款日的利息,将余额先垫付给出口方。银行凭单据和汇票向国外付款行索取票款。这种结汇方式银行有一定风险,但出口方实际是获得了银行对其的资金融通,有利于资金周转。

定期结汇,指出口地银行根据向国外付款行索汇函电往返需要的时间与付款行正常的审单付款时间,预先就不同地区确定一个固定的结汇期限,到期不论是否收到票款,均须主动将票款交付给出口方。

(二) 出口单据

制单结汇中常用的主要单据有汇票、发票、提单、保险单、商检证书、产地证明等。现就常用的几种分别加以说明。

1. 汇票(Bill of Exchange, Draft)

出口方在制作汇票时应注意:

（1）付款人。信用证方式下汇票的付款人为开证行或其指定的付款行。托收情况下，付款人为国外的买方。

（2）收款人。信用证方式下汇票的收款人是议付行。托收情况下，收款人是托收行。如果出口方自己作为收款人，应在向银行交单议付时，以记名背书方式将汇票转让给议付行。

（3）汇票的出票日和付款期限。汇票的出票日即为信用证议付日，应在信用证有效期内和最迟交单日之前。汇票的付款期限可分为即期与远期而有所不同。

（4）汇票的货币、金额。汇票的货币应与信用证规定的一致。汇票金额应与发票金额相等，不能超过信用证金额。

（5）汇票的份数。汇票可以一式几份，具有同等效力，其中一份一旦被付讫，其余则自动失效。

2. 商业发票(Commercial Invoice)

商业发票简称发票，是卖方向买方开列的收款发货价目清单。它的作用是供买方凭以收货、记账、支付货款以及进出口双方报关纳税的依据。在卖方不对买方开出汇票时，发票可以代替汇票作为买方付款的依据。发票的内容一般包括买方名称、发票编号、日期、合同编号、运输标志、商品标志、商品名称、规格、数量、包装、单价和总值等。有时按信用证要求发票上要列明载货船舶的名称、合同号码、信用证号码和进口许可证号码。这些都是在商业发票制作时应注意的。

实践中除商业发票外，还有海关发票、厂商发票、领事发票等。

3. 海运提单(Bill of Lading, B/L)

海运提单是卖方提供的最重要的单据，是代表货物所有权的凭证。收货人在目的港提货时，必须提交正本提单。制作提单应注意：

（1）提单的签发日一般就是货物的装运日，必须在信用证规定的装运期限内。

（2）信用证一般都要求卖方提交清洁的已装船提单。

（3）提单的托运人一般就是信用证的受益人。提单的收货人应按信用证的规定填写，大多数是“凭指定”(to order)或“凭托运人指定”(to order of shipper)。这种提单经发货人背书后，即可流通转让。在信用证条件下，有的提单可以作成“凭××银行指示”(to order of ×× Bank)，该银行一般为开证行。这种提单须经开证行背书后方可转让。

（4）按 CIF 或 CFR 价格条件成交的，提单上应标明“运费预付”(Freight Prepaid)。按 FOB 价格成交的，提单上则注明“运费到付”(Freight to Collect)。

（5）按信用证规定签发提单正本份数。

（6）提单的签署人可以是承运人或承运人的具名代理或代表，或者是船长或船长的具名代理或代表。

此外，提单上的装运港、目的港应与信用证规定相同；目的港还应与唛头上的内容一致。提单上有关货物的各种内容应以发票为准。

4. 保险单(Insurance Policy)

在CIF或CIP价格条件下,由出口方办理投保手续,取得保险单。保险单在制作时应注意:

(1) 保险单的签发日期不得迟于提单签发日期,否则银行可以拒绝接受。

(2) 保险人应为承保的保险公司而不是保险代理人或保险经纪人。被保险人一般即为信用证的受益人,而且要对保险单进行空白背书,便于保险单权益的转让。

(3) 保险的险别应明确具体,与信用证规定一致。

(4) 投保所用的货币应与信用证的规定相符。保险金额按信用证规定的最低保险金额填写。没有规定时,一般为发票总值加10%。

(5) 投保货物的内容应与提单、产地证明等单据上的记载相一致。

5. 检验证书(Certificate of Inspection)

检验证书适用于出境货物(含食品)的品质、规格、数量、重量、包装等检验项目。该证书的名称可笼统地写为《检验证书》,也可根据信用证等要求,选择《品质证书》《重量证书》《数量证书》《鉴定证书》等名称,但证明的内容应与证书名称基本一致。在同时证明多个内容时,可合并出证,如《重量/数量证书》。

需要申领检验证书的出口企业,应在属地海关完成注册手续。企业根据出口产品及目的地不同,在"单一窗口"向属地海关进行检验申报时,勾选适用的出口检验证书,海关依法对申报货物实施检验合格评定,并签发相应的出口检验证书。

6. 产地证明书(Certificate of Origin)

原产地证明书,是证明商品原产地,即货物的生产或制造地的一种证明文件,是商品进入国际贸易领域的"经济国籍",是出口商应进口商要求而提供的、由公证机构、政府或中国国际贸易促进委员会出具的证明货物原产地或制造地的一种证明文件。

7. 普惠制产地证(GSP Certificate of Origin)

对于享受普惠制待遇的国家出口货物到给惠国的,须提供普惠制产地证,作为进口国海关减免关税的依据。普惠制产地证的书面格式名称为格式A(GSP Certificate of Origin Form A)。在我国,普惠制产地证由出口公司填制,中国国际贸易促进委员会签发。

在信用证结汇中,应严格按信用证规定缮制各种出口单据,以便顺利结汇。

第二节 进口合同的履行

进口合同成立后,买卖双方都必须履行合同规定的义务。作为进口方,其基本义务是接货、付款。目前,我国进口合同大多以FOB价格条件成交,以信用证方式结算货款。买方的接货义务,主要是指按时派船接货和按时开立信用证。进口环节中还包括保险、审单付款、报关、检验等事项。

一、开证、改证

进口合同成立后，进口方应按合同规定及时向银行提交开证申请书，要求银行对外开证。银行在核查进口方的资信后，可要求进口方交付金额或一定比例的押金或提供其他担保，按开证申请书对外开立信用证。

信用证开出后，买方如果发现信用证的内容与开证申请书不符，应立即通知开证行改证。如果卖方对与合同相符的信用证提出修改，进口方可以根据情况决定是否修改。如果同意改证，需要通知开证行办理改证手续；如果不同意，也应及时通知出口方，要求其按原订条款履行。

二、租船订舱和保险

按 FOB 价格条件成立的，买方应负责租船或订舱工作，也可以委托对外运输机构办理。需要注意的是，租船订舱的时间应严格按合同要求。办妥租船、订舱手续后，及时将船名及船期通知卖方，以便卖方备货发运。

FOB 和 CFR 价格条件下的进口合同，保险由买方办理。为简化投保手续，防止漏保，进口方可以与保险公司签订预约保险合同（Open Policy）。该合同对进口货物的投保险别、保险费率、承保货物的范围和赔付方法都作了具体规定。在预约保险这种方式下，买方收到卖方装船通知后，将船名、提单号、起航日期、装卸港以及货物等情况通知保险公司就算办妥了保险手续。货物一经装船，保险即刻生效。

当然，也可逐笔投保，买方在接到卖方的发货通知后，必须立即向保险公司办理保险手续，否则货物在投保之前发生的损失，保险公司不负赔偿责任。

三、审单、付款

在信用证支付方式下，开证行根据“单证一致”和“单单一致”的原则，对照信用证条款，向议付行履行付款。同时，要求买方到开证行付款赎单。

四、报关、提货

报关是指进口货物必须按海关规定办理申报验放的过程。报关时进口方必须填写“进口货物报关单”，并随附发票、提单、许可证及审批文件、进口合同、产地证等单据向海关申报。如属法定检验的进口商品，还须提交商品检验证书。经海关检验无误后，进口方缴清税款，海关放行。

五、验收、拨交

货物验收主要有港务局的初步验收和商检部门的检验。如果发现货物残损，则应当将货物存放于海关指定仓库，由保险公司会同商检机构及有关当事人进行检验，明确残损程度和原因，并请商检机构出证，以便向责任方进行索赔。

根据国家法律规定，凡属法定检验的进口商品都必须在合同规定的期限内由商检机构或进行检验，未经检验的，不准销售和使用。如果用货单位有不在港口所在地的进口货物，可以向用货部门所在地的商检机构申报后自行检验或报请商检机构前来检验。如果自行检验发现问题，应及时向商检机构申请复验出证，以便对外索赔。

注意，如果商检不能在合同规定的检验期内进行的，买方即被视为放弃索赔权。进口货物经报关、检验放行后，一般仍由外运公司代办拨交手续，拨交给用货单位。

本章小结

本章主要介绍了履行进出口合同的程序，以及合同履行过程中应注意的事项。出口合同的程序：一般包括备货、催证、审证、改证、托运、保险、报关、制单结汇等工作环节。其中以货、证、船、款四个环节最为重要。如果买卖双方没有发生争议，那么制单结汇是一笔交易圆满结束的最后一环。进口合同履行的主要环节包括开证改证、租船订舱、保险、审单付款、报关提货、验收拨交、进口索赔等。

制单结汇是收取货款必不可少的一个环节。以信用证项下的交易为例，通常需要缮制的单据主要有汇票、发票、装箱单、保险单等。缮制结汇单据时，要求做到正确、完整、及时、简明和整洁。

重要概念

押汇　制单结汇　报关　托运

重要概念解释

复习思考题

1. 买卖合同项下买卖双方各自应承担哪些义务？

2. 外贸出口合同的履行应包括哪些基本程序？进口合同的履行应包括哪些基本程序？

3. 在信用证付款条件下，出口企业在银行办理出口结汇时应提交哪些单据？制作出口单据时应注意哪些事项？

4. 审证主要包括哪些项目？改证应注意哪些问题？

案例分析 1　　**案例分析 2**　　**延伸阅读 1**　　**延伸阅读 2**

第十二章　国际贸易方式

本章导读　国际贸易方式是指国际商品流通的做法和渠道。在对外贸易活动中，交易者的每一笔进出口买卖都是通过一定的贸易方式来进行的。国际贸易方式有两个方面，一方面是单纯销售的方式，如包销、代理、招投标、寄售、拍卖等，可以看作逐笔售定，是比较常见的单纯销售的方式；另一方面是销售和购买或生产和融资结合起来的新型贸易方式，如加工装配贸易、租赁贸易、电子商务等。通过本章的学习，了解这些新型的贸易方式的概念和特点，熟悉各种贸易方式的基本做法，明确各当事人之间的法律关系，了解在具体运作中如何注意和防范可能出现的问题。

本章学习重点与教学要求

贸易方式是指不同国家或地区的当事人在不同的营业地进行货物买卖所采取的方法和商品流通渠道。国际贸易方式除逐笔售定外，还有经销、代理、招标与投标、寄售、拍卖、期货合同交易等传统贸易方式和以对等贸易、对外加工贸易、租赁贸易为主的新型贸易方式。

第一节　传统国际贸易方式

一、经销与代理

(一) 经销

经销(Distribution)是指出口企业和国外经销商达成书面协议，在约定的期限和区域内，利用经销商就地推销某种商品的一种销售方式。

按经销商权限的不同，经销方式可分为两种：一种是独家经销（Sole Distribution)，亦称包销(Exclusive Sales)，是指经销商在规定的期限和地域内，对指定的商品享有独家专营权。另一种是一般经销，亦称定销。在这种方式下，经销商不享有独家专营权，供货商可在同一时间、同一地区内委派几家商号来经销同类商品。这种经销商与国外供货商之间的关系同一般进口商和出口商之间的关系并无本质区别，所不同的只是确立了相对长期和稳固的购销关系。

经销也是售定，供货人和经销人之间是一种买卖关系，但又与通常的单边逐笔售定不同，当事人双方除签有买卖合同外，通常还须事先签有经销协议，确定对等的权利和义务。从法律上讲，供货人和经销商之间是本人对本人(Principal to Principal)的关系，经销商是以自己的名义购进货物，并在规定的区域内转售，货价涨落等经营风险也由经销商自己承担。购买商品的当地客户与供货人之间不存在买卖关系。

(二) 代理

代理(Agency)是指出口商委托某一个外商客户在约定的时间和区域内为其代理推销一定品牌的商品。代理人与委托人属于委托代理关系，代理人在代理业务中，只代表委托人行事，以代理协议来确定双方的权利和义务，确定代理人的权限范围和报酬。

国际贸易中的代理根据委托权限的大小，分总代理、独家代理和一般代理。

总代理(General Agent)是委托人的全权代表。在指定地区内，代表委托人从事销售活动和其他范围广泛的商务活动。

独家代理(Exclusive Agent or Sole Agent)是指在代理协议规定的时间、区域内，对指定商品享有专营权的代理人，即委托人不得在以上范围内自行或通过其他代理人进行销售。

一般代理又称佣金代理(Commission Agent)指不享有独家代理专营权的代理商。委托人可以在同一时期委托若干个代理人在同一地区推销相同商品。

需要指出的是，代理人的商誉对商品的销售乃至出口企业的形象有着举足轻重的作用。

二、招标与投标

招标与投标是国际贸易中一种常见的方式，常用于政府部门、大型企业等采购大宗物资、器材、机器设备或招包工程项目。许多国家把它作为一种有效的贸易方式，特别是发展中国家对许多兴建的工程项目和物资采购都采取招标的方式。

(一) 招标、投标的含义

招标(Invitation to Tender)是指由招标人(买方或工程业主)发出招标通告或招标单，提出准备购买的商品的交易条件或工程项目的交易条件，在规定的时间和地点，邀请投标人(卖方或承包商)进行投标，然后由招标人开标，通过比较、筛选，从中选择最有利的投标人并与之订约的一种行为。

投标(Submission of Tender)是指卖方或承包人在指定的时间内，按照招标的要求和条件，报出价格和其它必要的条件，目的是争取中标，以达成交易的行为。可见招标与投标是一种贸易方式的两个不可分离的方面。

(二) 招投标业务的一般程序

组织一次招标活动,必须经过招标、投标、开标(中标、评标)、签约这几个阶段。

1. 招标

招标是整个招标活动的起点。招标人要妥善拟制招标单(即“标书”),并且公开发布招标通告。在正式投标前,招标人要对投标人进行资格预审,预审合格者才能参加投标。

2. 投标

第一,投标人要认真研究招标书的各项内容,同时结合对市场和自身能力等的考虑,决定是否投标。第二,投标人要按照招标公告的规定来制定投保书,并且在招标书规定的投标截止日期之前送达招标人,过期无效。第三,投标人要按照招标公告的规定提供一定比例的投标保证金,不能中途撤标或者中标后拒不签约,否则招标人有权没收投标保证金。在招标结束后,未中标的投标人所缴的投标保证金将全部退还。

3. 开标

开标有公开开标和非公开开标两种方式。公开开标是由招标人按照规定的时间和地点,当众拆开所有密封的投标书,当众公布各投标书的内容。凡投标人都可派出代表监视开标。国际招标大多采用公开开标的方式。非公开开标由招标人内部自行开标,选定中标人。评标就是招标人组织人员从不同角度对投标进行评审,选定中标人的行为。

如果招标人认为在所有的投标人中不能选定中标人,即拒绝全部投标,招标人可宣布招标失败。

4. 签约

确定中标人后,招标人与投标人订立合同,通常中标人被要求缴纳履约保证金或以银行保函作履约担保。合同中除列明投标书的各项交易条件外,还订有合同生效条款、损害赔偿条款及有关处理争议的条款等。

三、拍卖

(一) 拍卖的含义

拍卖(Auction)是专营拍卖业务的拍卖行接受货主的委托,在规定的地点和时间,按一定章程和规则,通过公开竞购或“密封出价”的方法,把货物卖给最后出价最高的买主的一种交易方式。拍卖是现场看货、当场买卖的贸易方式。

(二) 拍卖的竞价形式

1. 增价拍卖

这是最常见的一种拍卖方式。也称买主叫价拍卖,或称英式拍卖。拍卖时,由拍卖人宣布预定的最低价格,然后由买主竞相加价,直至出价最高时,由拍卖人接受并以击槌动作宣告达成交易。

2. 减价拍卖

也称卖方叫价拍卖，或称荷兰式拍卖。由拍卖人先开出最高价格，然后由拍卖人逐渐减低叫价，直到有人表示接受而达成交易。减价拍卖经常用于拍卖鲜活商品和水果、蔬菜等。

3. 密封递价拍卖

也称招标式拍卖。由拍卖人先公布每批商品的具体情况和拍卖条件，然后，竞买者在规定时间内将自己的出价密封递交拍卖人，由拍卖人选择条件最合适的表示接受而达成交易。这种方式不公开竞买，常用于政府或海关罚没物资的拍卖。

四、寄售与展卖

(一) 寄售

寄售(Consignment)是寄售人先将准备销售的货物运往国外寄售地，委托当地代销商按照寄售协议规定的条件和办法代为销售的方式。

寄售是一种先出运后出售商品的委托代售的贸易方式。寄售人是卖方，也称为委托人或货主，代销商也称为受托人。通过寄售出售的商品，要待货物售出后才由代销商将货款交付寄售人。寄售方式具有如下的特点：

1. 寄售是由寄售人先将货物运至目的地市场，再经代销商向买主销售，因此，它是现货买卖。

2. 寄售并非出售，在代销商未将商品售出前，商品的所有权仍属寄售人所有。如果代销商破产，寄售人仍可收回寄售商品。寄售人与代销商之间是委托代售关系，代销商只能根据寄售人的指示代为处置货物。

3. 寄售货物在售出之前，包括运输途中和到达寄售地后的一切费用和风险，均由寄售人承担。

寄售人和代销商之间为了执行寄售业务，就双方的权利、义务和有关寄售的条件和办法签订书面寄售的协议。寄售人应选择合适的代销商，代销商应在当地有良好的商誉，有相关商品的营销经验和推销能力。寄售方式适用于开拓新市场。

(二) 展卖

展卖(Fairs and Sales)是利用展览会或博览会等形式进行商品销售的一种方式。具有展销结合、见货成交的特点，有利于宣传商品，扩大影响，促成交易；有利于与客户广泛接触，建立和发展客户关系；有利于开展市场调研，掌握市场动态。但是，由于交易过分集中，客户容易压价，容易暴露货源和供应等信息。展卖不是对所有的货物都适用。

我国开展的展卖方式是参加定期或不定期举办的各种国际商品博览会和中国商品交易会。国际上著名的博览会如：莱比锡、布鲁塞尔、里昂、巴黎、蒙特利尔博览会，大多都是综合性的博览会。上海进口国际博览会(China International Import Expo, CIIE)是世界上首个以进口为主题的大型国家级展会。举办中国国际进口博览会由国家主席习近平亲自谋划、亲自提出、亲自部署、亲自推动，是中国着眼推进新一轮高水平对外开放作出的一项重大决策，是中国主动向世界开放市场的重大举措。自2018年开始，上海进口国际博览会已经成功举办了五届。中国商品交易会有广交会和其他各地交易会。

五、期货交易

期货交易(Futures Trading)是一种特殊的贸易方式，是指在期货交易所内，按照一定规章制度进行的期货合约的买卖。

期货合约是各商品交易所事先制定好的标准化合约。它规定统一的品质、数量和包装要求，品质增减价办法和其他交易条件。买卖双方进行交易时只需在期货交易所将洽定好的价格、交货期及数量等内容填上，交易即告达成。在履行合约时，不需要商品真正转移，双方只要交割价格差额的货币即可。人们可以利用期货交易进行买空、卖空的投机活动，也可以进行商品的套期保值。

第二节　现代国际贸易方式

随着世界经济的发展，国际贸易方式逐步从传统的、单纯的流通领域的合作进一步发展到生产领域并兼有资金融通的合作。

一、加工贸易

(一) 加工贸易的含义

加工贸易(Processing with Customer's Materials)是指国外厂商提供原料、辅料、零部件、元器件、包装物料，必要时还提供设备，由承接方按对方要求的质量、规格式样和商标加工成成品，或者是装配成成品，交付对方销售，承接方只收取约定的工缴费的贸易做法。

加工贸易也称对外加工装配贸易，包括来料加工和来件装配。

(二) 加工贸易的特点

1. 加工贸易是进口与出口紧密结合的交易。进口的是原料、零部件等，出口的是劳务，工缴费即为劳务出口的货币表现。

2. 承接方无需承担成品销售的风险，也不要筹措外汇资金，但是，仅靠工缴费赚取的外汇相对也少些。委托人接受所有加工装配合格的成品，并支付给承接方约定的工缴费。

3. 承接方对来料、来件不拥有所有权，只有使用权，如果对来料来件使用不当，管理不善，或在加工装配时超过正常损耗，都要承担责任。

（三）加工贸易协议的主要内容

1. 规定委托方来料、来件的时间、地点、数量

一般要规定委托方在开工前若干天将来料、来件送到指定的地点，到达目的地之前风险自负，并要保持生产所需来料、来件的周转数量。在签订合同时对来料、来件的时间和数量方面违约的处理应作明确规定。

2. 确定工缴费的计算方法

核定工缴费时包括正常合理的各种开支，还要考虑加工装配批量的大小和使用货币的汇率趋势等。

3. 规定原料消耗定额和合理次废率

商定一个合理的来料、来件的消耗率。加工方如果超过了规定的消耗定额，超过部分费用应自负。同样，如果次品、废品率超过约定的比率，委托方可以拒收。

4. 加工成品的质量、交货时间和数量规定

对成品的质量规格要有严格的、详细的说明，可采取来样、复样和封样的方式。必要时写明技术要求条款，还可派技术人员指导等。对交货时间和数量应根据具体情况明确规定，但也要留有余地。

5. 工缴费的支付方式

工缴费的支付大致可分为两种：一种是来料、来件与成品均不计价，加工装配后，委托方支付工缴费。另一种是将来料、来件与成品分别作价，其差额就是工缴费。支付方式，一般采取对开信用证方式。加工方对来料、来件开远期信用证，委托方对成品开即期信用证。有时也对来料、来件采用 D/P 或 D/A 远期付款，对成品采取 D/P 即期付款。

二、对等贸易

对等贸易(Counter Trade)又称对销贸易，是指在互惠的前提下，有两个或两个以上的贸易方达成协议，规定一方的进口产品可以部分或者全部以相对的出口产品来支付。它不同于单边进出口，而将进口和出口结合起来、用出口抵补或部分抵补进口，并辅之以资金融通、技术转让、设备维修、原材料和零部件的提供等内容的贸易方式。对等贸易形式多种多样，如易货贸易、互购、补偿贸易和抵消贸易。但在我国对外经贸活动中采用较多的是易货贸易和补偿贸易。

（一）易货贸易(Barter Trade)

现代易货贸易由传统易货贸易方式发展而来，称为综合易货贸易。传统的易货贸易是直接的易货，形式简单，局限性大，常用于边境贸易。综合易货贸易有下面几个特点：①它是多项换货交易，并非要货值对等直接易货。主要是因为贸易结算方式发生了变化。②可以以出口所得的货款来支付进口应付的款项，无需使用现汇。③订立清算协定的国家可以通过记账和相互抵冲进行结算，也可在规定的清算账户上按信用证方式收付。如有差额，可通过其他商定的方式解决。

(二) 互购(Counter Purchase)

互购又称“平行贸易”(Parallel Trade)或“反向贸易”。它是由贸易双方通过洽谈,签订两个各自独立而又相互联系的合同,并据此分别履行的一种贸易方式。在这种方式下,贸易双方先签订一个合同,约定由先进口国(通常为发展中国家)用现汇购买对方的货物,并由先出口给(通常为发达国家)在此合同中承诺在一定时期内购买回头货;然后,双方再签订一个合同,具体约定由先出口国用所得货款的一部分或全部从先进口国购买回头货。其主要特点是,互购不是单纯的以货换货,而是现汇交易,而且不要求等值交换。

(三) 补偿贸易(Compensation Trade)

1. 补偿贸易的含义

补偿贸易是指一方在信贷的基础上,从国外另一方买进机器、设备、技术、原材料或劳务,约定在一定期限内,一次或分期用商品或劳务偿还的贸易方式。

2. 补偿贸易的种类

在我国开展的补偿贸易中,按照用来偿付的标的的不同,可分为三类:

(1) 直接产品补偿。双方在协议中约定,由设备供应方向设备进口方承诺购买一定数量或金额的由该设备直接生产出来的产品。这是补偿贸易最基本的做法。

(2) 间接产品补偿。当所交易的设备本身不生产物质产品,或设备所生产的直接产品非对方所需或在国际市场上不好销时,可由双方根据需要和可能进行协商,用回购其他产品来代替。

(3) 劳务补偿。双方协议由对方代我方购进所需的技术、设备,货款由对方垫付。我方按对方要求加工生产后,从应收的工缴费中分期扣还所欠款项。这种做法常见于同来料加工和来件装配相结合的中小型补偿贸易中。

主要特点:以信贷为前提;设备供应方必须同时承诺回购设备进口方的产品或劳务。

(四) 抵消贸易(Offset Trade)

抵消贸易是20世纪80年代开始盛行的一种贸易方式。这种方式多见于军火和大型设备,如飞机等的交易。

抵消贸易可以分为两种类型:“直接抵消”(Direct Offset)和“间接抵消”(Indirect Offset)。直接抵消是指先出口的一方同意从进口方购买在出售给进口方的产品中所使用的零部件或与该产品有关的产品。而在间接抵消的情况下,先出口方同意从进口方购买与其出口产品不相关的产品。

三、租赁贸易

(一) 租赁贸易含义和特点

租赁贸易(Lease trade)是出租人与承租人订立租赁契约,以收取一定数量的租金为代价，把商品交付承租人在一定时期内使用。在不同国家的当事人之间进行的租赁贸易就是国际租赁贸易。

国际租赁贸易有以下几个特点：

1. 租赁对象主要是资本货物，包括机电设备、飞机、轮船、办公自动化设备、医疗器械，直至各种大型成套设备和设施。

2. 国际租赁业务往往是通过租赁公司进行。它涉及三方面的当事人：供货人、出租人（一般是租赁公司）、承租人。出租人一方面要与供货人签订销售合同，另一方面又与承租人签订国际租赁合同。

3. 承租人按规定向出租人分期支付租金，就可取得对设备的使用权。出租人收取租金，而获得利润。

4. 出租人对租赁设备拥有所有权，承租人在合同规定期只有使用权，没有所有权，租赁合同期满后设备仍要归还给出租人。

(二) 国际租赁的主要形式

1. 融资租赁(Financial Lease)

融资租赁是国际租赁的基本形式，以融通资金为主要目的。出租人（大多是租赁公司）从银行获得贷款购买承租人所选定的设备，然后出租给承租人使用。融资租赁有几个特点：①融资租赁又称“完全支付”租赁，在合同规定的时期内，只租给一个用户使用，租赁公司把设备的成本、费用和利润全部以租金形式向承租人分摊收取。承租人付清全部租金后，设备的所有权转移给承租人。②它是不可撤销的。在基本租期内，双方均没有权利撤销合同。③承租人负责设备的维修、保养。④租赁期限一般较长，基本租期大约等于设备本身使用的有效寿命期限。

2. 经营租赁(Operating Lease)

经营租赁与融资租赁相比有下面几个特点：①租赁期较短，较灵活，适用技术设备的及时更新。②经营租赁又称“不完全付清”，出租人要经过多次出租，才能收回设备投资及费用。③可以撤销。经营租赁的合同可以撤销与终止，也可退还设备，改租更加先进的设备。④出租人要负责设备的维护、保养以及提供技术服务等，收取的租金相对较高。

3. 杠杆租赁

又称“借贷式租赁”，这是目前国际租赁中最受欢迎的一种租赁形式。具体做法是：出租人在购买出租物时只自筹20%～40%资金，其余60%～80%向金融机构贷款，然后把购进的设备出租给用户使用。出租人把全部出租设备作为贷款的抵押物。实质是一种抵押贷款的租赁方式。购买成本的借贷部分称为杠杆，通过这一财务杠杆的作用，充分利用政府提供的税收好处。有的国家规定，在某些情况下，租赁公司购买新设备可获得政府减税的优惠。出租人（租赁公司）通过贷款、减税等好处，可以使租赁公司的投资能力大大扩大。

4. 售出与回租

它是指设备的货主将设备卖给出租人,同时又长期租用此项设备的租赁交易。货主不仅可以继续使用原设备,还可以得到出售设备所得的现款,增加流动资金,进行再投资。

5. 综合性租赁

它主要是把一种租赁形式与其他贸易方式结合起来使用。如租赁与补偿贸易相结合,租赁与加工贸易相结合。

四、跨境电子商务

跨境电子商务的迅猛发展,对传统国际贸易活动的影响将会是十分深远的,它既为国际贸易带来了前所未有的挑战,也提供了十分难得的发展机遇。

(一) 跨境电子商务的含义

跨境电子商务是指分属不同关境的交易主体,通过电子商务平台达成交易、进行电子支付结算,并通过跨境电商物流及异地仓储送达商品,从而完成交易的一种国际商业活动。

2018 年 10 月 1 日起,财政部、国家税务总局、商务部、海关总署联合发文明确,对跨境电子商务综合试验区电商出口企业实行免税新规。2018 年 11 月 21 日,李克强总理主持召开国务院常务会议,决定延续和完善跨境电子商务零售进口政策并扩大适用范围,扩大开放更大激发消费潜力;部署推进物流枢纽布局建设,促进提高国民经济运行质量和效率。

原来普遍采用的如纸质信函、电话、电传、传真、电视购物、邮购等活动属于传统贸易方式,而目前的企业内部信息网络的建立与运用、电子邮件往来、互联网浏览和信息收集、网站的建立、网上交易等都属于电子商务。

我国跨境电子商务主要分为企业对企业(即 B2B)和企业对消费者(即 B2C)的贸易模式。B2B 模式下,企业运用电子商务以广告和信息发布为主,成交和通关流程基本在线下完成,本质上仍属传统贸易,已纳入海关一般贸易统计。B2C 模式下,我国企业直接面对国外消费者,以销售个人消费品为主,物流方面主要采用航空小包、邮寄、快递等方式,其报关主体是邮政或快递公司大多未纳入海关登记。

(二) 跨境电子商务与国际贸易

在国际贸易中开展电子商务已成为必由之路,电子商务的媒介 Internet 是全球性的,借助计算机与网络等现代通信技术,具有高效、快速、准确、低成本、安全等特点,突破了传统贸易活动中的物质、时间、空间对贸易双方的限制,可以降低交易成本、提高工作效率、增强竞争地位。有越来越多的企业应用电子商务,这是信息化时代对商业的必然要求。另一方面,商务环境开始向电子商务化。如有的国家海关规定优先处理 EDI 的电子单证,没有采用 EDI 的,海关将推迟办理清关手续,一些大型企业在选择贸易伙伴时也要求对方必须使用EDI。电子商务成了国际贸易的通行证，给国际贸易带来了新的运作模式。电子商务对国际贸易的影响主要表现在：

1. 国际贸易的运行方式及环境的变化

跨境电子商务的出现，突破了传统的以一定地域存在为前提条件的市场环境，开辟了一个崭新的市场空间，即“虚拟市场”。在电子虚拟市场上，国际贸易业务的实现形式基本上呈现电子化、数字化、网络化和虚拟化的特点。在这种网络环境中，各国间的经贸联系与合作得以大大加强，网上订货、网上促销、网上谈判，跨国公司内部网络销售等都逐渐成为国际贸易发展的新形式。

2. 国际贸易的经营主体的变化

随着现代化信息技术的发展，一些专门化的信息收集与处理职能从各种不同的公司、企业或政府机构中独立出来，成为专门化的行业。与此同时，一些专门化的信息收集、分析、处理和提供咨询服务的公司或企业也应运而生。由于单个公司在各自的专业领域拥有核心技术，通过现代信息沟通技术将它们编制成一个公司网络，完成一个公司不能承担的市场功能，可以更加有效地向市场提供商品和服务。

3. 国际贸易交易流程的变化

跨境电子商务使国际贸易的运作流程发生了巨大的变化。在交易前，买方通过因特网寻找自己满意的商品和服务，而卖方则可在网络上对其产品进行宣传，寻找适合的贸易伙伴和恰当的贸易机会；在贸易中通过因特网传递各种贸易单证；交易后，卖方可通过因特网提供售后服务，如发生贸易纠纷，双方还可利用因特网进行必要的磋商。

4. 国际贸易经营管理方式的变化

跨境电子商务提供的交互式网络运行机制缔造了一种现代化的贸易服务方式，为国际贸易提供了一种较为完备的市场环境。它突破了传统贸易以单向物流为主的运作格局，建立了以资金流为形式，信息流为核心，商品流为主体的“三流一体”物流体系，提供了全方位、多层次、多角度的互动式商贸服务。

无纸贸易、零库存管理、网上模拟仿真购物、极低的交易成本，跨境电子商务作为21世纪引领性的产业，得到学术界和企业界的公认，其对国民经济各个部门的影响已日益显现。

本章小结

本章介绍了各种贸易方式的基本内容、运行过程和相应的适用条件，各种贸易方式的特点和差异，以及国际电子商务的发展和作用。传统的贸易方式有：经销、代理、寄售、展卖、招标、投标、拍卖、期货交易等；现代的国际贸易方式有：加工贸易、对等贸易、租赁贸易、电子商务等。跨境电子商务采用数字化电子方式进行商务数据交换，开展国际贸易活动，是一种创新的国际贸易方式。

重要概念

经销　独家代理　寄售　展卖　拍卖　招标与投标　加工贸易　补偿贸易　对等贸易　易货贸易　租赁贸易　杠杆租赁　期货交易　跨境电子商务

重要概念解释

复习思考题

1. 何谓经销与代理？有关当事人之间的业务关系怎样？
2. 拍卖的特点是什么？拍卖有哪几种出价方式？
3. 寄售与其他贸易方式相比有何特点？简要说明寄售方式的利弊。
4. 何谓加工贸易？开展加工贸易应注意哪些事项？
5. 何谓补偿贸易？其具体的做法有哪些？
6. 简述对等贸易的含义与特点。
7. 试述融资租赁和杠杆租赁的概念与区别。
8. 试分析跨境电子商务的发展对国际贸易的影响。

案例分析　　延伸阅读 1　　延伸阅读 2

参 考 文 献

[1] 克鲁格曼.奥伯斯法尔德.国际贸易[M]. 11 版.北京:中国人民大学出版社,2021.

[2] J.凯伯.国际贸易[M]. 15 版.北京:中国人民大学出版社,2017.

[3] 普格尔.国际贸易[M]. 17 版.北京:中国人民大学出版社,2020.

[4] 蔡茂森,李永.国际贸易理论与实务[M].北京:清华大学出版社,2015.

[5] 冷柏军.国际贸易实务[M].北京:中国人民大学出版社,2020.

[6] 叶耀明,周平海.国际金融与管理[M].上海:立信会计出版社,2005.

[7] 赵春明.国际贸易[M]. 3 版.北京:高等教育出版社,2013.

[8] 薛荣久.国际贸易[M]. 6 版.北京:对外经贸大学出版社,2016.

[9] 范爱军.国际贸易学[M].北京:高等教育出版社,2016.

[10] 陈岩.最新国际贸易术语适用与案例解析[M].北京:法律出版社,2012.

[11] 李永,李月娥.现代国际贸易理论与政策[M].上海:立信会计出版社,2010

[12] 国际商会中国国家委员会.2000 年国际贸易术语解释通则[M].北京:中信出版社,2000.

[13] 国际商会中国国家委员会.国际贸易术语解释通则 2010[M].北京:中国民主法制出版社,2011.

[14] 黎孝先,王健.国际贸易实务[M]. 7 版.北京:对外经贸大学出版社,2020.

[15] 陈岩.国际贸易理论与实务[M]. 5 版.北京:清华大学出版社,2021.

[16] 傅龙海.国际贸易理论与实务[M]. 5 版.北京:对外经贸大学出版社,2018.

[17] 国际商会中国国家委员会.ICC 跟单信用证统一惯例(UCP600)[M].北京:中国民主法制出版社,2006.

[18] 吴百福,徐小薇,聂清.进出口贸易实务教程[M]. 8 版.上海:格致出版社,2020.

[19] 缪东玲.国际贸易理论与实务[M]. 3 版.北京:北京大学出版社,2019.

[20] 王丽萍,李创.国际贸易理论与实务[M]. 2 版.北京:清华大学出版社,2016.

[21] 徐莉芳,李月娥.国际结算与贸易融资[M].上海:立信会计出版社,2018.

[22] 阚宏,王凯.国际贸易理论与实务[M]. 6 版.北京:首都经贸大学出版社,2020.

[23] 陈宪.国际贸易理论与实务[M]. 4 版.北京:高等教育出版社,2010.

[24] 盛洪昌.国际贸易理论与实务[M]. 4 版.上海:上海财经大学出版社,2019.

[25] 王健,冷柏军.国际贸易实务研究:实践与决策[M].北京:对外经贸大学出版社,2009.

[26] 冷柏军.国际贸易实务[M]. 4 版.北京:高等教育出版社,2019.

[27] 国际商会中国国家委员会.国际贸易术语解释通则 2020[M].北京:中国海关出版社,2021.